조선왕조실록

5

조선왕조실록

연산군 · 중종 · 인종

사대부들이 왕을 폐위시키는 군약신강의 시대

朝鮮王朝實錄 5

이덕일 지음

다산초당

《조선왕조실록》을 읽는다는 것

500년 정신이 담긴 위대한 기록

'조선'이라는 이름을 들으면 가장 먼저 어떤 생각이 드는가? 성리학이라는 형이상학에 매몰된 문약(文弱)한 나라, 지배층인 양반들은 당쟁만 일삼고 국가에 재난이라도 일어나면 제일 먼저 몸을 피하는 비겁한 나라. 혹시 이러한 비판적인 인상이 먼저 들지는 않는가? 이러한 일반적인 인식은 서세동점(西勢東漸)의 물결이 전 세계에 몰아친 20세기 초, 변화의 흐름을 놓치고 일제의 침략을 받아 나라를 잃은 역사를 감안하더라도 지나치게 가혹하다.

조선에 대한 이러한 부정적 평가는 '조선은 낙후되고 정체된 나라', '조선은 타율적이고 나약하다'라는 말로 요약되는 일제강점기 식민사학의 영향 탓이다. 분명 조선 후기에 노론 중심의 부패한 정치가 나라를 망친 것은 사실이지만, 무려 518년이라는 긴 세월 동안 유지된 왕조를 한마디로 규정할 순 없다. 역사상 존재한 수많은 나라들 중에서도 이렇듯 긴 수명을 유지할 수 있었던 데에는 이유가 있다. 필자는 그 핵심을 《조선왕조실록(朝鮮王朝實錄)》이라는 위대한 기록 유산의 존재와 조선이라는 나라의 제도, 즉 시스템과 정신에 있다고 생각한다.

《조선왕조실록》을 동시대에 존속했던 중국 왕조의 정사인 《명사(明史)》, 《청사고(淸史稿)》 등과 비교해 보면 큰 차이가 난다. 《조선왕조실록》은 조선 멸망 후 일본인이 편찬을 지휘한 《고종실록(高宗實錄)》, 《순종실록(純宗實錄)》을 제외하면 조선인이 직접 편찬한 것이다. 《명사》는 명나라가 망한 후 청나라의 장정옥(張廷玉) 등이 편찬했고, 《청사고》 역시 신해혁명으로 청나라가 무너진 후 민국 정부에서 편찬한 것이다. 모두 뒤의 정권에서 앞의 정권을 평가한 역사서다. 그 과정에서 수많은 사실들이 정리되고 삭제되었을 것이다. 그래서 편찬 형태도 《명사》와 《청사고》는 기전체(紀傳體)로 되어 있다. 황제의 사적인 〈본기〉와 각종 통계기록인 〈지(志)〉, 〈표(表)〉, 신하들의 사적인 〈열전〉으로 구성된다. 반면 《조선왕조실록》은 뒤의 임금이 앞의 임금 때 있었던 일들을 날짜별로 기록한 편년체(編年體) 역사서다. 기전체 역사서는 체제는 깔끔하지만 현장의 생생한 목소리는 부족하다. 반면 태조 이성계부터 철종에 이르기까지 25대 472년간의 역사를 날짜별로 기록한 편년체 역사서인 《조선왕조실록》은 현장의 생동감이 그대로 살아 있다. 마치 그 현장에 있는 것처럼 당시의 목소리가 생생하게 전해진다.

선왕이 세상을 떠나면 후왕이 실록청(實錄廳)을 설치해 선왕 때의

역사를 편찬하는데, 선왕 때 사관의 기록과《승정원일기(承政院日記)》,
《의정부등록(議政府謄錄)》등 정부 기관의 기록은 물론 경연에 참석했
던 신하들의《경연일기》등 선왕 때 기록된 모든 자료를 모아서 편찬
한다. 실록에 기록되는 왕은 대부분 현왕의 아버지여서, 신하들이 생
존해 있는 경우가 대부분이다. 그래서 실록 편찬에 살아 있는 권력의
간섭을 막는 것이 절대 과제였다. 이런 이유로 대신들은 물론 후왕도
실록을 볼 수 없었다. 선왕 때의 일이 필요한 경우 해당 부분만 따로
등사해 국정에 참고하게 했을 뿐이다. 그래서《조선왕조실록》은《명
사》,《청사고》와 달리 살아 있는 권력의 개입을 원천적으로 차단했다.
그래서 국왕이 감추고 싶은 기사까지 그대로 실려 있다.《태종실록(太
宗實錄)》4년 2월 8일에는 이런 글이 실려 있다.

> (왕이) 친히 활과 화살을 가지고 말을 달려 노루를 쏘다가 말이 거꾸러져
> 서 낙상했으나 다치지는 않았다. (왕이) 좌우를 돌아보며, "사관(史官)이
> 알지 못하게 하라"라고 말했다.

태종은 공신들에 대한 피의 숙청으로 왕권을 반석으로 만든 절대군
주였는데도, 그가 감추고 싶어 했던 말까지 그대로 기록한 것이《조선
왕조실록》의 정신이다. 연산군 때 선비들이 화를 당한 '사화(士禍)'를
사관들이 화를 당한 '사화(史禍)'라고도 하는 이유는 이때 사형당한 선
비들이 대부분 사관들이었기 때문이다. 조선의 선비들은 당대의 진실
을 후대에 전하기 위해 목숨을 걸었고, 그래서 사관들은 비록 목숨을
잃었지만 사화의 단초가 되었던 김종직의 〈조의제문(弔義帝文)〉이 그

대로 실록에 실려 우리에게 전해지는 것이다. 그 정신이 담겨 있는 것이 바로 1997년 유네스코 세계유산으로 등재된 《조선왕조실록》이다.

"역사를 잊은 민족에게 미래는 없다"라는 말이 회자되고 있다. 단재 신채호의 말이라고 하는데 정확하지는 않다. 그러나 중요한 것은 이 말이 품은 참뜻이다. 오늘날 우리 사회가 과연 목숨을 걸고 진실을 전했던 조선의 사관 정신과 망명지를 전전하며 역사를 연구하고 옥사하는 순간까지 역사서를 저술한 신채호의 사관 정신을 계승하고 있다고 감히 말할 수 있을까? 식민 사학에 경도된 어느 중진 역사학자가 공개 학술대회 석상에서 "신채호는 세 자로 말하면 또라이, 네 자로 말하면 정신병자"라는 망언을 했는데도 어느 역사학자 한 명 항의하지 않았다는 사실에 우리 사회 사관들의 정신 상태를 알 수 있다.

선조의 혜안에서 얻는 산지식

우리는 《조선왕조실록》에서 무엇을 배워야 할까? 조선왕조 518년 동안 27명의 임금이 있었다. 한 임금이 평균 19년 정도 왕위에 있었던 셈인데, 이중 성공적인 정치가였다는 평가를 받는 군주는 그리 많지 않다. 물론 27명의 왕들은 각기 그가 처한 환경이 달랐다. 개국 초 태조 이성계와 태종 이방원이 처한 상황이 달랐고, 조카인 단종을 죽이고 왕이 된 세조 이후가 달랐으며, 임진왜란 전후가 달랐고, 인조반정 이후가 달랐다. 각각의 시대가 필요로 하는 시대정신을 어떻게 인식하고 현실 정치에 구현했느냐에 따라 당대의 성공과 실패가 갈린다.

예컨대 수양대군의 왕위 찬탈은 태종이 피의 숙청으로 무너뜨린 공신 집단을 부활시킨 사건으로, 조선 사회는 그 대가를 혹독하게 치러야 했다. 임진왜란은 200년을 이어 온 조선이 다시 개국에 준하는 자세로 새로 태어나야 함을 보여 준 사건이다. 그러나 이후 서인(이후 노론)들은 시대정신의 요구와는 상반된 행보를 보였다. 인조반정을 일으켰고, 병자호란을 초래해 백성을 도탄에 몰아넣었다. 이들이 득세한 이래 조선에선 임금이 약하고 신하들은 강한 '군약신강(君弱臣强)'이 노골화되었고, 그 결과 국운은 날로 기울어져 갔다.

반대로 성공적인 정치를 펼친 임금도 있었다. 태조는 정도전과 조준이 제시한 과전법을 통해 토지개혁이란 시대적 과제를 풀어내 새 왕조의 개창을 이뤘다. 당시 고려는 소수 귀족 집안이 산천을 경계로 삼을 정도의 대토지를 소유하고 있었고, 정작 그 땅을 경작하는 농민들은 대부분 굶주림을 면치 못할 정도로 민생이 파탄 난 상태였다.

조선 중기의 책 《송와잡설(松窩雜說)》은 조선 개창 세력이 신돈의 자식으로 몰아 폐위시킨 우왕에 대해 다음과 같은 이야기를 전한다. 강릉에 유배됐다가 죽음에 몰린 우왕이 겨드랑이를 드러내 보이며 "왕씨는 본래 용의 종자로 아무리 잔약한 후손이라도 몸 어딘가에는 반드시 비늘이 있다"면서 "내가 지금 이를 보이지 않고 죽으면 너희들이 내가 신(辛)가가 아닌 줄 어찌 알겠느냐?"라고 했다는 것이다.

'용의 자손'이라는 혈통이 고려와 왕씨가 내세운 천명이었다면, 조선 개창은 그보다 훨씬 우위에 있는 천명을 통해 이룩됐다. 바로 백성이다. 일찍이 맹자는 "백성이 가장 귀하고 사직은 그다음이며 임금은 가장 가볍다"라고 말했는데, 조선왕조의 개창은 바로 이러한 맹자의 말을 현실에 구현한 과전법으로 민생을 살핌으로써 들판 백성들의 마음, 즉 천심(天心)을 얻었기에 이룰 수 있었다.

태조의 손자인 세종처럼 부왕인 태종이 깔아 놓은 꽃길 위에서 왕조의 찬란한 번영을 일궈 낸 경우도 있다. 반대로 정조는 부친인 사도세자를 죽인 노론에게 둘러싸였지만, 자신의 가혹한 운명을 탓하지 않고 조선 후기의 '르네상스'를 이끌어 냈다. 이처럼 성공과 실패는 당대의 환경에 좌우되지 않았다. 오늘날 대한민국 앞에 놓인 운명 역시 결코 순탄치 않아 보이지만, 누가 어떤 정치를 하느냐에 따라 그 모습이 판이하게 다를 것이다.

또한 조선은 어느 한 기관도 독주할 수 없는 상호 견제의 원칙을 제도로 확립했다. 이는 국왕과 신하 사이도 마찬가지였다. 조선은 의정부 서사제와 육조 직계제를 번갈아 시행했는데, 전자는 의원내각제, 후자는 대통령중심제와 비슷하다. 의정부 서사제에서는 대신들의 권한이, 육조 직계제에서는 국왕의 권한이 더 컸다. 조선은 둘을 번갈아 사용하는 운용의 묘를 살리면서 왕권과 신권의 조화를 추구했다.

의정부와 육조 판서 등 고위 관료들의 전횡은 대간(臺諫)이라 불린 사헌부·사간원의 중하위 관료들이 지닌 탄핵권으로 견제했다. 대간의 탄핵을 받으면 진위를 막론하고 무조건 사임하는 것이 원칙이었다. 이런 대간을 정승과 판서들의 영향에서 독립시키기 위해 그 인사권을 정5품 이조전랑에게 주었다. 이조전랑은 이직할 때 후임자를 스스로 천거하는 방식으로 권력자의 인사 개입을 원천적으로 차단했다.

수사권 역시 사헌부를 비롯해 의금부, 형조, 포도청 등 여러 기관에 나눠 줘 수사기관의 부패와 전횡을 방지하고 정의를 실현하는 데 만

전을 기했다. 오늘날처럼 수사와 기소의 독점권을 가진 대한민국 검찰의 폐단을 원천적으로 차단한 것이다. 게다가 수사는 문과 출신 인재들이 담당했지만 수사 기록에 대한 판결은 사율원의 중인들이 담당했다. 양반의 수사 결과를 중인이 판결하게 한 것에 선조들의 혜안이 담겨 있다. 재량권을 남용하지 말고 법조문대로 판결하라는 취지였다. 대한민국 사법부가 신뢰받지 못하는 근본적인 이유가 '무전유죄, 유전무죄'로 상징되는 재량권 남용에 있다는 점을 감안하면, 우리는 선조들이 꾀했던 운용의 묘를 본받을 필요가 있다.

이처럼 《조선왕조실록》에 담긴 역사 하나하나는 단지 흥미 있는 옛이야기에 그치는 것이 아니라, 오늘날에도 끊임없이 되새기며 현실에 적용할 수 있는 살아 있는 지식들이다.

역사는 가장 탁월한 미래학이다

미래의 길이 보이지 않을 때일수록 과거를 돌아봐야 한다. 과거를 돌아보는 목적은 미래의 길을 찾고자 함이다. 역사가 과거학이 아니라 미래학인 까닭이 여기에 있고, 우리가 역사를 공부하는 목적도 여기에 있다. 옛사람들이 《자치통감(資治通鑑)》이나 《동국통감(東國通鑑)》처럼 역사서 제목에 거울 감(鑑) 자를 넣은 이유 역시 역사라는 거울을 통해 오늘 우리의 모습을 살피고 미래의 길을 찾고자 함이었다.

《조선왕조실록》에는 당대의 모든 사실을 가감없이 적어 놓았다. 우리는 방대한 《조선왕조실록》에서 사대주의의 어두운 그늘과 어떠한

전횡과 부정부패도 용납하지 않았던 선비 정신을 함께 볼 것이다.

그렇다면 우리는 이 책을 통해 구체적으로 무엇을 얻을 수 있을까?

첫째, 우리 사회나 한 조직의 앞일을 예측할 수 있는 청사진으로 삼을 수 있다. 역사를 '앞서간 마차의 수레바퀴'라는 뜻의 전철(前轍)이라고 부르는 이유가 바로 이것이다. 어느 길로 간 앞 수레는 순탄히 목적지에 도착했지만 다른 길로 간 앞 수레는 엎어졌다. 이를 통해 우리는 어느 길로 가야 할지 알 수 있다. 중국의 역대 정치 지도자 대부분이 역사를 공부한 것은 이 때문이다.

둘째, 자신이 속한 사회나 조직에 필요한 사람이 누구인지 알 수 있다. 성공한 조직의 공통점은 성공한 인재 등용이다. 성공한 리더 곁에는 늘 뛰어난 참모가 존재했다. 세종에게는 황희와 김종서 같은, 정조에게는 채제공 같은 명신(名臣)이 있었다. 효종이 사대부들의 격렬한 반대를 무릅쓰고 대동법을 확대 실시할 수 있었던 것은 탁월한 경세가 김육이 있었기 때문이다. 잘못된 쿠데타였지만, 수양대군 역시 한명회의 머리를 빌려 임금의 자리에 오를 수 있었다. 크든 작든 조직을 이끌어 가는 사람이라면 《조선왕조실록》을 통해 자신의 조직에 어떤 사람이 필요한지 알 수 있을 것이다.

셋째, 《조선왕조실록》을 통해 우리 개개인의 삶을 돌아볼 수 있다. 조선은 선비의 나라였다. 공직에 진출한 유학자에게 가장 두려운 것은 국왕이나 상급자의 명령을 거부해 받는 처벌이 아니라, 선비들의 공론인 사론(士論)이었다. 국왕도 예외는 아니었다. 왕세자가 받는 교육에서 가장 중시된 것도 바로 《대학(大學)》의 다음 구절이었다. "먼저 몸을 닦고, 집안을 가지런히 만들고, 나라를 다스리고, 천하를 평안하게 한다.” 다시 말해, 수신제가치국평천하(修身齊家治國平天下)의 왕도다.

조선의 국왕은 스스로 선비임을 내세웠고, 사론을 중시했다. 이것이 때로 양반 사대부의 기득권 옹호나 사대주의 성리학에 대한 신봉으로 나타나는 폐단도 있었지만, 목에 칼이 들어와도 할 말은 하고 지켜야 할 것은 지키는 선비 정신이야말로 조선의 정신세계를 이끌어 간 핵심이라고 할 수 있다. 권력에 아부해 출세한다거나 사사로운 이익을 지키는 데 급급하지 않고, 진짜 지켜야 할 확고한 '자기 중심'을 갖는 것. 오늘날 사회에 치여 이리저리 흔들리기 쉬운 이들이 한 번쯤 되새겨 보아야 할 가치다.

마지막으로 왜곡된 역사를 바로잡는 것이다. 조선 개창의 함의는 오늘날까지도 우리에게 많은 숙제를 안겨 준다. 이성계가 위화도 회군 당시 내세운 '작은 나라가 큰 나라를 칠 수 없다'는 사대(事大) 논리는 지금까지 기승을 부리고 있는 우리 사회의 숙제다. 필자가 줄곧 식민 사학 청산을 주장하는 핵심적인 이유도 바로 여기 있다. 식민 사학은 다름 아닌 '친일 사대주의 역사학'이기 때문이다.

위화도 회군은 고구려 옛 강토 수복의 기회를 내부에서부터 좌절시켰다는 점에서 비난받아 마땅하다. 그러나 위화도 회군 후에도 고려는 물론 조선의 북방 강역이 지금의 압록강, 두만강 영역에 그치지 않고, 요령성 심양 남쪽 진상둔진에서 두만강 북쪽 700리 공험진까지 이르렀다는 사실은 잊지 말고 기억해야 한다. 태조 이성계는 물론 태종 이방원과 세종도 이 강역을 조선의 북방 강역으로 굳게 지켰다.

조선 초의 사대주의와 조선 후기의 사대주의는 분명 다르다. 태종 이방원에게 친명사대는 국체를 보존하기 위한 고육책이었다. 태종이 안남(安南: 베트남)에 들어선 새 왕조를 멸망시킨 명나라와의 일전에 대비해 서울 남산에 산성을 쌓은 것처럼, 조선 초의 사대주의는 국체 보존을 위한 실용적 사대주의였다. 중화 사대주의를 명분으로 내세운 인조반정 이후 서인, 노론의 이념적 사대주의와는 분명 다르다. 조선 초기의 자주성은 인조반정 세력의 집권 이후 정묘·병자호란을 겪으면서 점점 약해졌고, 급기야 숙종 때 백두산정계비를 통해 압록강 북쪽 강역을 포기하고 말았다. 그러나 그때도 간도(지금의 연변 지역)는 조선 강역이었다. 조선의 최대 강역을 지금처럼 압록강에서 두만강까지로 인식하게 된 것은 일제강점기 식민 사학자들의 악의적 왜곡 때문이다. 이런 왜곡을 이번 기회에 최대한 바로잡으려 노력했다.

"모든 역사는 현대사"라는 말이 있다. 긍정적인 부분이든 부정적인 부분이든 조선이 오늘날 우리의 의식과 행동에 많은 영향을 끼쳤다는 사실을 인정한다면, 조선의 역사는 우리가 선택할 또 다른 미래의 길을 고민하게 한다고 말할 수 있다. 역사를 통해 교훈을 얻지 않으면, 우리는 앞선 세대의 실패를 똑같이 되풀이할 수밖에 없다. 좋은 일에서 가르침을 얻고 나쁜 일은 반면교사로 삼아야 보다 나은 지금을 살수 있다. 이런 점에서 《조선왕조실록》을 읽는 것은 오늘의 우리를 비춰 보고 내일의 우리를 그려 볼 수 있는 가장 좋은 방법이 될 것이다.

2018년 6월

이덕일

차례

들어가는 말 《조선왕조실록》을 읽는다는 것 —— 004

1부 —— 절대 왕권을 꿈꾸었던 고독한 군주

◈ 《연산군일기》가 만든 이미지

사관이 본 성종과 연산군 —— 021

《연산군일기》의 편찬 원칙 —— 025

수륙재를 둘러싼 충돌 —— 029

◈ 생모 콤플렉스

축복받은 출생의 딜레마 —— 042

연산군은 언제 폐비 윤씨에 대해 알았는가? —— 045

모후 추존 —— 050

◈ 무오사화

성종의 국상과 겹친 공신 유자광의 모친상 —— 055

유자광의 모친상에 대한 대간의 논박 —— 061

비사를 상주하는 공신들 —— 068

세조 집권을 부인한 사초들 —— 074

옥사를 확대시킨 〈조의제문〉 —— 081

단종의 왕위를 빼앗은 세조를 비난한 〈술주시〉 —— 088

초토화되는 김종직의 제자들 —— 091

◉ 무인 군주의 꿈과 갑자사화

사냥과 군사훈련 —— 099

군사력 강화와 여진족 정벌 좌절 —— 104

이세좌의 부인과 허침의 누이 —— 112

태풍이 몰아치다 —— 118

◉ 중종반정과 몰락하는 왕권

안에서 싹트는 모반 음모 —— 127

사대부의 인심을 잃은 군주의 말로 —— 132

두 달 만에 죽은 군주 —— 137

◉ 연산군을 위한 변명

연산군이 예언한 《연산군일기》의 내용 —— 145

백성들에게도 폭군이었나? —— 149

황음무도한 군주였나? —— 158

2부
——
중종, 공신들과 사림 사이를 배회한 군주

◈ 왕이 되는지도 모르고

쫓겨나는 진성대군 부인 신씨 —— 169

무더기 공신 책봉 —— 174

경연에 열심인 새 임금 —— 181

국왕 위의 신하들, 반정 3대장 —— 190

◈ 나는 허수아비 임금이 아니다

제거당하는 1등 공신, 박영문과 신윤무 —— 198

사림의 재등장과 조광조 —— 208

중종의 첫 부인 신씨 복위를 주장하다 —— 215

판을 바꾸는 조광조 —— 220

◈ 중종과 사림의 동상이몽

목적지가 달랐던 중종과 사림 —— 226

현량과 실시 —— 235

토지개혁 —— 241

돌아올 수 없는 강, 위훈 삭제 —— 254

◈ 기묘사화, 훈구들의 반격과 중종의 돌변

조씨가 왕이 된다? —— 263

간당으로 제거되는 사림 —— 275

◉ 삼포왜란과 군적수포제

삼포왜란과 임신약조 —— 286
돈으로 병역을 대신하는 군적수포제 —— 298

◉ 외척들의 세상, 대윤과 소윤

혼란스러운 조정 —— 305
세자 저주 사건 —— 310
불에 탄 동궁과 중종의 죽음 —— 317

◉ 선왕과 사림 사이

조광조 신원과 현량과 복설 —— 327

3부
——
인종, 피기도 전에 진 군주

나가는 말 좋은 여건을 실정으로 망친 두 군주,
    연산군과 중종 —— 335

연표 —— 340

찾아보기 —— 343

1부

연산군, 절대 왕권을 꿈꾸었던 고독한 군주

《연산군일기》

1494년 음력 12월부터 1506년 음력 1월까지 조선 연산군 시대를 기록한 실록이다. 폐위된 왕의 기록이기 때문에 《연산군실록》이 아닌 《연산군일기》로 칭한다.

《연산군일기》가 만든 이미지

사관이 본 성종과 연산군

《조선왕조실록》은 각 임금에 대한 총평으로 시작한다. 갓 세상을 떠난 임금에 대한 간략한 혈통 관계와 그 품성에 대한 짤막한 논평인데, 《조선왕조실록》 번역본은 이를 〈총서〉라고 표기했다. 성종과 그 아들 연산군에 대한 총서를 비교해 보면 사관들이 《성종실록》과 《연산군일기》를 어떤 관점으로 썼는지 쉽게 짐작할 수 있다. 먼저 《성종실록》의 총서인데, 아버지는 덕종(德宗, 의경세자)이고 어머니는 한확(韓確)의 딸 인수대비(仁粹大妃) 한씨라고 쓴 다음 이런 일화를 써 놓았다.

"왕은 하늘에서 부여받은 자질이 어려서부터 뛰어났고 기상과 도량이 보통 사람과 다르므로 세조가 특별히 사랑해서 신사년 정월에 자산군(耆山君)으로 봉하였다. 일찍이 같은 어머니의 아들인 월산군(月山君) 이정(李婷)과 더불어 궁중(宮中) 건물 아래에서 글을 읽고 있는데 마침 큰 우레가 있어서 곁에 있던 어린 환관이 벼락을 맞아 죽었다. 모시던 사람들은 놀라서 넘어지고 정신을 잃지 않은 자가 없었는데, 왕은 조금도 두려워하는 기색이 없이 언어와 행동이 태연하므로 사람들이 모두 이를 기이하게 여겼다."

갑자기 번개가 쳐서 모시던 어린 환관이 맞아 죽어서 다른 사람들은 혼절했지만 성종은 태연자약했다는 칭찬이다.

《연산군일기》의 총서는 아주 다르다. 아버지는 성종이고 어머니는

창경궁에 있는 성종의 태실과 태실비

폐비 윤씨라면서 이런 이야기를 써 놓았다.

"어렸을 때 학문을 좋아하지 않아서 동궁(東宮)의 벼슬아치가 공부하기를 권계(勸戒)하면 매우 못마땅하게 여겼다. 즉위해서 궁 안의 소행이 좋지 못한 것이 많았지만 외정(外庭)에서는 오히려 몰랐다. 만년에는 주색에 빠져서 어그러지고 지나치게 음란하고 크게 방자해서 포악한 정치를 베풀어 대신(大臣), 대간(臺諫), 시종을 거의 다 죽였는데, 불로 지지고 가슴을 쪼개고 마디마디 끊고 백골을 부수어 바람에 날리는 형벌까지 있었다. 드디어 폐위하고 교동(喬桐, 강화군의 섬)에 옮기고 연산군으로 봉하였는데, 몇 달 살다가 병으로 죽으니 31세이고 재위 12년이었다."

성종은 어릴 때부터 자질이 남달리 뛰어났지만 그 아들 연산군은 어릴 때부터 학문을 싫어하고 즉위해서는 크게 음란했고, 대신들을 비롯한 여러 신하들을 거의 다 죽였는데 가혹한 고문이 잇따랐다는 것이다. 이중 '불로 지졌다'는 것의 원문은 '포락(炮烙)'인데, 은(殷)나라의 마지막 주왕(紂王)이 기름칠한 구리 기둥을 숯불 위에 걸쳐 놓고 죄인들을 건너가게 했다는 형벌로서 흔히 불로 지지는 형벌을 뜻한다. 가슴을 쪼개는 형벌은 '작흉(斮胸)'인데, 중국 역사서에서도 용례를 찾지 못했으니 오직《연산군일기》에만 나오는 형벌 이름이다.

이 총서에서 주목할 구절은 "즉위해서 궁 안의 소행이 좋지 못한 것이 많았지만 외정에서는 오히려 몰랐다"는 대목이다. 외정이란 궁중 바깥이란 뜻인데, 궁중 안에서는 연산군의 소행이 좋지 못한 것을 다 알았지만 궁중 바깥에서는 몰랐다는 것이다.

그러나 이는 조선왕조 구조상 쉽지 않은 이야기다. 정도전은 왕조의 구조를 짜면서 그 무엇보다 '언로(言路)'를 중시했다. 궁중에서 있었던 일은 며칠이면 시골 유생까지 다 전해지는 구조를 갖고 있었다. 그것이 〈조보(朝報)〉이다. 〈조보〉는 국왕의 비서실인 승정원(承政院)에서 그날 궁중에서 있었던 일을 적어서 서울과 지방의 관청에 돌렸는데 관리뿐만 아니라 양반들도 볼 수 있었다. 개국 초에는 〈기별(奇別)〉, 또는 〈기별지(奇別紙)〉라고 해서 예문춘추관에서 작성해서 배부했으나 세조 때부터 승정원에서 작성해서 배부했다. 〈조보〉는 임금이 언제 누구를 만나서 어떤 대화를 나누었는지, 어떤 상소가 올라왔는지, 누가 어떤 관직에 임명되었는지는 물론 시중에 어떤 일이 있었는지까지 적어서 배부하는 일종의 종합 일간지였다. 여기에서 유래된 '기별'은 궁중뿐만 아니라 민간에서도 '소식'을 뜻하는 보통명사로 확산되었다. "급히 오라는 기별을 받고 고향으로 내려갔다"는 말 등이 이런 예이다. 또한 우리 속담에 '간에 기별도 안 간다'는 말은 너무 적은 음식을 먹었다는 뜻인데, 그만큼 정보가 적다는 뜻이다.

이 〈기별지〉나 〈조보〉를 보고 시골 유생들도 궁중에서 어떤 일이 있었는지 훤히 알고 상소를 올릴 수 있었다. 이런 조선의 궁중에서 임금의 좋지 못한 소행이 12년 동안 반복해서 자행되었는데 외정에서 모를 수는 없었다.

《연산군일기》의 편찬 원칙

연산군에 대해서 지금까지 세인들이 인식하고 있는 '음란', '포악' 등의 이미지는 연산군 생시가 아니라 그가 쫓겨나 죽은 후에 만들어진 이미지들이다. 그런 이미지의 수원지는 연산군 사후 만들어진《연산일기》이다.《연산군일기》는 연산군이 의문사한 직후인 중종 1년 (1506) 11월에 편찬하기 시작했는데, 폐위된 왕이므로 실록청이 아니라 일기청을 설치했다. 대제학 김감(金勘)이 편찬 책임자인 감춘추관사(監春秋館事)로 임명되었다. 그런데 김감은 임사홍(任士洪)과 함께 갑자사화 때 사림들을 주륙했던 장본인이자 연산군이 쫓겨나기 직전 연산군에게 충성을 맹세하는 〈경서문(警誓文)〉을 지어 올렸던 연산군의 총신이었다. 김감은 이른바 중종반정 때 얼른 말을 갈아타서 정국공신(靖國功臣) 2등에 책록되고, 연창부원군(延昌府院君)에 봉해지는 인생 역전에 성공했지만 중종 2년(1507) 이른바 '반정 3대장' 중의 핵심 인물인 박원종(朴元宗)을 모해하려 했다는 혐의에 연좌되어 금산에 유배되었다. 혐의가 풀려 돌아왔지만 이 사건으로 감춘추관사는 김감에서 신용개(申用漑)로 교체되었다. 신숙주(申叔舟)의 손자인 신용개는 공신 집안이면서도 사림을 지지했던 인물로서 갑자사화(甲子士禍)에 연루되어 전라도 영광에 유배되기도 했지만 연산군 때 형조참판과 예조참판을 역임한 인물이었다. 의정부에서《연산군일기》는 연산군의 은총을 입은 인물은 교체하고 편찬해야 한다고 건의해, 이른바 '반정 3대장'의 한 명인 성희안(成希顔)이 감춘추관사가 되고 신용개는 성세명(成世

明) 등 여섯 명과 함께 지춘추관사(知春秋館事)로 한 등급 내려져《연산 군일기》를 편찬했다.

《연산군일기》는 시종일관 연산군을 내쫓은 신하들의 관점에서 서술되었다.《노산군일기》와 비슷하게 편찬 실무자인 수찬관, 편수관, 기주관, 기사관 등의 명단이 부기되어 있지 않은 것도 이런 사정과 무관하지 않다.《연산군일기》의 가장 큰 편찬 원칙은 '칼로 쫓아내어 죽인 연산군을 붓으로 다시 죽인다'는 것이었다. 이런 편찬 원칙은 대성공을 거두어 지금까지도 세인들은《연산군일기》편찬자들의 시각대로 연산군을 바라보고 있다. 곧 '황음(荒淫)해서 쫓겨난 군주'로 보는 것이다.《연산군일기》는 두 정치 세력이 결탁한 결과물이었다. 연산군을 칼로 쫓아낸 훈구 세력과 연산군을 붓으로 확인 사살한 사림 세력의 결탁의 결과물이었다.

《연산군일기》에서 연산군이 최초로 등장하는 장면은 성종 승하 다음 날인 성종 25년(1494) 12월 25일이다. 이날은 평소 성종이 기거하던 정침(正寢)에서 성종의 시신을 씻고 수의를 입히고 묶어서 관에 넣는 염습을 하고 죽은 이에게 음식을 올리는 전(奠)을 행하려던 참이었다. 염습을 마치고 전을 올리는 모든 의식이 끝나지 않았는데, 세자가 먼저 밖으로 나가서 기다렸다는 것이다. 우의정 신승선(愼承善)이 "다시 안에 들어가셔서 일이 끝나거든 나오소서"라고 아뢰었지만 세자가 듣지 않자 좌의정 노사신(盧思愼)이 "임금의 일은 필부와는 다르니 안으로 들어가소서"라고 다시 아뢰자 따랐다는 것이다. 이는 세자 이융(李㦕)이 부왕의 상에도 정성을 다하지 않는 불효자라는 이미지를 만들기 위한 것이었다. 세자가 실제로 의식을 다 치르기도 전에 나왔는지 여부는 알 수 없다. 하지만 복잡한 국상 절차를 미처 몰랐을 가능성은 있지만 의식 도중에 일부러 나왔을 가능성은 옅을 것이다.

《연산군일기》는 연산군을 내쫓고 죽인 세력이 자신들의 쿠데타를 합리화하는 관점으로 썼기 때문에 객관적 사실을 파악하기 위해서는 연산군의 입장은 무엇인지를 유추해 보아야 한다. 문제는 연산군의 관점으로 쓴 기록이 남아 있지 않은 점이다. 다만《연산군일기》도 조선에서《실록》이나《일기》를 편찬할 때 지켰던 원칙을 버리지는 않았다는 점이 다행이다.《실록》이나《일기》는 사실을 적은 대목과 사관의 평을 적은 대목을 구분해서 썼던 것이다. 현재까지 연산군에 대해서 형성된 부정적 이미지는 대부분 사관의 평에서 비롯된 것이다. 그래서 사실을 적은 대목과 사관의 평을 적은 대목을 구분해서 읽으면 그나마 왜곡이 덜한《연산군일기》를 만날 수 있다.

왜곡이 덜한 사례의 하나가《연산군일기》에서 세자 이융이 등장하는 세 번째 대목이다. 성종이 세상을 떠난 이틀째인 12월 26일 밝을녘에 세자가 전교했다.

"내가 두 대비와 왕비전(王妃殿)께 죽을 드시라고 여러 번 청하였으나 듣지 않으시니, 정승들이 곧 함께 청해야 할 것이다."

두 대비란 덕종 비이자 성종의 모후인 인수대비와 예종의 계비(繼妃) 안순왕후(安順王后), 곧 인혜대비(仁惠大妃)를 가리키고, 왕비전은 성종이 연산군의 생모 윤씨를 폐하고 들인 정현왕후(貞顯王后) 윤씨를 뜻한다. 궁중의 이 세 어른에게 죽을 들라고 여러 번 청했으나 모두 금식하고 있다는 것이다. 때가 일러서 정승들은 아직 오지 않았는데 승정원에서 이렇게 아뢰었다.

인수대비가 지은 《내훈(內訓)》을
다시 간행한 《어제내훈(御製內訓)》
인수대비는 《내훈》을 통해 유교
적, 가부장적 질서를 강화했다.

"정승이 어제 아뢰어 죽을 권하였다고 합니다. 제왕의 효도는 사서
인(士庶人)과는 다릅니다. 신 등이 또 《의궤(儀軌)》를 상고하니, 세종께
서 일찍이, '세자는 깊은 궁중에서 나서 자랐기 때문에 거처나 음식이
여느 사람과는 다르니, 상(喪)을 당한 이튿날에는 죽을 권해야 한다'고
하셨습니다. 성스런 가르침이 밝고 밝으니 신 등은 세자께서 먼저 스
스로 죽을 드시고 삼전(三殿, 두 대비와 왕비)께 청하시면 아마 들어주실
것으로 생각됩니다."

세자가 답했다.

"나는 그만두고, 삼전께 청하라."

승정원에서 다시 세종의 유훈을 언급하면서 세자가 먼저 죽을 들고
삼전, 즉 두 대비와 왕비 윤씨에게 청하면 삼전도 좇을 것이라고 권했
다. 그러자 세자가 답했다.

"청하여 듣지 않으시면 내가 먼저 먹겠다."

세자 이융이 먼저 죽을 들고 삼전에게 청한 것은 죽은 선왕에 대한
불효가 아니라 살아 있는 삼전에 대한 효도라고 볼 수 있다. 연산군은

이후 죽을 먹었는데, 27일 승정원에서 "세종대왕의 유교(遺敎, 유언)에 '사흘 뒤에는 밥을 먹게 하라'고 하셨으니 이 가르침을 따르소서"라고 청하자 거절했다.

"나는 이미 죽을 먹었으니 밥 먹는 것은 성빈(成殯) 하고 나서 참작하겠다."

성빈은 죽은 지 닷새 후에 대렴(大殮)을 행하고 빈소를 차리는 것이다. 닷새 이후에야 밥을 먹을지 정하겠다는 것이었다.

승정원에서 다시 아뢰었다.

"만약 수라를 들지 않으시면 왕비께서 또한 어찌 수라를 드시겠습니까. 선왕의 유교를 어기지 마시고, 왕비를 위하여 억지로 잡수소서."

"선왕의 유교가 크니 내가 힘써 따르겠다."

이때도 세자는 세자가 먼저 식사를 해야 대비들이 식사를 할 것이라고 권하자 따른 것이었다. 연산군이 황음무도하다는 기존의 이미지와는 다른 내용들이다. 연산군이 즉위를 앞둔 세자로서 신하들과 첫 충돌하는 조짐이 《연산군일기》에 세자에 대해 서술한 두 번째 내용에 나온다. 성종의 명복을 비는 수륙재(水陸齋)를 둘러싼 충돌이다.

수륙재를 둘러싼 충돌

성종이 세상을 떠난 다음 날인 12월 25일 예조판서 성현(成俔)이 아뢰었다.

"선대 조정의 옛 관례는 국상 때 49재 때와 소상(小祥), 대상(大祥) 때는 모두 절에서 재(齋)를 지냈습니다. 그러나 이는 예문(禮文)에 실리지 않은 내용이며, 대행대왕(大行大王, 성종)께서 불교를 믿지 않으셨는데 이번에는 어떻게 해야 합니까?"

조선왕조는 겉으로는 유학을 표방했지만 왕실 내부의 종교는 불교였다. 태조 이성계(李成桂)부터 독실한 불교 신자였고 세종도 마찬가지였다. 그래서 사람이 죽은 뒤 49일째에 치르는 불교식 49재와 사망 1년째에 치르는 소상과 2년 뒤의 대상 때 모두 절에서 재를 지내면서 명복을 빌었다. 그러나 이는 유교 국가 조선의 예전(禮典)에는 실리지

합천 해인사에 모셔진 세조 존상도
조선왕조는 유학을 표방했지만 왕실 내부의 종교는 불교였다. 세조 역시 말년에 불교에 심취했다.

않은 제사들이었다. 독실한 불교 신자였던 태조 이성계는 대외적 정치는 유교로 삼지만 왕실 내부의 신앙은 불교로 삼는 '외유내불(外儒內佛)'로 유학과 불교의 공존을 꾀했고, 그 결과 유교식 장례와 불교식 재가 공존하게 된 것이었다.

세자는 이 문제를 자신이 결정하지 않고 중관(中官, 환관) 김효강(金孝江)을 시켜 자신이 즉위하면 바로 대비가 될 왕비에게 물었다. 왕비 정현왕후 윤씨가 전교했다.

"대행대왕께서 비록 불교를 좋아하지는 않으셨으나 이를 그만두라는 유교가 없으셨다. 또 역대 조종(祖宗)께서 다 행하셨으니 이제 폐지할 수 없다."

정현왕후 윤씨는 성종이 비록 불교를 좋아하지는 않았지만 불교식 재를 올리지 말라는 유언이 없었고, 역대 임금들이 다 행한 것이니 그만둘 수는 없다는 것이었다. 이에 대한 사관의 평이《연산군일기》최초의 평이다.

성현이 아뢰지 않아야 할 일을 감히 세자에게 물었는데 세자가 감히 스스로 결단하지 못하고 왕비에게 옮겨 아뢴 것은, 틀림없이 성현이 아뢴 바가 부당하다고 생각하여 그런 것이다. 마침내 이를 행한 것은 왕비의 말을 감히 어기지 못하기 때문이었을 것이다. 성현과 그 형 성임(成任), 성간(成侃)은 다 글 잘한다고 이름났으나, 자못 불교에 혹하여서 사림(士林)이 이를 부족하다고 여겼다. 이제 성현이 아뢴 것을 보니 그 가정에서 부처에게 아첨했다는 것이 무함은 아닐 것이다.(《연산군일기》 즉위년 12월 25일)

이 사관의 평에는 국왕의 명복을 빌기 위해 불교식 재를 지내는 것에 대한 유학자의 비판적 관점이 고스란히 담겨 있다. 다음 날 세자는 수륙재를 두고 신하들과 충돌한다. 수륙재란 불가에서 물, 뭍의 여러 귀신에게 음식을 차려 주며 경을 읽는 법회를 뜻하는데 불교 신앙으로 유명했던 양(梁) 무제가 금산사(金山寺)에서 지낸 것에 유래한 것이었다. 세자는 대비들의 뜻에 따라 수륙재를 강행하려 했다. 성종의 영혼을 위한 일종의 천도재였기 때문이다. 사헌부 장령(掌令) 강백진(康伯珍)과 사간원 정언(正言) 이의손(李懿孫)이 반대하고 나섰다.

"대행대왕을 위하여 수륙재를 내리라는 전교를 들었습니다. 그러나 대행대왕께서 일찍이 불법을 좋아하지 않으셨고, 또 지금 신정(新政)의 처음으로 신민이 좋은 정치를 바라는 시기이니, 사도(邪道, 불교)를 버리고 예문을 좇아야 할 것입니다."《연산군일기》 즉위년 12월 26일)

세자가 강행 의사를 밝히자 대간은 거듭 반대했다.

"대행대왕이 불도를 본디 믿지 않으셨는데 이제 칠칠일에 수륙재를 지낸다면 효자가 어버이를 받드는 뜻이 아니오니 지내지 마소서."

세자도 물러서지 않았다.

"선왕들께서 다 행하셨고, 대행왕께서 비록 불교를 좋아하지 않으셨으나 또한 선왕을 위하여 행하셨으니, 나도 마땅히 대행왕을 위하여 행하겠다."

수륙재는 태조를 비롯해서 모든 임금들이 행했던 행사였고, 성종도 세조의 명복을 빌기 위해서 수륙재를 행했는데 신하들의 반대는 없었다. 그러나 성종을 위한 수륙재에는 반대가 극심했다. 세자가 홍문관에 수륙재 때 쓸 소문(疏文)을 지어 올리라고 명하자 홍문관 부제학 성세명 등이 반대했다.

"엎드려 들으니 대행대왕을 위하는 불재(佛齋)를 거행하려고 하면서 본관(本館, 홍문관)에게 소(疏)를 지어 바치게 명하셨으니 놀라움을 이길 수 없습니다. … 대행대왕께서 평소에 불교를 믿지 않으신 것은 신민들이 다 아는 것인데 이제 대행대왕을 위해 정성을 다하려 한다면서 대행대왕의 평소의 생각과 거꾸로 하는 것은 이른바 '죽은 이를 살아 있을 때와 같이 섬기는 도리'에 너무 맞지 않습니다."《연산군일기》 즉위년 12월 26일)

세자는 대간에게 말한 내용을 반복하면서 수륙재 강행 의사를 밝혔다. 다음 날에도 대간과 홍문관 등에서는 수륙재 거행을 결사반대하고 나섰다. 성세명 등은 심지어 "공자께서는 '3년 동안 아버지의 법도를 고치지 말아야 효도라 할 수 있다'고 하셨는데, 승하하신 지 얼마 안 되었는데도 문득 자기의 주장대로 감히 선왕의 뜻을 고치시니 효도라고 할 수 있겠습니까?"라고 반박했다.

"너희들이 나를 불효라고 이르는가? 내가 만약 선왕이 행하시지 않던 일을 행하여 선왕의 가르침을 지키지 않는다면 그렇게 말할 수 있으나, 이제 불사를 하지 말라는 유교가 없으셨는데 조종조에서 행하신 행사를 내가 어찌 홀로 하지 않겠는가?"

대간과 홍문관에서 거듭 반대하자 세자는 한마디 전교를 내렸다.

"선왕을 위해서이다."

세자는 신하들의 반대를 이해할 수 없었다. 자신들이 그토록 칭송하던 선왕의 영혼을 위한 수륙재를 결사반대할 이유는 없다고 여겼다. 세자는 홍문관 수찬 손주(孫澍)에게 수륙재 때 쓸 소문을 지어 올리라고 명했으나 손주는 거부했다.

"본관에서 방금 재를 지내는 것이 부당하다고 논계(論啓, 논박해서 아뢰)하였는데, 신이 도리어 소문을 짓는다면 사체(事體)에 어떠하겠습니까? 신은 감히 명령을 받들지 못하겠습니다."

"내가 이미 명령했는데 왜 짓지 않는가?"

"본관 안에서 방금 논계하는데, 신도 또한 그것이 그른 줄 알면서 짓는다면 사체에 편안하지 못하기에 감히 명령을 받들지 못하겠습니다."

손주가 왕명 받기를 거듭 거절하자 세자는 정승들에게 전교했다.

"손주가 왕명을 받고도 소문을 짓지 않는 것이 옳은가? 굳이 두 번까지 사양하니 그러면 그만두어야 하겠는가?"

정승들도 마찬가지였다.

"손주가 왕명을 받들지 않은 것은 예(禮)로 보아 거만한 것 같지만 그의 마음에는 방금 본관에서 논계하는데 거꾸로 소문을 짓는다면 일이 마음과 다르기 때문에 감히 사양하는 것입니다."

정승들도 왕명을 거부하는 손주의 편을 드는 것이었다. 세자는 다시 요청할 수밖에 없었다.

"선조(先朝)에서도 수륙재를 행하지 않은 것은 아니니 빨리 지어 바치라."

그러나 손주는 끝내 소문 짓기를 거절하는 서계(書啓)를 올렸다. 정승들에게 손주의 행위가 정당한 것인가 묻자 정승인 윤필상(尹弼商), 신승선은 손주를 처벌할 수 없다면서 다른 관원에게 짓게 하라고 권했다. 노사신은 승정원에 짓게 하라고 권했다. 승정원에게 지어 바치게 하자는 말에 승지 강귀손(姜龜孫)이 반대했다.

"승정원도 경연(經筵)의 직책을 띠고 있어서 마음을 세우는 것이 또한 손주보다 못하지 않습니다. 손주가 명령을 좇지 않았는데 정원에서 즐겨 짓겠습니까?"

그러나 노사신의 말에 따라 세자는 승정원에서 지어 보내라고 전교했다. 승지들은 향실(香室)에 입직(入直)한 9품관 정자(正字)를 시켜 예전에 쓰던 소문을 베껴 보냈다. 이는 항명에 가까운 행위였다. 그러나 대간과 홍문관, 승정원까지 반대하는 데다가 정승들까지 이들을 거들었기 때문에 세자는 예전의 수륙재 때 쓰던 소문을 베껴 쓴 것을 가지고 수륙재를 지내는 수밖에 없었다.

수륙재 논란으로 28일이 지나고 다음 날인 29일 세자는 비로소 즉위했다. 즉위식 때만 면복(冕服)을 입고 식이 끝나자 다시 상복으로 갈아입고 정사에 임했다. 세자는 수륙재 논란을 통해서 왕권이 미약함을 절감했다. 왕명보다 위에 있는 것이 유학이었다.

손주가 왕명을 거부하는 와중에 세자 시절 자신을 가르쳤던 세자시강원 보덕(輔德) 이거(李琚) 등도 차자를 올려 수륙재를 지내지 말 것을 요구했다. 연산군이 즉위 당일인 29일 승지 송질(宋軼)을 보내 장의사(藏義寺)에서 수륙재를 지내게 한 것이 그나마 왕명이 마지못해 시행됨을 보인 셈이었다. 지금의 세검정 부근에 있던 장의사는 태조 이성계가 신의왕후 한씨의 기신제(忌晨祭)를 지낸 곳으로 왕실에서는 유서 깊은 신앙의 장소였다.

수륙재 문제는 이것으로 끝난 것이 아니었다. 연산군이 두 번째 수륙재를 지내려 하자 벼슬아치들은 물론 성균관의 태학생들까지 반

성균관 내에 공자를 모시는 문묘 대성전
성균관은 유림을 기르는 산실이었다.

대에 가세했다. 연산군은 생원(生員) 조유형(趙有亨) 등 태학생 157인
을 의금부에 하옥시키는 것으로 강경하게 대응했다. 상소문 중에 "사
왕(嗣王, 연산군)이 아직 어리시니 양전(兩殿, 두 대비)은 뜻을 이루셨고…
중의 무리가 서로 길에서 축하하면서 우리의 도(道, 불교)가 부흥한다
고 합니다"라는 글이 있었는데, 연산군은 이 글들을 뭉개어 버리면서
국문하라고 명했다.

"어디에서 들었는지 반드시 그 실정이 있으리라. 지금도 이 같은 역신(逆臣)이 있단 말이냐. 추국(推鞫)하여 아뢰라."《연산군일기》 1년 1월 22일)

연산군은 태학생들을 '역신'으로 규정했지만 유생을 가둔 조치에 대간과 홍문관, 예문관은 물론 대신들까지 반대하고 나섰다. 연산군도 굴하지 않고 승정원에 전교해 승지로 하여금 의금부와 함께 국문하라고 명했다. 그러나 승정원도 반대했다.

"유생을 추국하지 마시어 간언(諫言)을 따르는 아름다움을 밝히소서."

연산군은 승정원을 비난했다.

"잘못이 매우 큰데 너그러이 용납하기를 굳이 청함은 무슨 뜻인가? 승지들 또한 어찌 자제(子弟)가 없으랴. 생각이 사정(私情)에 끌린 것이다."

승지들의 자제들이 성균관에 다닐 것이니 사정에 끌린 것이라는 비판이었다. 승지들도 지지 않았다.

"신 등은 비록 무상(無狀)하오나, 전하의 지척에 있는데 어찌 사정을 두겠습니까. 대신과 대간의 말이 모두 옳기 때문에 감히 아뢰었습니다."

수륙재 문제는 조선 왕실 특유의 '외유내불' 현상으로 넘어갈 수 있는 문제였지만, 조선의 유학자들은 이미 유학은 정학(正學)이고 다른 모든 학문과 사상은 그릇된 사학(邪學)이라는 전체주의적 사고를 갖고 있었다.

수륙재를 거행하고자 하는 연산군과 대비들의 논리는 선왕의 영혼을 위한다는 것이었고, 반대하는 신하들의 논리는 선왕이 불교를 믿지 않았다는 것이었다. 예문관 봉교(奉教) 이주(李胄) 등이 《논어》에 "3년 동안 아버지의 법도를 고치지 않아야 효도라 할 수 있다"라면서 "살아 계실 때는 예로써 섬기고 돌아가시면 예로써 제사 지냅니다"라고 상서한 것이 이런 논리였다. 경연에서 영사(領事) 어세겸(魚世謙)이 수륙재에 반대한 논리도 마찬가지였다.

"지금 성종을 위하여 수륙재를 지내려 합니다만 성종께서 불교를 좋아하지 않으셨음을 누가 모르겠습니까? 황해도의 향시(鄕試, 도에서 시행하는 과거) 때 한 유생이 대책(對策)에서 '부처를 받들면 본도(本道, 황해도)의 병이 없어질 것입니다'라고 쓰자, 성종이 이에 '유생으로서 부처 받드는 일을 말하니 그 죄를 다스리지 않을 수 없다'라고 어필(御筆)로 쓰시고 그 처자와 더불어 먼 변방으로 들어가 살게 하였습니다. 이를 보면 성종께서 불도를 좋아하지 않으셨음을 알 수 있습니다. … 원하옵건대 전하께서 성종의 어서(御書)를 좌우에 걸어 두시고 출입하실 때마다 보고 성찰하신다면 성종께서 불교를 좋아하지 않으신 뜻을 아실 것입니다."《연산군일기》 1년 11월 8일)

성종은 불교 신자가 아니었지만 그렇다고 수륙재를 지내지 않은 것은 아니었다. 신하들은 경연에서도 계속 수륙재 폐지를 주장했다. 경연에서 어세겸은 태종까지 끌어들였다.

"태종은 사사(寺社, 사찰)를 모두 헐고 거기 딸린 노비를 없애시고 양종(兩宗, 선종과 교종)만 남겨 두셨습니다. 태종, 성종은 만세의 법입니다."

태종이 교종과 선종만 남기고 여러 사찰들을 폐사시킨 사례를 말했지만, 어세겸을 비롯한 신하들은 독실한 불교 신자였던 세종의 예는 말하지 않았다.

연산군은 태종의 예까지 끌어들여 말하자 한발 물러서지 않을 수 없었다.

"나도 무익하다고 생각하니 지내지 않는 것이 좋겠다."

그러나 연산군은 당일로 말을 바꿨다.

"오늘 경연에서 대간이 수륙재를 파하자고 청했는데 내가 무익하다고 생각해서 파하는 것이 좋다고 했으나, 다시 생각하니 이는 조종조에서 해 왔던 것이므로 폐하는 것이 불가하니 파하지 말라."《연산군일기》1년 11월 8일)

경연에서 수륙재를 파하고 돌아온 연산군은 아마도 대비들로부터 질책을 들었을 것이다. 연산군이 말을 바꾸자 다시 지루한 논박이 계속되었다. 국익이나 민생과 무관한 수륙재 문제로 조정은 연일 시끄러웠다. 연산군이 11일의 하교에서 이렇게 말했다.

"내가 비록 대비께 계품(啓稟)하더라도 들어주지 않을 것 같으나 계품은 하겠다."

이는 대비들의 압력을 받았음을 시사하는 말이었다. 그래서 다시 "내 뜻이었다"라고 뒤집는다. 이는 대비들이 정사에 간여한다는 비판을 받을 수 있었다. 연산군 1년 11월 15일 사간원 사간(司諫) 이의무(李宜茂) 등이 연산군과 대비를 동시에 비판하고 나섰다.

"11일의 하교에서 '내가 비록 대비께 계품하더라도 들어주지 않을 것 같으나 계품은 하겠다'라고 하셨고, 12일 경연에서는 '모후의 뜻을 상하게 할까 염려된다'고 하시고는 또 '장차 극력 간하겠다'고 하교하셨습니다. 상교가 이러하니 신들은 가만히 생각건대 '이것은 반드시 자전(慈殿, 대비)의 뜻이다'라고 이릅니다. … 전하께서 지난 하교에서는 '자전의 뜻'이라고 하셨다가 지금은 '내 뜻이다'라고 하시는데, 이는 전하께서 신들의 말을 막으려고 이렇게 하교하셨을 것입니다. 만일 그렇다면 임금으로서의 실수가 이보다 더 큰 일은 없으며 재를 지내는 것은 오히려 작은 일입니다. 전하께서는 아예 이런 마음을 가지지 마소서."(《연산군일기》1년 11월 15일)

신하들이 면전에서 임금의 잘못을 지적하는 것이었다. 효와 충의 나라 조선에서 수륙재는 연산군의 자리에서 보면 선왕의 명복을 비는 것이자 법적인 어머니와 할머니들의 뜻을 따르는 것이었다. 백성들에게 피해를 주는 것도 아니었다. 그러나 조정은 이 문제로 날이 새고 날이 저물었다. 연산군이 수륙재를 고집하자 대사간 김극뉴(金克忸)는 병을 칭탁하여 사직하고, 사간 이의무는 피혐(避嫌)해서 국사에서 손을 뗐고, 헌납(獻納) 김일손(金馹孫)과 정언 이주(李胄)는 사직하고 물러갔다.

"내가 비록 수륙재를 지내더라도 다른 실정(失政)이 없는데 어찌 걸(桀)·주(紂)에 이르겠는가? 비록 수륙재를 지내지 않더라도 다른 국사가 볼만한 것이 없으면 어찌 요(堯)·순(舜)이 될 수 있겠는가? 지금 신하들은 모두 임금을 사랑하는 마음이 없으니 이것이 어찌 옳은 일인가?"(《연산군일기》1년 11월 30일)

이때 연산군의 나이 만 열여덟이었다. 새로 즉위한 왕의 생각에 조정 신하들은 산 임금의 명령이 아니라 죽은 공자와 주자를 따르는 유학 왕국의 신하들이었다. 젊은 임금의 자리에 서서 생각하는 신하는 찾기 힘들고 임금의 흠을 찾아 바로 지적하는 임금 위의 존재들이었다. 그리고 이들 중 상당수는 사림이라 불리는 젊은 신하들이었다. 이들은 타협을 몰랐다. 연산군이 이른바 훈구 공신들에게 주목하게 된 것에는 이런 사정이 있었다. 노사신이 수륙재 때 쓸 소문을 승정원에게 쓰게 하라고 권한 것처럼, 훈구는 그나마 문제를 해결하려는 절충안을 내는 존재들이었기 때문이다.

생모 콤플렉스

축복받은 출생의 딜레마

연산군 이융처럼 축복 속에 태어난 경우도 찾기 쉽지 않다. 이융은 성종 7년(1476) 11월 6일 삼경 5점(새벽 1시경)에 태어났다. 이튿날 도승지 현석규(玄碩圭)와 우승지 임사홍 등은 선정문(宣政門)에 나아가 축하했다.

"개국 이후 문종과 예종은 모두 잠저(潛邸, 즉위하기 전의 사저)에서 탄생하시어서 오늘 같은 경사는 있지 않았습니다."

태조 이성계부터 10대 연산군까지 단종을 제외하고는 이융만이 궐내에서 탄생했다.

종친, 대신이 모두 입궐해 축하하자 성종은 대사령을 내려 백성들과 기쁨을 함께했다. 성종은 재위 9년(1478) 7월 이조판서 강희맹(姜希孟)에게 말 한 필을 내려 줬는데, 《성종실록》은 "강희맹의 집에서 자라던 원자가 항상 준마(駿馬) 보기를 좋아하므로 내려 준 것이다"라고 쓰고 있다. 강희맹은 세종의 장인 심온(沈溫)의 외손자이니 세종의 조카였다. 연산군은 세 살 때부터 말을 좋아했지만 성종은 그를 학자(學者) 군주로 키우고 싶었다.

《연산군일기》는 연산군을 쫓아낸 쪽의 기록이므로 연산군에 대해 나쁜 내용만 기록하고 있는데, 어쩔 수 없이 이를 토대로 연산군의 학문 성취도를 짐작해 보는 수밖에 없다. 연산군이 열 살 때인 성종 16년(1485) 12월 형조판서 성준(成俊)이 "세자가 지금 《소학》, 《대학》, 《중용》, 《논어》 등의 책을 읽었으니 서연(書筵, 세자의 경연)에 청하여 앞으로는 뜻까지 해석하게 하소서"라고 청했다. 열 살 때 경서들을 읽을 줄은 알았으나 뜻은 해득하지 못했다는 것이다. 서연은 세자가 사부나 빈객 같은 스승들에게 학문을 배우는 자리이다.

1년 후인 성종 17년(1486) 11월 서연관이, "세자가 《논어》를 다 읽었습니다"라고 보고하자 성종은 "이제부터 《맹자》를 읽히도록 하라"라고 명했다. 1년 전에도 읽었다는 《논어》를 이제야 다 읽었다는 것은 세자의 학습이 지지부진하다는 말이었다. 성종은 재위 23년(1492) 1월 승정원에 직접 전교를 내려, "세자가 지금 17세이지만 문리(文理)를 해득하지 못해서 내가 심히 근심하고 있다"고 토로했다. 최고의 학자들에게 조강, 주강, 석강으로 하루 세 번씩 집중 교육을 받았음에도 연산군은 17세까지 문리를 터득하지 못했다는 것이다.

그래서 성종은 세자의 학습 순서를 바꾸었다. 원래 사서(四書) 등을 통해 유학적 세계관을 형성한 다음 구체적 사례가 담겨 있는《사기(史記)》 같은 역사서로 넘어가는 것이 정상적인 학습 순서이지만 역사서를 먼저 보는 것으로 바꾼 것이다. 동부승지 조위(曺偉)가 성종 23년 "《사기》를 읽으면 문리가 쉽게 통합니다"라면서 역사서를 먼저 읽게 하자고 제안했고, 성종도 동의했다.

"그렇다. 영의정이 일찍이 '《춘추(春秋)》를 읽히는 것이 옳다'고 하였고, 나도 또한《춘추》는 선악을 포폄(褒貶, 옳고 그름을 판단함)한 책이며 치란과 득실이 담겨져 있으니, 이 또한 역사라고 생각한다."(《성종실록》 23년 1월 29일)

그러나 이후에도 연산군의 학문이 진취했다는 기록은 없다.《연산군일기》는 대신 "왕(연산군)이 오랫동안 스승 곁에 있었고 나이 또한 장성했는데도 문리를 통하지 못했다"고 학습이 지지부진했다고 비난하고 있다.

연산군은 시(詩)를 좋아한 반면 유학 경전은 별로 좋아하지 않았다. 조선 사대부들의 이데올로기인 성리학 체질이 아니었다. 이는 성리학으로 정신 무장한 사대부들과의 충돌을 예고하는 것이었다. 호문(好文)이자 호색(好色)의 군주였던 성종이 서른여덟로 세상을 떠나면서 연산군은 1494년 만 열여덟의 젊은 나이로 즉위했으나 왜 유교 이념으로 나라를 다스려야 하는지 이해하지 못했다. 즉위 직후 수륙재를 가지고 신하들과 충돌한 것은 이 때문이다. 왜 선왕의 명복을 빌겠다는데 선왕의 은혜를 입었다는 신하들이 반대하는지 납득이 가지 않았다. 연산군은 이런 신하들과 자주 충돌했다.

그래서 연산군의 이런 행보를 해석할 때 생모 문제를 든다. 그의 가

습속 깊은 곳에서 생모에 대한 콤플렉스가 자리 잡고 있었다는 것이다. 아버지는 국왕이었으나 그 아버지는 생모를 죽인 장본인이기도 했다. 아버지와 어머니에 대한 이 거대한 간극이 그의 인성에 큰 영향을 미쳤다는 것이다. 그래서 연산군에 대해 평가할 때 어머니의 비극이 반드시 들어간다. 과연 그런 평가는 타당한 것일까?

연산군은 언제 폐비 윤씨에 대해 알았는가?

많은 야사들은 연산군이 폐비 윤씨 사건의 진상을 알고 나서 복수의 칼날을 휘둘렀다고 전하고 있다. 《연려실기술(燃藜室記述)》의 〈연산조 고사본말〉에는 '폐비 윤씨의 복위'라는 항목에서 《기묘록(己卯錄)》을 인용해서 이렇게 말했다.

처음에 성종 기유년에 폐비 윤씨에게 사약을 내려 자결하게 했다. (폐출되어 사약을 내린 일은 〈성종조〉에 나와 있다.) 윤씨가 눈물을 닦아 피 묻은 수건을 그 어머니 신씨(申氏)에게 주면서, "내 아이가 다행히 목숨을 보전하거든 이것을 보여 나의 원통함을 말해 주고, 또 거둥하는 길 옆에 장사하여 임금의 행차를 보게 해 주시오"라고 해서 건원릉(健元陵, 태조의 릉) 길 왼편에 장사하였다. 인수대비가 세상을 떠나자 신씨는 나인들과 서로 통하여 생모 윤씨가 비명에 죽은 원한을 가만히 호소하고 또 그 수건을 올렸다. 일찍이 자순대비(慈順大妃, 성종의 계비)를 친모로 알고 있다가 이 말을 듣고 깜짝 놀라며 매우 슬퍼하였다. 시정기(時政記)를 보고 노해서 그 당시 의논에 참여한 대신과 심부름한 사람은 모두 관을 쪼개어 시체의 목을 베고 뼈를 부수어 바람에 날려 보냈다.《기묘록》

이 기사는 연산군이 모친의 죽음에 대해서 알게 된 것은 성종의 모후 인수대비가 세상을 떠난 이후라는 것이다. 인수대비는 연산군 10년(1504)에 세상을 떠났으므로 연산군은 재위 10년에야 모친의 죽음에 대해서 알게 되었다는 것이다.《기묘록》의 이 기사는 1936년 소설가 박종화가 《매일신보》에 갑자사화에 대해 연재한 〈금삼의 피〉 등여러 소설과 영화에서 사실처럼 묘사되었다. 그러나 이는 사실과 다르다.

《기묘록》은 《기묘제현전(己卯諸賢傳)》이라고 하는데 잠곡(潛谷) 김육(金堉, 1580~1658)이 지은 것으로 알려져 있다. 중종 때 기묘사화로 화를 입은 사림들의 전기를 정리한 책이다. 김육은 기묘사화 때 화를 입은 사림의 대표 인사 여덟 명을 뜻하는 기묘8현(己卯八賢)의 한 명인 김식(金湜)의 4대손이었다. 그래서 이 내용은 사실처럼 전파되었지만 이 또한 사림들이 만들어 낸 이야기들이다.

연산군이 어머니의 비극에 대해서 알게 된 것은 재위 1년(1495) 3월 16일 성종의 〈묘지문〉을 보고 나서였다. 이날 연산군은 부친의 〈묘지문〉을 보고 승정원에 전교했다.

"이른바 판봉상시사(判奉常寺事) 윤기견(尹起畎)이란 이는 어떤 사람이냐? 혹시 영돈령(領敦寧) 윤호(尹壕)를 기견이라고 잘못 쓴 것이 아니냐?"

《기묘록》을 지은 잠곡 김육의 영정

　폐비 윤씨가 성종 13년(1482) 사사당했을 때 세자 이융의 나이 만 여섯 살이었는데, 3년 전인 성종 10년(1479) 폐위되어 출궁될 때 만 세 살이었으므로 이런 사항을 알지 못했다. 그간 폐비 윤씨는 언제 태어났는지 알려지지 않았는데, 1996년 국립문화재연구소에서 서삼릉의 태실을 정비하는 과정에서 윤씨의 태지가 발견되어 1455년 윤6월 1일 태어났다는 사실을 알게 되었다. 만 스물일곱의 젊은 나이에 죽임을 당한 것이다.

　〈묘지문〉에는 성종의 왕비들에 대해서 이렇게 기술하고 있다.

　처음 잠저에 계실 때 영의정 한명회(韓明澮)의 딸을 맞이하여 즉위하자 비

(妃)로 봉하였는데 아들 없이 훙(薨, 세상을 떠남)했으므로 시호를 공혜(恭惠)라 했다. 숙의(淑儀) 윤씨(尹氏)를 올려서 비로 삼으니 곧 판봉상시사 윤기견의 딸인데, 금상 전하(今上殿下, 연산군)를 낳으셨다. 또 숙의 윤씨를 올려 비로 삼으니 바로 영돈령부사(領敦寧府事) 윤호의 딸이다.《묘지문》

성종은 세조 시절 한명회의 딸을 부인으로 맞이했는데 그가 공혜왕후 한씨로서 예종 비 장순왕후의 동생이기도 하다. 한씨가 성종 5년(1474) 세상을 떠나자 후궁으로 있던 윤기견의 딸을 왕비로 삼았다가 폐위 후 사사하고 윤호의 딸을 왕비로 삼았다. 연산군은 윤호의 딸인 정현왕후 윤씨를 모후로 알고 있다가 성종의 〈묘지문〉에 윤기견의 딸이 자신의 어머니라고 나오자 승지들에게 윤호를 윤기견이라고 잘못쓴 것이 아니냐고 물은 것이다. 이 질문에 승지들이 아뢰었다.

"이(윤기견)는 실로 폐비(廢妃) 윤씨의 아버지인데, 윤씨가 왕비로 책봉되기 전에 죽었습니다."

《연산군일기》1년 3월 16일 자는 "왕이 비로소 윤씨가 죄로 폐위되어 죽은 줄을 알고 수라(水剌)를 들지 않았다"라고 말하고 있다. 연산군은 즉위 3개월 만에 생모가 폐위당해 죽은 사실을 알게 된 것이다. 이후 연산군은 생모의 기일(忌日)을 엄숙하게 지키려 애썼다. 그해 8월 14일 연산군은 승정원에 전교를 내려 이렇게 말했다.

"명일은 폐비 윤씨의 기일이니 사옹원(司饔院)으로 하여금 소선(素膳, 고기 없는 밥상)을 들이도록 하라."

승정원에서 아뢰었다.

"만일 소찬을 드신다면 아랫사람들이 감히 육식을 못하며, 또 기제

(忌祭, 죽은 날에 지내는 제사)를 지내신다면 반드시 재계하여야 하는데, 재계를 하면 형옥(刑獄) 관계 판결 문서도 아뢸 수 없습니다. 신 등은 대신과 예관(禮官)에게 의논함이 마땅하다고 생각합니다."

그러자 연산군은 "이것은 큰일이니 상전(上殿, 대비전)에 품의하여 결정하여야 하겠다"라고 말했다. 대비들도 연산군이 즉위 3개월 만에 생모의 비극에 대해서 안다는 사실을 알게 되었을 것이다. 연산군은 다음 날인 8월 15일 어서로 승정원에 교시(敎示)했다.

"폐후(廢后)가 덕이 부족하여 부왕의 버림을 받았으니, 나는 골육의 정을 잊지 못하여 차마 고기를 먹지 못하지만, 여러 신하들이야 어찌 소식을 하려 하느냐."

그런데《성종실록》에 따르면 폐비 윤씨가 사사당한 날은 성종 13년 8월 16일이었다. 성종은 이날 좌승지 이세좌(李世佐)에게 비상(독약)을 주어 윤씨를 죽이고 세 대비전인 삼전에도 이 사실을 알렸다. 윤씨 사사 소식을 들은 삼전은 승지 성준을 통해 자신들의 소감을 담은 언문 서간을 전해 왔고 성종은 이 서간을 내관(內官) 안중경(安仲敬)에게 빈청(賓廳)에서 읽게 해서 재상들이 듣게 했다. 언문 서간의 내용은 윤씨가 비상을 차고 다니며 성종을 죽이려고 하는 것을 대비들이 막았다고 주장하는 내용이었다. 대비들은 성종이 윤씨를 죽인 것을 "대의로써 결단했으니 국가의 복"이라고 주장했다. 성종은 윤씨를 사사한 것을 서울과 지방에 포고하라고 했으므로 잘 알려진 사실인데, 연산군이 왜 8월 15일을 기일로 알게 되었는지는 분명치 않다.

뒤늦게 생모의 비극을 알게 된 연산군의 충격은 컸다. 비로소 자신이 일방적으로 축복받은 출생이 아니었다는 사실을 알게 된 것이다.

모후 추존

연산군이 어머니의 기일이라고 승정원에 어서를 내린 날 영의정 노사신이 생모 윤씨의 추존(追尊) 문제를 들고 나왔다.

"폐비가 선왕께 죄를 얻기는 하였지만, 왕이 이미 존위(尊位)에 나갔으니, 낳아 준 의리가 지극히 중대하므로 추존하여 제사 드리는 일을 의논하지 않을 수 없습니다."

윤씨를 추존해서 제사를 드리자는 건의였다. 연산군이 듣고 싶어 하는 말이기도 했다. 이 무렵 노사신은 대간들의 거센 공격을 받고 있었다. 대사헌 이의(李誼) 등의 직간에 화가 난 연산군이 대간을 다스리려는 뜻을 노사신에게 묻자 "지당하십니다"라고 답했던 것 때문이었다. 대간은 노사신이 언로를 막는다고 거세게 공격했다.

이 문제에 대해 영돈령 윤호는 이렇게 말했다.

"폐비가 선왕께 죄를 얻었으니 종묘(宗廟)에 모셔 제사 드릴 수 없는 것은 당연한 일입니다. 그러나 고금 천하에 임금이라고 어머니가 없을 리가 있겠습니까. 신의 생각으로는, 따로 사당을 세워 제사 드리며 묘소에도 따로 제사 드리는 의식 절차를 마련하고, 기일에는 형살 문서(刑殺文書, 사형수에 관한 문서)를 아뢰지 말도록 하는 것이 어떠하겠습니까?"

정현왕후 윤씨의 부친인 그가 제시한 일종의 타협책이었다. 종묘에는 모시지 못하지만 따로 사당을 만들어 제사를 지내자는 것이었다. 그러나 분명한 반대도 있었다. 병조참판 허침(許琛)과 이조참판 안침

(安琛) 등이었다.

"폐비가 선왕께 죄를 얻었으며 선왕의 유교가 지극히 자세하고 엄하시니 결단코 고칠 수 없습니다. 전하께서는 천륜의 중함을 생각하시고, 망극한 은혜를 미루어 기일마다 궁중에서만 재계, 소식을 행할 뿐이요, 결코 국기(國忌, 임금과 왕비의 제삿날)로 거행할 수는 없습니다."

생모 윤씨의 기일을 국기로 정하는 것은 이런 반대 때문에 좌절되고 말았다. 연산군은 대신 그해 9월 13년째 장흥에 유배되어 있던 외삼촌 윤구(尹遘)와 그 어머니 신씨를 석방했다. 또한 이듬해에는 신씨에게 매년 쌀 30석과 황두(黃豆) 20석을 하사했다.

연산군은 재위 2년 윤3월 내시를 보내 윤씨의 묘를 살펴보게 했는데, 묘지의 현황을 보고받고 큰 충격을 받았다. 그는 승정원에 어서를 내렸다.

"내가 내시를 보내서 폐비의 묘를 살펴보게 하였더니, 묘소가 무너진 채 여러 해를 수축하지 않아서 장차 해골이 나와서 여우와 삵에게 먹히게 될 지경이라 하니, 비록 사대부의 묘소일지라도 이래서는 안 되는데 하물며 천승(千乘)의 나라 임금의 어머니이겠는가? 자식 된 정으로는 차마 듣지 못할 바이므로, 모름지기 길(吉)한 연월일시(年月日時)를 가려 천장(遷葬, 이장)해야 할 것이다. 불가하다고 말하는 자는 용서 없이 참하리라."《연산군일기》 2년 윤3월 13일)

'불가하다고 말하는 자는 용서 없이 참하리라'는 말 속에 전제적(專制的) 군왕의 모습이 엿보인다. 그러나 조선의 신하들은 국왕의 이런 위협에 굴하는 존재들이 아니었다. 예조참판 신종호(申從濩)가 성종 20년(1489)에 성종이 정한 윤씨의 묘제를 들어서 반대했다.

"성종께서 하교하시기를 '다만 소재지의 수령에게 세 명절에만 치제(致祭)하게 하라' 하셨으니, 전하께서 만약 효성을 다하시려면 사은(私恩, 사사로운 은혜)으로서 따로 내시를 보내어 치제하실 따름이지 선왕의 분부를 어겨서는 안 됩니다. 신이 그때에 예방(禮房) 승지여서 성종의 분부가 이러하심을 자세히 아는데, 알면서도 취품하지 않고 행한다면 마음에 미안하므로 감히 아룁니다."

연산군은 신종호를 꾸짖었다.

"성종의 분부가 이와 같으시기 때문에 다만 이에 그치는 것이다. 경만이 성종의 신하가 되는가. 이와 같이 말할 수 없는 것이다."

연산군은 천장을 강행하면서 빈(嬪)의 예로 쓰고 석수(石獸)를 설치하려고 했는데, 홍문관 직제학 표연말(表沿沫) 등이 차자(箚子)를 올려 반대했다.

"지금 묘를 옮기는 일은 비록 부득이한 데서 나온 것이지만 단연코 전보다 더할 수 없는 것인데도, 장사를 빈의 예로 쓰고 참람되게 석수를 설치하고 또 신주를 세우고 사당을 세우자는 의논이 있으니, 신들은 이것이 어디에 근거한 것인지 알지 못합니다. 이는 전하의 망극하신 정에 비위를 맞추는 데 불과한 것입니다. 전하에게 선왕의 유교를 어기도록 인도할 수 없는 것이므로 신들은 의혹됩니다. 원하옵건대 전하께서는 정을 누르고 예를 따라서 성종의 유교를 준수하시면 매우 다행이겠습니다."

이때가 재위 2년 6월이었는데, 연산군은 이때만 해도 온건했다.

"너희들이 이처럼 말하는 것은 지나치다. 성종의 유교가 있었으므로 이에 그치고 마는 것이다. 그대들은 하늘과 땅에서 생겨났는가?"

연산군이 신주와 사당을 세우려 하자 대간에서는 이것도 극력 반대했다. 명분은 모두 선왕의 유교에 어긋난다는 것이었다. 그러나 연산군도 물러서지 않았다.

"내가 이 일을 하는데 대간과 홍문관이 모두 반박하는 의논이 있었다. 폐비가 비록 선왕께 죄를 얻었으나 조정에서야 무슨 미워할 바가 있겠는가. 선왕의 유교여서 고칠 수 없다고 하지만 조종의 대법도 고치는 것이 있는데도 선조(先朝, 성종)에 아첨하여 지금 이것이 그르다고 불초한 말을 하는 것이다. 봉숭(封崇)하는 전례(典禮)는 지금 거행할 수 없으나 신주와 사당이 세워진 뒤에 차례로 행하겠다."

대간에서 거듭 불가하다고 건의했으나 연산군은 묘소를 이장해 회묘(懷墓)라고 이름 짓고 사당을 효사묘(孝思廟)라고 이름 지었다. 회묘는 지금의 서울시 동대문구 회기동 산 5번지 경희의료원 자리에 있었는데 1969년 경기도 고양시 서삼릉(西三陵)으로 이장했다. 개발독재시대의 역사 현장 파괴였다.

연산군은 재위 4년에 폐비 윤씨의 기일에는 형을 집행하지 말라고 명했다. 성종의 유훈 때문에 정식으로 복위시켜 능으로 승격시키지는 못했지만 할 수 있는 최선을 다한 셈이었다. 이 과정에서 대간과 홍문관 등에 포진한 사림들은 반대로 일관했다. 연산군의 뇌리에 사림은 임금이 하는 일에 사사건건 반대만 하는 세력이란 인식이 심어지고 있었다. 그러나 대간을 장악한 사림은 국왕의 이런 인식이 어떤 결과를 가져올지 간과했다. 대간의 간쟁은 법에 규정된 의무라고 믿었다. 게다가 대간의 간쟁을 싫어하는 인물은 국왕만이 아니었다. 훈구 대신들도 대간의 간쟁을 싫어했다. 다만 대간의 간쟁권은 법에 보장되

경기도 고양시 서삼릉에 있는 회묘

어 있었으므로 어쩔 수 없다고 받아들이고 있었을 뿐이다. 그러나 국
왕과 훈구 세력들이 결탁한다면 대간의 간쟁권을 무너뜨릴 수도 있었
다. 이런 가능성에 주목한 인물이 유자광(柳子光, 1439~1512)이었다. 무
오사화(戊午士禍)라는 태풍이 다가오고 있었다.

무오사화

성종의 국상과 겹친 공신 유자광의 모친상

성종이 세상을 떠난 이틀 후인 1494년 12월 26일 전 무령군(武靈君) 유자광이 "신이 어머니의 상을 당하여 이미 빈소를 차렸습니다"라고 시작하는 상서(上書)를 올렸다. 유자광의 어머니는 성종 말년에 세상을 떠나서 이미 상복을 입고 있는 와중에 성종의 상이 겹쳤다는 것이다.

유자광이 상서한 이유는 임금과 왕비 등이 세상을 떠난 국상(國喪)과 부모 등이 세상을 떠난 사상(私喪)이 겹쳤을 때 어느 것을 따라야 하느냐는 질문을 담고 있었다. 유자광은 이 문제에 대해서 공자와 제자 증자(曾子)가 대화한 내용을 덧붙여 질문했다.

"삼가《예경(禮經)》을 상고해 보니 증자가 '대부(大夫)나 사(士)가 부모의 상복을 입고 있다가 곧 제상(除喪, 상복을 벗는 일)하게 되었는데 임금의 상을 당해 복을 입어야 한다면 부모의 상을 어떻게 제상해야 합니까?'라고 묻자 공자가 '내 몸에 임금의 상복을 입고 있으면 감히 사복(私服)을 입지 못하는 것인데, 또 무엇을 벗는단 말이냐'라고 했습니다. 그 주석에 이르기를 '임금의 상이 중하고 어버이의 상이 가벼운 것은 의(義)로써 은혜를 끊는 것이다'라고 했습니다."

이는《예기(禮記)》〈증자문(曾子問)〉에 나오는 사례인데, 군신 관계와 부자 관계 사이의 경중(輕重)을 다루는 것으로 많은 논란이 있어 왔다. 《예기》〈증자문〉에는 이를 '과시부제(過時不除)'라고 설명하는데 임금과 부모의 상사(喪事)가 겹칠 때는 부모의 상사를 진행할 수 없다는 것으로 해석되어 많은 논란을 낳았다. 임금의 상을 당해 복을 입게 되면 부모의 대소상(大小祥)은 기일이 도달해도 치를 수 없고, 임금의 상복을 벗은 후에야 부모의 대소상을 치를 수 있다는 것이다. 이 경우 임금만 있고 부모는 없는 것이 되므로 논란이 있을 수밖에 없었다. 그래서 후한의 경학자로서 예법에 밝았던 정현(鄭玄, 127~200)은 주석에서 이는 맏아들에만 해당되는 것으로 맏아들 이외의 다른 지자(支子, 맏아들 아닌 아들들)에게는 해당하지 않는다고 해석했다. 당나라 때의 유학자로서 태종의 명으로 안사고(顔師古) 등과 함께 5경의 해석서《오경정의(五經正義)》를 편찬한 공영달(孔穎達, 574~648)은 적자(嫡子)가 벼슬하고 있을 경우에만 해당한다고 해석했다. 벼슬하고 있지 않으면 국상 중에도 부모의 상을 치를 수 있다는 해석이었다.

유자광은 이 문제에 대한 또 다른 주석을 언급했다.

"그 주석에 '만약 신하가 부모의 상을 당해서 이미 빈소를 차린 뒤에 임금의 상을 당하면 임금의 처소로 돌아가고, 부모의 상에 은사(殷事)가 있으면 집으로 돌아오되 아침저녁으로는 또 늘 임금의 처소로 돌아간다'고 했습니다."

여기에서 말하는 은사는 은제(殷祭)를 뜻하는 것이다. 《예기주소(禮記注疏)》에 은제는 대소상을 가리키고 은사란 삭망전(朔望奠, 초하루와 보름날 아침에 지내는 제사)에 올리는 천신(薦新, 제사 때 올리는 물건)을 가리킨다고 했다. '은(殷)'은 크다는 뜻으로 대상과 소상은 복(服)이 바뀌는 큰 제사이므로 은제라고 한 것이고, 음력 초하룻날과 보름을 뜻하는 삭망에 올리는 천신전(薦新奠)은 아침저녁으로 올리는 조석전보다 크기 때문에 '은' 자를 붙였다는 것이다. 유자광은 상소를 이렇게 마쳤다.

"이 《예경》에 실린 것이 신의 일과 정확하게 부합하는데, 신이 지금 어머니를 위한 상복을 입고 있기 때문에 다시 임금을 위한 상복을 입지 않는다면 이것은 신하로서 임금을 위한 복을 입지 않는 것입니다. 그렇다면 어버이가 도리어 무겁고 임금은 도리어 가볍게 되는 것이니 《예경》에 어긋나고 대의(大義)에 이지러짐이 있을 것입니다."

유자광의 상소는 한마디로 어머니의 상을 버리고 성종의 상을 따르겠다는 것이니 임금에 대한 자신의 충심을 과시한 것이었다. 그러나 정현이나 안사고가 모두 이를 만아들이나 벼슬하는 적자에 대한 규정으로 해석했으므로 부윤(府尹)을 지낸 유규(柳規)의 서자인 유자광에게 해당하는 것은 아니었다.

유자광은 예종 즉위 직후 남이(南怡)가 역모를 꾸미고 있다는 '남이의 옥사'를 일으켜 정난익대공신(定難翊戴功臣) 1등에 책록되고 정2품

자헌대부(資憲大夫)의 품계를 받으며 무령군으로 봉해진 인물이었다. 게다가 부상으로 남이의 집을 차지하고 강순의 아내 중비(仲非), 민서(閔敍)의 딸 민말금(閔末今) 등을 받았으므로 유자광의 상소를 '서얼' 운운하며 배척하지 못했다. 정승들은 대체로 유자광의 청을 들어주어야 한다고 해석했고 예조는 그렇게 해서는 안 된다고 반대했다. 이 문제는 결국 세자 이융이 결정해야 했다. 세자는 12월 27일 전교를 내렸다.

"선왕을 위한 정성은 내가 참으로 가상히 여긴다. 그러나 나라에는 법이 있으므로 들어줄 수 없으니 이 뜻을 자광에게 이르라."

이는 국상을 따라 임금을 위한 복을 입지 말고 사상을 따라 어머니를 위한 복을 입으라는 전교였다. 이날은 대간과 홍문관, 예문관 등에서 잇따라 수륙재를 반대하는 상소를 올리고, 홍문관 수찬 손주가 수륙재에 쓸 소문 짓기를 거부하면서 곧 즉위할 세자와 힘겨루기를 하고 있던 날이었다. 이런 때에 유자광의 상소는 세자의 주목을 끌기에 충분했다. 나아가 정승들은 임금의 상이 우선이라고 생각하는 반면 대간과 홍문관 등에 포진한 사람들은 어버이의 상을 우선이라고 생각하는 것으로 받아들일 수 있었다.

세자가 예조의 해석에 따라 모친상을 따르라고 전교했음에도 유자광은 예조의 해석에 의문을 제기했다. 연산군 재위 1년(1495) 정월 초하루 유자광은 서계(書啓)를 올려 이 문제를 재고해 달라고 요청했다.

"신하가 부모의 상을 치르는 중에 임금의 상을 당하면 다시 임금을 위하여 부모의 상복을 벗는다는 것은 《예경》에 실린 것인데도 예관(禮官, 예조의 관리)이 '신이 어머니의 상중에 있으니 다시 임금을 위한 상복을 입는 것이 옳지 않다'고 했습니다. 설령 먼저 어머니의 상을 당했는데 다시 아버지의 상을 당했다면 아버지를 위한 상복을 입지 않겠습니까?《예경》에 실린 바는 곧 천지의 상경(常經, 늘 지켜야 할 도리)이고, 군신(君臣)의 의리이고, 사람의 상도(常道)여서 만세에 걸쳐 바꿀 수 없는 대경(大經)이자 대의입니다. 신이 애통해서 울부짖는 동안에 상기(喪期, 상복 입는 기간)가 다했으므로, 미처 아뢰지 못하고 어제 이미 어머니의 상복을 바꾸어 사사로이 집에서 임금을 위한 상복을 입었습니다."

유자광은 임금을 위한 상복을 입고, 어머니의 장사에 따라가서 봉분(封墳, 무덤을 만듦)하고 돌아와서 임금의 장사에 따르기를 청한 것이었다. 그런데 예관이 자신의 청을 그르다고 한 것이 잘못되었다면서 예관과 마주 앉아 누가 옳고 그른지를 따져 보겠다고 요청했다.

"신의 말이 과연 그르고 예관의 뜻이 과연 옳다면 신이 마땅히 법을 어지럽힌 죄를 받겠습니다."

자신이 이미 임금을 위한 상복을 입고 있는 것이 옳지 않다면 벌을 받겠다는 것이었다. 연산군은 전교를 내렸다.

"전에 이미 입지 말라고 하였는데 왜 사사롭게 입었는가? 혹시 몰라서 그런 것이 아닌지 원상(院相)에게 물으라."

원상 윤필상이 아뢰었다.

"이미 입지 말라고 명하셨는데 사사롭게 입었으니 잘못입니다."

좌의정 노사신이 아뢰었다.

"유자광이 대궐에 올 수 없으므로 사사로이 집에서 입은 것이니, 신은 입어도 무방하다고 생각합니다."

노사신의 말이 연산군의 마음에도 맞았다. 신하가 군주의 상을 개인의 상보다 앞세워 상복을 입는 것이 마땅하다고 본 것이다. 그래서 전교를 내렸다.

"다시 고하지 아니하고 사사롭게 입은 것은 잘못이다. 그러나 이미 입었으니 좌상이 아뢴 대로 하는 것이 좋겠다."

그래서 유자광은 집에서 임금을 위한 상복을 입을 수 있게 되었다. 유자광은 연산군에게 군주를 위한 충신이라는 인상을 심어 주는 데 성공한 것이다. 그러나 이것으로 끝이 아니었다. 연산군 1년 3월 28일 유자광이 다시 서계를 올렸는데, 《연산군일기》는 유자광을 상인(喪人, 상중에 있는 사람)으로 표현했다. 부모상을 당해 벼슬을 내놓고 묘소 곁에 여막을 짓고 3년간 거주하는 상인이라는 표현이었다.

"신이 어미를 남원 땅에 장사 지냈는데, 국장에 회장(會葬, 장사 지내는 데 참여함)하려고 왔습니다."

연산군은 예조에 부모상 중에 있는 사람이 국장에 참여한 전례가 있는지 알아보게 했다. 예조에서 답했다.

"상인이 회장하는 것은 전례가 없습니다. 그러나 유자광이 회장하려고 먼 데에서 온 성의가 가상하니 허락하는 것이 마땅할 것입니다. 다만 반열에 따를 수는 없고 따로 바깥 위차(位次)에서 예를 행하게 하는 것이 편하겠습니다."

"반열에 따르기를 허락하지 않으면 바깥 위차에서 예를 행하는 것도 불가하다. 하물며 지금 상중에 있는 사람이 그 하나가 아니니 예(例)를 만들 수 없다."

연산군은 어머니 상중에 있는 유자광이 국장의 회장에 참여하는 것을 거부했다. 벼슬의 반열에 따르기를 허락하지 않았다면 따로 바깥 위차에서 예를 행할 수는 없다는 것이다. 그래서 유자광은 국장의 회장에 참여하지는 못했지만, 거듭된 상소와 직접 서울까지 올라온 행위 등을 통해서 임금의 상에 정성을 다하는 신하라는 인상을 남길 수 있었다. 처세의 달인이라고 할 수 있었다. 그의 이런 행태에 대해서 대간은 주목했다.

유자광의 모친상에 대한 대간의 논박

같은 해 4월 9일 사간원 정언 이자견(李自堅)이 유자광이 어머니 장례를 사치스럽게 치렀다고 비판했다.

"유자광이 특별히 은혜를 입어 높은 품계(品階)에 발탁되었으나, 그는 본래 천얼(賤孼, 천한 서자)의 혈통으로 어미의 상을 치르는 데 자못 참람한 예를 사용했습니다. 귀장(歸葬, 타향에서 죽은 시신을 고향에 가져와서 장례하는 것)할 때 큰 상여를 만들어서 100여 명을 써서 들게 했으며, 관가에서도 인부를 징발해서 번갈아 메어 주고 방상씨(方相氏)를 써서 앞세우기까지 하였습니다."

방상씨는 역병을 쫓는 의미로 장사 행렬에 앞세우는 신상(神像)이었다. 황제(黃帝)의 네 번째 비 모모(嫫母)는 추녀로 유명했는데 황제가 모모를 방상씨로 삼아 귀신을 쫓게 했다는 데서 유래한 풍습이었다. 조선에서는 사람이 방상씨의 가면을 쓰고 창과 방패를 가지고 행렬

앞에서 이끌었다. 이자견은 유자광의 모친상이 예를 넘었다며 국문을 요청했다.

"방상씨는 예장(禮葬, 나라에서 치르는 장례)에 쓰는 것이니, 이를 보아도 나머지를 알 수 있습니다. 또 하인들을 많이 따르게 했는데 관가의 곡식으로 먹였으니 그 폐해를 측량할 수 없습니다. 또 막 어미의 상중에 있으면서 국상의 상복을 입기를 청했는데, 이미 선왕들께서 만든 제도가 아니고 인정에 가깝지 않습니다. 이는 임금을 위하는 일이니 죄를 줄 수는 없지만, 예법에 참람했고 폐를 끼쳤으니 그 이유를 국문하지 않을 수 없습니다."

사간원 정언 이자견의 말 중에서 유자광에게 가장 뼈아픈 건 '본래 천얼의 혈통'이라는 말이었다. 이때 장례를 치른 유자광의 어머니는 천인인 생모였을 것이다. 유자광의 부친 유규에게는 적처(嫡妻) 소생의 유자환(柳子煥, ?~1467)이 있었다. 유자광의 이복형이자 장자인 유자환은 세조 13년(1467) 세상을 떠났지만 그 아들이 있었을 가능성이 크므로, 이때 죽은 여인이 유규의 적처라면 유자광이 장례를 주도할 수 없었다. 유자광은 천한 어머니에게서 태어났지만 경위는 둘째 치고 남이의 옥사를 다스린 공으로 무령군에 봉해졌으니 어머니의 장례를 성대하게 치르고 싶었던 것이다. 그런데 무령군으로 봉군(封君)까지 받았음에도 사간원에서 '본래 천얼의 혈통' 운운하며 아픈 부분을 건드렸으니 큰 상처가 되었다. 연산군이 대간에 포진한 사림에 대해서 적대감을 갖게 된 사건이기도 했다.

남원에서 여묘살이를 하던 유자광은 사간원이 모친상을 가지고 탄핵했다는 소식을 듣고 격분했다. 자신의 출생 신분에 대한 공격이라고 여겼다. 그래서 길을 재촉해 서울로 올라와 5월 3일 사간원의 탄핵을 조목조목 논박하는 상소를 올렸다.

"(사간원에서) '상여(喪轝)를 참의(僭擬)하여 만들었다'고 한 것을 신은 마음속으로 원통하게 생각합니다."

'참의'란 아랫사람이 자신의 신분을 망각하는 것을 뜻하는데, 이 역시 모친의 신분에 대한 공격으로 여겼다. 유자광은 상여를 화려하게 꾸몄다는 것도 경기도에서 전라도 남원까지 옮겨야 했기 때문에 튼튼한 나무로 만들었을 뿐이라고 반박했다.

"66인이 메고 갔는데 왜 100여 인이라 하는지 신이 마음속으로 원통하게 생각합니다. 방상씨는 법에 의당 사용하는 것인데 왜 사용할 수 없다고 하는지 신은 마음속으로 원통하게 생각합니다."

유자광은 서울에서 남원까지 가는 각 역에 미리 양곡을 모아 놓았고, 또 양성, 공주, 연산, 은진, 여산, 임실에는 자신의 전장(田莊)이 있어서 노복들이 비용을 마련했다는 것이었다. 그럼에도 비용이 부족할까 수레 두 대로 곡식과 소금과 간장 등을 따로 싣고 갔다는 것이었다. 그런데 도중에 간혹 곡식과 말먹이를 준 자가 있고, 약간의 공궤(供饋)를 받은 자가 있고, 길가에 전(奠)을 배설하고 애도한 자가 있는데, 이를 물리치지 않은 것은 자신의 죄이지만 자신만 그런 것은 아니라고 반박했다.

"이는 신이 가는 길에서만 혼자 이렇게 한 것이 아니라 지금 모든 사대부들이 어버이의 영구를 모시고 동서(東西)로 나가는 자가 이른 곳이 모두 그러합니다. … 그 사정이 이러한데 신이 추종을 많이 데리고 가서 각 관아에서 식사를 대게 한 것처럼 말하는 것은 무슨 까닭인지 신은 원통하게 생각합니다."

유자광은 자신의 어머니와 성종의 관계를 설명했다. 어머니가 남원에 거처하기 때문에 자신이 돌아가 봉양하겠다고 청하자, 성종이 병조에 명해서 군인을 내어 주어서 서울로 모셔 오게 했으며 그 후에도 여러 번 궁중의 음식을 내려 주었고, 어머니가 85세에 세상을 떠날 때 성종도 와병 중이었지만 음식을 내려 주고 병의 증세를 물어 주는 은혜를 입었다는 것이다. 또한 어머니의 장사 때도 군인을 내어 주어서 남원 선영에 부장(附葬)할 수 있었다는 것이다.

"신의 어미는 정부인(貞夫人)에 봉작(封爵)되었으니 마땅히 예절로 상사를 치러 신의 효도하려는 정을 다했는데, 어찌 다른 사람의 비방을 불러오고 간원(諫院)이 죄주기를 청하기에 이를 줄 알았겠습니까? 생각이 여기에 이르니 신의 죄는 죽어 마땅합니다."

핵심은 바로 여기에 있었다. 유자광은 성종 16년(1485) 종1품 숭정대부(崇政大夫)의 품계를 받았다. 어머니도 2품관인 정부인에 봉작되었고 그에 따라 장례를 치렀는데 왜 시비를 거느냐는 것이었다. 어머니와 자신의 신분 때문에 그러는 것 아니냐는 분노가 바탕에 깔려 있었다.

이 사건은 아무리 봉군되었어도 서자 출신 유자광을 인정할 수 없다는 양반 출신 대간들의 시각이 깔려 있는 것이었다. 이후 유자광은 3년상을 마친 연산군 3년(1497) 1월 20일 다시 무령군에 봉군되었다. 이후 그는 경연에 참여하여 임금의 자문에 응하는 특진관(特進官)으로 조정 일에 여러 의견을 개진했다. 이때 경상감사 안처량(安處良)에 대한 처분을 두고 유자광은 대간과 충돌했다. 안처량은 연산군 1년

(1495) 그 아내가 적(嫡)이냐 서(庶)냐 하는 논쟁 중에 있었는데, 연산군 3년(1497) 경상감사가 되었다. 감사의 중요한 직무 중 하나가 소송 사건을 빨리 처리하는 것이었는데, 안처량은 일이 바빠서 장부를 싣고 다니면서도 처결하지 못한 고소 사건이 많았다. 그래서 대간에서 갈아 치워야 한다고 논박했다. 연산군이 받아들이지 않자 대간에서 계속 탄핵했는데, 유자광이 안처량을 옹호하고 나선 것이다. 유자광은 '대간의 말이 매우 옳다'고 전제한 후 본론을 꺼냈다.

"대간이 아니라면 왕께서 어떻게 이런 말을 들으실 수 있겠습니까? 재상은 비록 아뢰고 싶어도 그 직무가 아니기 때문에 감히 아뢰지 못하는 것입니다. 대간이 안처량을 세상 물정에 어둡다고 했는데, 만약 그렇다면 어찌 쓸 수 있겠습니까? 그러나 대간이 과연 다 어질다면 그 말이 공정할 것이지만, 간혹 어질지 못한 사람도 있으니 어찌 한결같이 대간의 말만을 듣고서 경솔히 한 방면(方面, 도)의 소임을 바꿀 수 있겠습니까? 더구나 안처량은 일찍이 도승지와 부제학(副提學)을 지낸 바 있으니, 어찌 어두운 사람에게 이런 직책을 제수하였겠습니까? 마땅히 좌우의 의견을 모으셔서 모두가 다 불가하다고 한 연후에 결단하옵소서."《연산군일기》 3년 7월 7일)

대간이 탄핵해도 듣지 말라는 말이었다. 이는 대간을 격분케 했다. 대간은 백관에 대한 탄핵권이 있었고, 대간이 탄핵하면 혐의가 사실이든 아니든 일단 사직하는 것이 관례였다. 그래서 대간의 탄핵권에 대해서는 재상들도 언급하기 꺼려 했는데 유자광이 대간에도 어질지 못한 사람이 있을 수 있으니 듣지 말라고 권한 것이다. 대간이 발끈한 것은 당연했다.

사헌부, 사간원의 양사(兩司)는 연산군 3년 7월 30일 합사해서 노사신, 양희지(楊熙止), 신자건(愼自建) 등을 논계하면서 유자광에 대해서 가장 강력하게 비판했다.

"그중에도 가장 불가한 자는 유자광입니다. 유자광은 본시 호협을 좋아하는 종놈인데 지나친 은혜로 발탁되자 같은 무리를 끌어들여 조정을 더럽게 했습니다. 그러나 공(功)으로써 사형이 면제되고 남쪽 변방으로 귀양을 보냈는데, 자광은 1,000리 밖에서 소를 올려 제 어미를 봉양하게 해 달라고 애걸했습니다. 성종은 어필로 특별히 허가해서 '죄는 비록 종사에 관련되었지만 마음이 가상스럽게 효성이 있으니 어미 있는 곳으로 옮겨 천년(天年, 생애)을 마치게 하라'고 하셨습니다."

이는 유자광이 성종 9년(1478) 동래로 유배 간 사건을 말하는 것이었다. 성종은 유자광의 무재(武才)를 높이 사서 재위 8년(1477) 윤2월 오위도총부(五衛都摠府) 도총관(都摠管)으로 삼았다. 정2품 도총관은 군무를 총괄하던 최고 책임자로서 군사를 관할하기 때문에 종친이 겸임하는 경우가 많았는데 서자 출신의 유자광을 발탁한 것이었다. 그러자 대사헌 김영유(金永濡)가 "유자광은 유규의 첩의 자식이니 비록 국가에 공이 있어도 물망에 적합하지 않으니 청컨대 갈으소서"라고 교체를 건의했다. 문반은 의정부보다 큰 것이 없고 무반은 도총부보다 중한 것이 없는데 첩의 자식이 도총관이 될 수 없다는 것이었다. 성종은 "선왕께서 벼슬길을 허락하셔서 벼슬이 1품에 이르렀기 때문에 지금 그를 쓴 것이다"라면서 거부했다. 이후에도 사헌부 대사헌은 물론 사헌부 집의와 사간원 정언 등이 일제히 나서서 유자광이 도총관이 될 수 없다고 반대했지만 성종은 뜻을 꺾지 않았다. 또한 유자광이 여러 차례 사직을 요청했지만 받아들이지 않았다.

이처럼 성종은 유자광의 능력을 높이 샀다. 그런데 유자광은 같은 해 도승지 현석규와 우승지 임사홍이 다투던 '무술옥사(戊戌獄事)'때 현석규를 극력 비판하다가 임사홍, 박효원(朴孝元), 김언신(金彦辛) 등과 붕당(朋黨)을 만들었다는 공격을 받았다. 유자광은 이듬해 5월 동래로 유배 갔고, 임사홍은 의주, 박효원은 부령, 김언신은 강계로 유배 가야 했다. 성종은 이듬해인 성종 10년(1479) 유자광의 녹권을 돌려주려 했다가 반대가 극심하자 그만두었다. 유자광은 성종 11년(1480) 10월 어머니가 병들어 죽게 되었다면서 고향으로 돌아가 어머니를 봉양하게 해 달라고 요청했다. 이때 조정에서 찬반이 극심했지만 성종은 고향으로 돌아가 어머니를 봉양하게 허락했다. 대간에서는 유자광의 이런 전력을 들어서 극력 비판한 것이다.

"이러한 소인을 근시(近侍, 임금의 측근)에 두어서는 안 됩니다. 일전에도 경연에서 여러 가지 말을 늘어놓아 음으로 대간을 헐뜯었는데, 심지어는 '대간이란 악(惡)을 숨기고 선(善)을 들추어야 한다'고까지 말했습니다. 지난날의 정사를 어지럽힌 그 간사한 태도가 지금도 사라지지 아니한 것이니 마땅히 (다른 사람을) 특진관으로 정해서 입시하게 하고, 유자광 같은 자는 잠시라도 그 속에 끼이게 해서는 안 됩니다."《연산군일기》 3년 7월 30일)

탄핵을 당한 유자광은 특진관 자리를 사임했지만 연산군은 "조종께서 어찌 소인을 재상으로 삼으셨겠느냐? 좋지 않겠다"라면서 거부했다. 이후에도 대간은 유자광이 특진관으로 있어서는 안 된다고 극력 반대했다. 특진관은 경연에서 임금을 자주 대면하므로 이를 막으려고 한 것이었다. 그러나 연산군은 대간의 청을 물리치고 유자광의 관직을 그대로 유지했다.

유자광은 대간들과는 자주 부딪쳤지만 특진관으로 백성들의 질고를 경감해야 한다는 주장을 자주 내놓았다. '군사의 숫자가 너무 많아서 민생이 어려우니 군사 숫자를 줄여서 민생을 도와야 한다'고 건의하거나 3년마다 호적(戶籍)을 새로 작성하는 것이 백성들에게 폐해가 크니 6년이나 9년에 한 번씩 호적을 작성해야 한다고도 건의했다. 서자로 자란 유자광은 백성들의 질고를 잘 알아서 이런 민생 대책을 제기한 것이었다. 양반 출신 사대부들이 유자광의 신분을 이유로 무조건 배척하지 말고 이런 건의를 수용했으면 나라 발전에 큰 도움이 될 수도 있었다. 그러나 양반들, 특히 대간들에게 유자광은 천한 서자일 뿐이었고, 틈만 있으면 '첩실의 아들'이라고 공격했다. 유자광은 이런 대간들을 손보리라고 결심했다.

비사를 상주하는 공신들

연산군 4년(1498) 7월 1일.

파평부원군 윤필상, 선성부원군 노사신, 우의정 한치형(韓致亨), 무령군 유자광이 차비문(差備門)에 나아가서 임금에게 비사(秘事)를 아뢰겠다고 청했다. 차비문은 임금이 평상시에 머물며 정사를 보는 궁궐 편전 앞의 문이었다. 이때 도승지는 신수근(愼守勤)이었다. 신수근은 거창부원군이자 영의정을 역임한 신승선의 아들이자 어머니는 세종대왕 소생인 임영대군의 딸이었다. 또한 신수근의 누이가 연산군의 왕비였으므로 국왕의 처남이었다. 국왕과 신하들이 나누는 모든 대화를 기록하게 되어 있는 춘추관 검열 이사공(李思恭)이 참여해 듣겠다고 청하자 신수근이 막았다.

"참여하여 들을 필요가 없다."

윤필상, 유자광 등이 아뢰는 비사를 들은 연산군은 의금부 경력(義禁府經歷) 홍사호(洪士灝)와 도사(都事) 신극성(愼克成)을 경상도로 달려가게 했는데, 이 날짜의《연산군일기》는 "바깥 사람은 무슨 일인지 알지 못했다"고 말하고 있다.

홍사호와 신극성이 달려간 곳은 경상도 청도군이었다. 사관이었던 김일손(金馹孫)이 풍병을 앓고 있는 곳이었다. 연산군은 액정서(掖庭署)의 하례(下隸) 중에 말을 잘 타는 자를 보내 김일손을 잡아 오는 걸음이 빠른지 느린지를 보고하게 할 정도로 이 사건에 비상한 관심을 보였다. 무오사화의 문이 열리고 있었다.

이 사건이 폭발력을 갖게 된 것은 세조 즉위의 옳고 그름을 논박했기 때문이다. 즉 세조의 즉위를 어떻게 보느냐는 역사관의 문제가 담겨 있었다.《연산군일기》4년 7월 12일 자에는 김일손의 압송과 관련해서 이상한 기사 하나가 기록되어 있다. 연산군이 전교를 내려 이렇게 명령했다는 것이다.

"별감 세 사람에게 가장 좋은 말을 주어 (김일손이 잡혀 오는지) 바라볼 수 있는 세 곳으로 나누어 파견해, 잡아 오는 사람이 보이면 차례로 달려와 아뢰게 하라."

김일손이 잡혀 오는지 바라보이는 곳에 별감 세 명을 보내어 김일손이 잡혀 오는 것이 보이면 차례로 달려와 보고하라는 것인데, 전교를 받은 인물이 누구인지, 별감이 누구인지 전혀 기록되어 있지 않기 때문에 사관이 삽입한 기사일 가능성도 있다.

연산군은 의금부 경력 홍사호에게 압송 도중 김일손이 무슨 말을 했는지 낱낱이 보고하게 했는데, 홍사호는 자신이 처음 김일손을 구속할 때 일을 이렇게 보고했다.

"신 등이 처음 김일손을 구속하자 일손이 '이는 반드시 《실록》에 대한 일일 것이다'라고 말했습니다. 신 등이 '왜 그렇다고 말하느냐?'라고 묻자 김일손이 이렇게 답했습니다. '내 사초(史草)에, 이극돈(李克墩)이 세조조에 불경을 잘 외워서 벼슬을 얻었는데 전라도관찰사가 되었고, 정희왕후의 상 때 장흥의 관기를 총애한 일 등을 기록하였소. 내가 듣기에 이극돈이 이 사항을 삭제하려 했지만 감히 못 했다고 하오. 《실록》이 빨리 편찬되지 못하는 것도 반드시 내가 위와 관계되는 일을 많이 기록했기 때문이라고 핑계 대면서 위에 관해 들었다는 비어(飛語)를 조작해서 이렇게 된 것이오. 지금 내가 잡혀 가는 것이 과연 사초에서 일어났다면 반드시 큰 옥사가 일어날 것이오.'"(《연산군일기》 4년 7월 12일)

김일손은 《성종실록》을 편찬하는 실록청의 사관으로서 자신이 보고 들은 내용을 사초로 기록해 두었는데, 이것이 문제가 되었다면 큰 옥사가 발생할 것이라는 말이었다. 무오사화(士禍)는 '선비 사(士)' 자 대신 '역사 사(史)' 자를 써서 무오사화(史禍)라고도 불렸다. 사관들이 집중적으로 화를 입었기 때문이다.

김일손은 실록청의 정6품 기사관(記事官)이었고 이극돈은 직속상관인 실록청 당상관이었다. 김일손은 이극돈과 관련된 불미스런 사항을 낱낱이 사초에 적었고, 이 사실을 안 이극돈은 자신에 관한 사항을 빼줄 것을 요구했으나 김일손은 거부했다는 것이다.

《연산군일기》의 사관은 7월 29일 자에서 무오사화를 이극돈과 유자광이 주도했다고 비판하고 있다. 그 원인은 김일손의 스승 김종직(金宗直)에게까지 거슬러 올라간다는 것이다. 유자광이 함양 고을에서 놀 때 시를 지어 벽에 걸어 놓았는데, 김종직이 함양 현감이 되자 "유자광이 무엇이기에 감히 현판을 단다는 말이냐"면서 떼어 내어 불살라서 유자광이 원한을 가졌다는 것이다. 또 김일손이 사간원 헌납(獻納)으로 있을 때 이극돈을 극력 비난했고, 실록청 당상으로 있으면서 사초를 보니 자신의 악한 행적을 자세하게 썼다는 것이다. 그래서 총제관(摠制官) 어세겸에게 이렇게 말했다는 것이다.

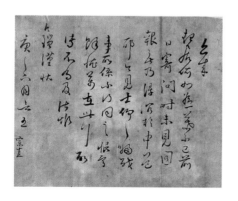

김종직의 편지. 국립중앙박물관 소장

"김일손이 선왕을 헐뜯고 비방했는데 신하가 이런 일을 보고도 위에서 듣지 못하게 하는 것이 옳겠소? 나는 그 사초를 봉하여 아뢰어서 상의 처분을 듣는 것이 우리에게 후환이 없을 것으로 생각되오."

이극돈이 말하는 선왕은 물론 세조였다. 이 사건은 세조 때의 일을 어떻게 보느냐 하는 역사관에 관한 문제였다. 그러나 어세겸은 놀라서 당혹해할 뿐 이극돈에게 동조하지는 않았다. 그래서 유자광에게 의논하자 유자광이 적극 찬동했다는 것이다.

> 한참 후에 유자광과 모의했는데, 유자광은 팔을 휘두르면서 "이것이 어찌 머뭇거릴 일입니까?"라면서 즉시 노사신, 윤필상, 한치형에게 가서 만나 먼저 세조께 은혜를 받았으니 잊어서는 안 된다는 뜻으로 말해서 그 마음을 움직인 뒤에 그 일에 대해 말했는데, 대개 노사신, 윤필상은 세조가 총애하던 신하이고 한치형은 궁액(宮掖, 왕실)과 연줄이 닿으므로 반드시 자기를 따를 것이라 생각해서 말한 것으로 과연 세 사람이 모두 따랐다. 그래서 차비문 안에 나아가 도승지 신수근을 불러서 귀에다 한참 동안 말한 뒤에 이어서 아뢴 것이다.(《연산군일기》 4년 7월 29일)

이극돈이 유자광에게 말하자 유자광이 적극 나섰다는 것이다. 유자광이 노사신, 윤필상, 한치형에게 가서 말한 것 역시 김일손이 세조에 대해서 비방했다는 내용이었다. 한치형이 세조의 맏아들 의경세자(덕종)의 부인인 인수대비의 사촌오빠이니 궁액과 연줄이 닿는다고 말한 것이다. 또한 도승지 신수근은 누이가 연산군의 왕비였다.

연산군이 임금이 될 수 있었던 뿌리는 증조부 세조가 단종의 왕위를 빼앗은 것이었다. 그러니 세조의 집권을 부정적으로 바라본다는 것은 결국 연산군의 즉위까지 부인하는 것이라는 논리로 귀결될 수 있었다.

세조 10년(1464)생인 김일손은 세조가 사망했던 1468년에 다섯 살에 불과했다. 세조 때의 궁중 비사를 알 수 없었던 김일손이 이를 적은 것은 배후가 있다는 것인데, 김일손의 스승 김종직이 배후로 몰릴 수가 있었다.

사건이 불거지자 연산군은 뜻밖의 명령을 내렸다. "김일손의 사초를 모두 대궐 안으로 들여오라"고 명한 것이다.

실록청 당상 이극돈, 유순(柳洵), 윤효손(尹孝孫), 안침 등은 이 명령에 반대하지 않을 수 없었다.

"예로부터 사초는 임금이 스스로 보지 않습니다. 임금이 만약 사초를 보면 후세에 직필할 수 없기 때문입니다."

그러나 연산군은 다시 전교를 내렸다.

"즉시 빠짐없이 대궐 안으로 들이라."

이극돈 등이 다시 아뢰었다.

"여러 사관들이 드린 사초를 신 등이 보지 않은 것이 없고 김일손이 초한 것 역시 모두 알고 있습니다. … 예부터 임금은 사초를 보지 못하지만, 일이 만일 종묘사직에 관계가 있으면 상고하지 않을 수 없사오니, 신 등이 그 상고할 만한 곳을 절취하여 올리겠습니다. 그러면 일을 고열(考閱)할 수 있고 또한 임금은 사초를 보지 않는다는 의에도 합당합니다."

일종의 타협책이었다. 이극돈 등은 김일손의 사초에서 6조목을 절

취해 봉해 올렸다. 이때가 연산군 4년 7월 11일인데, 조선에서 최초로 국왕이 사초를 보게 된 사건이었다. 훈구 공신들이 사림을 잡기 위해서 사초를 봉입해 들인 이 조치는 나중 갑자사화 때 훈구 공신들에게 고스란히 되돌아오게 된다.

세조 집권을 부인한 사초들

다음 날인 7월 12일은 연산군이 직접 김일손을 심문했다. 의금부 낭청 홍사호가 김일손을 끌고 들어오자 의금부에 허반(許磐)을 잡아오게 시켰다. 연산군이 직접 수문당(修文堂)에 나타났고 윤필상, 노사신, 한치형, 유자광, 신수근 등이 입시했다. 연산군이 김일손을 자신이 앉은 자리 앞으로 나오게 해서 물었다.

"네가 《성종실록》에 세조조의 일을 기록했다는데, 바른 대로 말하라."

"신이 어찌 감히 숨기오리까. '권 귀인(權貴人)은 바로 덕종의 후궁인데 세조께서 일찍이 부르셨는데도 권씨가 분부를 받들지 않았다'고 들었기에 이 사실을 썼습니다."

"누구에게 들었느냐?"

"전해 들은 일은 사관이 모두 기록하기로 되었기 때문에 신 역시 쓴 것입니다. 그 들은 곳을 하문하심은 부당한 듯하옵니다."

"《실록》은 마땅히 직필이어야 하는데 어찌 망령되게 헛된 사실을 쓴단 말이냐? 들은 곳을 어서 바른 대로 말하라.”

“사관이 들은 곳을 만약 꼭 물으신다면 아마도 《실록》이 폐하게 될 것입니다.”

김일손은 《실록》은 임금도 볼 수 없다는 원칙으로 모면하려 했지만 이미 그런 원칙이 통하는 상황이 아니었다. 연산군이 다시 윽박질렀다.

“그 쓴 것도 반드시 사정이 있을 것이고 소문 역시 들은 곳이 꼭 있을 것이니 어서 빨리 말하라.”

“그 들은 곳은 바로 귀인의 조카 허반이옵니다.”

권 귀인의 이야기는 중요했다. 마치 세조가 며느리를 탐한 것처럼 서술했기 때문에 무고로 밝혀지면 임금을 무고한 것으로 살아남기 힘들었다. 연산군은 김일손과 같은 역사관을 가진 인물들을 뿌리 뽑기로 마음먹었으므로 함께 의논한 사람을 대라고 명했다.

“국가에서 사관을 설치한 것은 역사를 소중히 여겼기 때문이므로 신이 직무에 이바지하고자 감히 쓴 것입니다. 그러하오나 이같이 중한 일을 어찌 감히 사람들과 의논하겠습니까? 신은 이미 본심을 다 털어놓았으니, 신은 청컨대 혼자 죽겠습니다.”

“네가 또 덕종의 소훈 윤씨에 대한 사실도 썼다는데, 그것은 어디에서 들었느냐?”

소훈 윤씨에 대한 내용도 마찬가지였다. 이 역시 세조가 며느리를 탐한 것처럼 쓴 것이기 때문에 사실이 아닌 것으로 밝혀지면 목숨을 부지하기 힘든 일이었다. 이미 허반의 이름을 댄 이상 허반 역시 목숨을 부지하기 힘들었다.

“이것 역시 허반에게서 들었습니다.”

연산군은 끌려온 허반에게 물었다.

"네가 김일손과 더불어 말한 바가 있었다는데, 모두 진술하라."

"신은 말한 바 없습니다."

"네가 한 말은 일손이 이미 다 말했는데, 네가 감히 속이느냐?"

"그러한 사실이 있다면 어찌 감히 하늘을 속이리까. 청컨대 일손과 더불어 대질하겠습니다."

"네가 일손과 더불어 권 귀인, 윤 소훈의 일을 말했다는데, 감히 끝내 휘(諱, 기피)할 생각이냐?"

"신은 곧 귀인의 삼촌 조카인데 궁금(宮禁)의 일을 어찌 감히 말하오리까. 일손이 신을 끌어 댄 것은 계교가 궁해서 그러한 것입니다."

권 귀인과 윤 소훈의 일을 발설한 것이 사실로 밝혀지면 사형이 분명했기에 부인할 수밖에 없었다. 연산군은 김일손과 허반을 대질시켜 사실 여부를 캐려고 했다.

"허반이 끝내 휘하니 네가 그와 면질(面質)하라."

김일손이 아뢰었다.

"신이 궁금과 연줄이 안 닿는데 어디서 들었겠습니까? 신은 실지로 허반한테서 들었습니다."

허반이 아뢰었다.

"궁금의 일을 신이 어찌 감히 말하리까? 일손이 계교가 궁해서 그랬거나, 아니면 병이 깊어서 혼미해서 그랬을 것입니다."

이때 김일손은 모친상을 당했다가 상복을 벗은 후 풍을 맞아 풍병으로 와병 중이었다. 그래서 허반은 김일손이 병이 깊어서 혼미해서 그랬을 것이라고 발뺌했다. 김일손은 허반에게 들었다는데 허반은 부인하니 연산군은 허반에게 매를 치게 했다. 허반은 형장 30대를 맞고도 부인했다. 그러나 형장을 참으며 부인한다고 끝날 사건은 아니었다.

이 문제는 사림이라 불리던 김종직과 제자들의 역사관에 대한 문제였다. 가장 근본적인 문제는 세조의 집권을 부인하는 것이었다. 김종직을 비롯한 사림들의 모순은 세조의 집권을 부정하면서 세조 또는 그 후사들의 조정에 복무하는 것이었다. 생육신처럼 세조의 집권을 부정하면서 출사 자체를 거부한 것이 아니라 과거에는 응시해 벼슬을 하면서 세조의 집권을 부정하고 있으니 빠져나갈 방법이 없는 것이었다.

유자광이 심문하는 과정에서 이른바 계유정난(癸酉靖難)까지 부정하고 있음이 드러났다. 유자광이 직접 심문관이 되어 김일손을 심문했는데 이렇게 답했다.

"신의 사초에 '황보(皇甫), 김(金)이 죽었다'라고 기록한 것은 신의 생각에 신하의 절개로써 죽었다고 여겼기 때문입니다."(《연산군일기》 4년 7월 12일)

황보는 계유정난이라는 쿠데타 때 살해당한 영의정 황보인(皇甫仁)이고 김은 좌의정 김종서(金宗瑞)였다. 수양대군은 이른바 계유정난으로 황보인, 김종서 등을 제거하고 권력을 잡아 즉위까지 했는데, 그 자체를 부정한 것이었다.

새로운 사실이 속속 드러났다. 김일손은 세조가 단종의 모후인 현덕왕후의 소릉(昭陵)을 파서 바닷가에 버렸다고 기술했는데, 이 내용은 조문숙(趙文琡)에게 들었다고 진술했다. 조문숙은 성종 22년(1491) 이미 세상을 떠났으므로 그나마 다행이었다. 김일손은 또 성리학적 관점에서 세조가 불교를 옹호했다고 비판했는데, 이는 세조와 정희왕후가 승려 학조(學祖)를 총애했다는 내용이었다. 학조가 대비 정희왕후의 위세를 업고 해인사 주지를 자신의 수하 인물로 갈아치웠다고 비판했던 것이다. 심지어 학조와 세종의 아들인 영응대군 부인이 간통했다는 내용까지 들어 있었다. 김일손은 이 내용을 박경(朴耕)에게 들었다고 공초해서 박경이 끌려와 심문을 받았다.

"신은 정유(丁酉, 성종 8년) 연간에 사경(寫經, 불교 경전을 베끼는 것)의 일로 봉선사에 갔다가 돌아오는데 동대문에 '영응대군 부인 송씨가 중 학조와 사통(私通)을 했다'는 방이 붙었기에 김일손에게 이야기해 주었을 따름입니다."

동대문에 영응대군 부인이 학조와 간통하고 있다는 벽보가 붙어 있기에 김일손에게 말했을 뿐이라는 것이었다. 김일손은 영응대군의 부인 송씨가 군장사에 올라가 설법을 듣다가 시비(侍婢)가 잠들면 학조와 사통을 했다고 했는데, 이 역시 박경에게 들었다고 공초했다. 그러나 연산군은 뜻밖에도 박경을 석방하면서 "박경이 말한 것은 삭제하고 기록하지 말라"고 명했다.

유자광은 사림들이 세조부터 시작되는 현 왕실의 정통성을 부인한다는 혐의를 집중 심문했다. 세조를 부인하면서 그 후예들의 왕실에 출사한 사림의 모순을 직격하는 것이었다. 유자광의 심문이 주로 세조의 정통성에 관련된 문제들이었던 것은 이 때문이다.

"황보인과 김종서의 죽음을 절개라고 쓴 것은 누구에게 들었느냐?"

"소릉의 재궁(梓宮, 관)을 파서 바닷가에 버렸다고 쓴 것은 누구에게 들었느냐?"

"김담(金淡)이 하위지(河緯地)의 집에 가서 위태로운 나라에는 거하지 않는다고 말했다고 기록한 것은 누구에게 들었느냐?"

"세조가 박팽년(朴彭年)의 재주를 애석하게 여겨서 살리려고 신숙주를 보내어 효유했으나 듣지 않았다고 쓴 것은 누구에게 들었느냐?"

연산군의 심문도 유자광과 다르지 않았다. 연산군은 직접 쓴 어서를 내려 김일손에게 물었다.

"《실록》이라는 말이 무엇을 이른 것이냐? 만약 《실록》이라 한다면 마땅히 사실을 써야 하는데, 너의 사초는 모두가 헛된 것이니 어떻게 《실록》이라 이르겠느냐?"

김일손이 답했다.

"신의 사초에 세조조에 관한 일을 쓴 것은 그 말을 한 사람들이 믿을 만한 자들이기 때문에 사실이라고 생각하고 쓴 것입니다."

"소릉 복구를 청하고, 난신들을 절개로 죽었다고 쓴 것은 너의 반심(反心, 반역하려는 마음)을 내포한 것이다."

단종의 모후 현덕왕후의 소릉 복구를 청하고 황보인, 김종서 등을 절개라고 쓴 것은 세조 정권을 부인하는 반심이라는 것이었다.

김일손이 답했다.

"소릉 복구를 청한 것과 난신 등을 사절(死節)로 쓴 것은, 황보인, 김종서, 정분(鄭笨) 등이 섬기는 바에 두 마음을 갖지 않았으니 제왕이 마땅히 추앙하고 권장할 일이기 때문에 전조(前朝, 고려)의 정몽주(鄭夢周)에게 비하였고, 또 황보인, 김종서를 쓰면서 절개로 죽었다 한 것입니다."

태종은 정몽주를 죽였지만 고려 왕조에서 볼 때는 충신이라고 생각해 신원하고 그 아들들을 등용했다. 그러나 연산군에게는 세조의 집권을 부인하는 신하들을 용납할 도량이 없었다. 연산군은 사림의 모순을 파고드는 질문을 던졌다.

"세조께서 중흥하신 그 공덕은 천지보다 더하고, 자손들이 서로 계승해서 지금에 이르렀다. 너는 이미 반심을 품고 있는데 왜 우리 조정에 출사했느냐?"

김일손을 비롯한 사림으로서는 뼈아픈 질문이었다. 김일손은 이렇게 답했다.

"세조께서는 영웅호걸이신 임금으로서 혼란을 바로잡고 중흥의 업을 이룩하셨습니다. 성종께서는 불세출의 임금으로 지영(持盈)하시면서 수성(守成)하셨는데, 전하께서 성종의 업을 계승하셨으니 오늘날 사람들이 모두 조정에 서고자 합니다. 그러므로 정성껏 부지런하여 직(職)에 죽겠다는 것이 신의 마음이므로 벼슬에 나온 것입니다."

지영은 《도덕경(道德經)》 9장에 "손에 쥐고 가득 차서 흘러넘치려면 아예 손에 쥐지 않는 것이 낫다(持而盈之 不如其已)"는 말에서 나온 것으로 매사에 신중한 것을 뜻한다. 김일손은 노산군(단종)의 시체를 한 동자가 수습했다는 내용까지 사초에 썼다.

"사초에 이른바 '노산의 시체를 숲속에 던져 버리고 한 달이 지나도 염습(殮襲)하는 자가 없어 까마귀와 솔개가 날아와서 쪼았는데, 한 동자가 밤에 와서 시체를 짊어지고 달아났으니 물에 던졌는지 불에 던졌는지 알 수가 없다'고 한 것은 최맹한(崔孟漢)에게 들었습니다."

김일손이 이런 답변을 한 날짜가 7월 13일인데, 이 답변에 이어서 김종직의 〈조의제문(弔義帝文)〉에 대해서 입을 열었다.

"김종직이 과거에 합격하기 전에 꿈에서 느낀 것이 있어 〈조의제문〉을 지었는데, 신이 김종직의 〈조의제문〉을 사초에 쓰고 '충분(忠憤)이 깃들어 있다'라고 덧붙였습니다."

이때만 해도 연산군은 〈조의제문〉에 대해서 그리 큰 의미를 두지 않았다. 김일손이 사초에 실은 수많은 내용 중의 하나라고만 여겼다. 그러나 유자광은 달랐다. 유자광은 〈조의제문〉을 김일손뿐만 아니라 김종직의 제자 다수를 제거할 수 있는 호재로 여겼다. 본격적인 무오사화의 문을 여는 것이었다.

옥사를 확대시킨 〈조의제문〉

김일손이 김종직의 〈조의제문〉에 대해서 자백한 것은 7월 13일이었다. 그러나 이것이 문제가 된 것은 이틀 후인 7월 15일 유자광에 의해서였다. 훗날 사림의 후예들은 무오사화가 크게 확대된 것을 유자광의 탓으로 돌렸다.《연려실기술》의 다음 기사가 이를 말해 준다.

유자광은 오히려 옥사 다스리는 것이 점차 완화되어 제 뜻대로 다 되지 않을까 염려하여 밤낮으로 모의를 단련했다. 하루는 소매 속에서 책 한 권을 꺼냈는데 곧 김종직의 문집이었다. 그중에서 〈조의제문〉과 〈술주시(述酒詩)〉를 들추어 내어 여러 추관(推官)에게 두루 보이면서, "이것은 모두 세조를 가리켜 지은 것인데 김일손의 악한 것은 모두 김종직이 가르쳐서 이루어진 것이다"라고 말하고 제가 주석을 달아 글귀마다 해석해서 주상에게 알기 쉽게 했다.(《연려실기술》〈무오사화〉)

《연산군일기》에도 "유자광이 김종직의 〈조의제문〉을 구절마다 풀이해 아뢰었다"는 기록이 있는 것처럼, 유자광은 은유법으로 점철된 〈조의제문〉의 속뜻을 해석해 옥사를 확대시켰다. 유자광은 세조 때 이시애(李施愛)가 봉기하자 자진해서 출전하겠다고 자청해 함길도로 가서 싸웠고, 그 덕으로 정5품 병조정랑(兵曹正郎)이 되었다. 사대부들이 서자 출신인 그를 무관의 인사권이 있는 병조정랑에 등용하는 것을 극력 반대했지만 세조는 직접 예조에 명해서 핵심 요직에 허통시켰다. 유자광은 세조의 즉위에 일체 의구심을 갖지 않았다. 그에게 김종직, 김일손 등은 세조와 그 후예들의 조정에 출사하면서도 세조의 즉위는 부인하는 역신들이었다. 김종직이 자신이 쓴 현판을 불살랐기 때문에 보복하는 사감을 넘어 세조의 집권을 보는 시각 자체가 달랐다.

김종직은 성종 23년(1492) 이미 사망했지만 그 제자인 김일손이 사초에 〈조의제문〉을 실은 것은 세조에 대한 역심을 은유법으로 감춘 것이라고 생각했다. '의제(義帝)를 애도하는 글'이란 뜻의 〈조의제문〉은 김종직이 생전에 꾼 꿈에 대해 쓴 글이었다.

정축년(丁丑年, 세조 3년) 10월 나는 밀양에서 경산으로 가다가 답계역에서 잤다. 꿈에 신인(神人)이 칠장(七章)의 의복을 입고 헌칠한 모습으로

와서, '나는 초(楚)나라 회왕(懷王, 의제) 손심(孫心)인데, 서초패왕(西楚霸王, 항우)에게 살해되어 침강(郴江, 중국 남방의 강)에 잠겼다'라고 말하고는 갑자기 보이지 않았다.

나는 깜짝 놀라 잠에서 깨어 이렇게 생각했다. '회왕은 중국 남방 초나라 사람이요 나는 동이(東夷) 사람으로 지리가 만여 리 떨어졌을 뿐만 아니라 시대도 천여 년이나 떨어져 있는데 내 꿈에 나타난 것은 무슨 징조일까? 또 역사를 상고해 보아도 시신을 강에 던졌다는 말은 없으니, 아마 항우가 사람을 시켜서 비밀리에 쳐 죽이고 그 시체를 물에 던진 것인지 알 수 없는 일이다.' 드디어 글을 지어 의제를 조문한다.《연산군일기》 4년 7월 17일)

〈조의제문〉은 은유법으로 점철된 글이었다. 김종직이 꿈을 꾸었다는 정축년 10월은 단종이 세조에게 죽은 세조 3년 10월을 뜻한다. 의제는 서기전 206년에 항우에게 살해당한 초나라의 임금인데, 의제를 단종에 비유하고 항우를 세조에 비유해 단종을 죽인 인물이 수양임을 후세에 전하기 위해 의제를 끌어들인 것이다. 의제의 시신이 '침강에 잠겼다'라는 내용도 '노산(단종)이 해를 당한 후 그 시신을 강물에 던졌다'는《아성잡설(鵝城雜說)》등의 기록이 사실임을 후대에 전하기 위한 것이었다.

양흔낭탐(羊狠狼貪, 양처럼 성내고 이리처럼 탐욕함)하여 관군(冠軍)을 마음대로 죽임이여! 어찌 잡아다가 제부(齊斧, 도끼)에 기름칠을 아니했던고. 아아, 형세가 너무도 그렇지 아니했으니 나는 왕을 위해 더욱 두렵게 여

영모전에 모셔져 있는 단종의 초상화

겼네. … 침의 산은 우뚝하여 하늘에 닿으니 그림자가 해를 가리어 저녁에 가깝도다. 침의 물이 밤낮으로 흐름이여! 물결이 넘실거려 돌아올 줄 모르도다. 천지가 장구한들 한이 어찌 다하리. 넋은 지금도 정처 없이 헤매고 있도다. 내 마음이 금석을 꿰뚫음이여! 왕이 문득 꿈속에 임하였네. 자양(紫陽, 주자)의 노필(老筆, 주자의 필법)을 따라가자니 생각이 불안하고 조심된다. 술잔을 들어 땅에 부음이여! 바라건대 영령은 와서 흠향(歆饗)하소서.(《연산군일기》 4년 7월 17일)

연산군은 대신들에게 은유법으로 가득 찬 조의제문을 해석해 주었다.

"'양혼낭탐하여 관군을 마음대로 죽였다'고 한 구절에서 양혼낭탐은 세조를 가리킨 것이고, '관군을 마음대로 죽였다'고 한 구절은 세조가 김종서를 벤 데 비한 것이요, '어찌 잡아다가 제부에 기름칠 아니 했느냐'고 한 것은 '김종서와 노산군이 왜 세조를 잡아 버리지 못했는가'라고 쓴 것이다."

"'자양의 노필을 따라가자니 생각이 불안하고 조심된다'고 한 것은, 종직이 주자를 자처하여 그 마음에 부(賦)를 짓는 것을 주자의《강목(綱目)》의 붓에 비의한 것이다."

〈조의제문〉은 초나라 회왕을 단종으로, 항우를 세조로 빗대었다는 해석이었다. 불똥은 김종직의 문집을 편집한 제자들에게 튀었다. 윤필상은 김종직의 문집 편집자에 대한 국문을 요청했다.

"신 등이 종직의 〈조의제문〉을 보니 그 의미가 깊고 깊어 김일손의 '충분이 깃들어 있다(以寓忠憤)'는 말이 없었다면 진실로 해독하기 어려웠습니다. 그 뜻을 알고도 찬집하여 간행하려 했다면 그 죄가 크오니, 청컨대 국문하소서."

대간 강귀손이 국문에 반대했다.

"종직의 문집은 신의 집에도 역시 있사온데, 신은 일찍이 보고도 그 뜻을 이해하지 못했습니다."

실제 항우를 세조에, 의제를 단종에 비유했다는 은유를 모르면 속뜻을 알 수 없는 문장이었다. 연산군이 〈조의제문〉을 풀이하자 자리에 참여한 대부분의 신하들이 입을 모아 외쳤다.

"김종직의 〈조의제문〉은 입으로만 읽지 못할 뿐 아니라 눈으로도 차마 볼 수 없습니다. … 그 심리를 미루어 보면 병자년(단종 복위 사건이 일어난 해)에 난역을 꾀한 신하들과 무엇이 다르리까. 마땅히 대역죄로 논단하고 부관참시(剖棺斬屍, 관에서 시신을 꺼내 목을 베는 것)해서 그 죄를 밝게 바로잡아 신민의 분을 씻는 것이 실로 사체(事體)에 합당합니다."

"종직이 요사한 꿈에 가탁하여 선왕을 훼방(毀謗)하였으니 대역부도(大逆不道)입니다. 마땅히 극형에 처해야 합니다."

"종직이 음으로 이런 마음을 품고 세조를 섬겼으니 그 흉악함을 헤아리지 못할 것인즉 마땅히 중전(重典, 중한 형벌)에 처해야 하옵니다."

"종직이 〈조의제문〉을 지은 것이 정축년 10월이었으니 그 불신(不臣)의 마음을 품은 것이 오래였습니다. 그 조문(弔文)을 해석한 말을 살펴보니, 비단 귀로 들을 수 없을 뿐 아니라 역시 눈으로도 보지 못하겠습니다. 그 몸이 비록 죽었을지라도 그 악을 추죄(追罪)할 수 있사오니, 마땅히 반신(叛臣)의 율에 따라 논단하소서. 종직의 귀신이 지하에서 반드시 머리를 조아리며 달갑게 복죄(伏罪)할 것입니다."《연산군일기》 4년 7월 17일)

죽은 김종직에게 대역죄를 가해서 관을 꺼내 시신을 베자는 주장까지 나온 것이었다. 사헌부 집의 이유청(李惟淸)과 사간원 사간 민수복(閔壽福) 등 대간에서 온건론을 펼쳤다.

"종직의 〈조의제문〉은 말이 많이 부도하오니 죄가 베어도 부족하옵니다. 그러나 그 사람이 이미 죽었으니 작호(爵號)를 추탈하고 자손을 폐고(廢錮)하는 것이 어떠하옵니까?"

부관참시하지 말고 작호 추탈과 자손의 벼슬길을 막는 것으로 완화하는 것이 어떠냐는 뜻이었다. 연산군은 이유청과 민수복 등 대간의 논의에 표를 붙여 윤필상 등 대신들에게 보이며 말했다.

"종직의 대역이 이미 나타났는데도 이 무리들이 이런 의논을 하였으니 이는 비호하려는 것이다. 어찌 이와 같이 통탄스러운 일이 있느냐. 그들을 당장 잡아다가 형장 심문을 하라."

여러 재상과 대간, 홍문관원이 모두 자리에 있는데 갑자기 나장 10여 인이 철쇄를 가지고 일시에 달려들어 이유청 등을 끌어냈다. 이유청, 민수복의 말이 연산군의 마음에 들지 않아도 이는 간쟁권이 있는 대간의 합법적 주청이었다. 이들을 끌어낸 것은 대간의 간쟁권을 부인하는 것이었다. 대간에서 국사에 대해 의견을 피력했다고 그 자리에서 나장들에게 끌려 나가는 일은 그 유례를 찾기 어려웠다. 그래서 《연산군일기》도 "재상 이하가 놀라 일어서지 않는 자가 없었다"고 말하고 있는 것이다. 이유청 등은 졸지에 끌려 나와 형장 30대를 받았는데 모두 김종직에게 다른 정(情)은 없다고 공초했다. 이렇게 무오사화 와중에 대간의 간쟁권이 국왕의 명령 한마디에 무너졌다.

이것으로 끝이 아니었다. 〈조의제문〉 논란이 확대되어 가는 정국을 〈술주시〉 사건이 덮쳤다. 이 역시 김종직이 수양대군이 단종의 왕위를 빼앗았다고 비난하는 내용의 글이었다.

단종의 왕위를 빼앗은 세조를 비난한 〈술주시〉

〈술주시〉란 중국 남북조시대 남조인 동진(東晉)에서 활동했던 도연명(陶淵明)이 지은 것인데 김종직은 그 서문에 이렇게 썼다.

나는 젊어서 〈술주시〉를 읽고도 그 뜻을 살피지 못했는데, 도연명의 시에 화답한 탕동간(湯東磵)의 주소(註疏)를 보고서야 바로 영릉(零陵)을 애도하는 시임을 알게 되었다. 아아, 탕공이 아니었다면 유유(劉裕)의 찬시(篡弑)의 죄와 연명의 충분의 뜻이 거의 숨어 버릴 뻔했도다.(《연산군일기》 4년 7월 17일)

영릉은 동진의 공제(恭帝)를 뜻하는데 유유에게 선위의 형식으로 왕위를 빼앗기고 나라까지 망한 비운의 군주였다. 유유는 공제에게 선양을 받아 남조 송(宋)나라를 연 무제(武帝, 재위 420~422)인데 끝내 공제를 죽였다. 김종직은 〈술주시〉 서문을 이렇게 끝맺었다.

"내 어찌 유유가 두려울소냐. 그러므로 유유의 흉역(凶逆)을 모조리 폭로하여 탕공의 주소 끝에 붙이노니, 후세의 난신적자가 나의 시를 보고 두려워한다면 《춘추》의 일필에 비교할 수 있으리라."

김종직의 〈술주시〉는 지금 전하지 않는데 윤필상 등은 이 시를 보고 말했다.

"이 서문에서 말한 것은 〈조의제문〉보다도 더 심해서 차마 말을 못하겠습니다."

이들은 〈술주시〉 서문을 해석해 연산군에게 보고했다.

"'영릉을 애도하는 시다'라고 한 것은 영릉을 노산에 비교한 것이고, '유유의 찬시한 죄'라 함은 유유를 세조에게 비교한 것이요, 《춘추》의 일필에 비교한다' 함은 '(공자가) 《춘추》를 짓자 난신적자가 두려워했다'는 맹자의 말처럼 《춘추》에 비한 것입니다."

임금 자리를 빼앗은 것을 '찬(簒)'이라 하고 임금을 죽인 것을 '시(弑)'라고 하는데, 이는 세조가 유유처럼 선위의 형식을 빌렸지만 실제는 왕위를 빼앗고(簒), 임금을 죽인(弑) 반역이라는 비난이었다. 분개한 연산군은 국문장에 전교했다.

"세상에 어찌 이와 같은 일이 있으랴! 그 제자마저 모조리 추핵(推覈)하는 것이 어떠한가?"

김종직의 제자들을 모조리 국문하자는 것이었다. 이를 너무 심하다고 생각한 노사신은 윤필상, 한치형을 설득해 연산군에게 아뢰었다.

"연루자는 마땅히 국문해야 할 것이오나 만약 제자라고 해서 모조리 추핵한다면 소요를 이룰까 걱정이옵니다."

그러나 연산군은 물러서지 않았다.

"김종직의 제자를 끝까지 추궁할 필요는 없다. 그러나 내가 그 사람 됨을 알고자 하니 모조리 써서 아뢰라."

김종직의 제자들 명단이 연산군에게 보고되었다. 연산군은 〈조의제문〉을 지은 김종직과 이를 사초에 실은 그 제자 김일손을 이렇게 비난했다.

김종직은 초야의 미천한 사대부인데 세조조에 과거에 급제했고, 성종조에 이르러서는 경연에 발탁해 두어서 오래 시종(侍從)의 자리에 있었고 형조판서까지 이르러 은총이 조정을 기울였다. 병들어 물러가자 성종께서 있는 곳의 수령에게 특별히 미곡을 내려 주어 목숨을 마치게 하셨다. 지금 그 제자 김일손이 사초를 편찬하면서 부도한 말로 선왕조의 일을 무함해서 기록하고 또 그 스승 종직의 〈조의제문〉을 실었다.(《연산군일기》 4년 7월 17일)

김종직에 대한 연산군의 비난은 터무니없는 것이 아니었다. 김종직은 단종 1년(1453) 진사가 되었다가 세조 5년(1459) 식년 문과에 응시해 급제했으며 이듬해 사가독서(賜暇讀書)의 대상으로 선발되는 특혜를 입었고, 교리(校理), 감찰(監察) 등의 요직을 거치다가 경상도병마평사(慶尙道兵馬評事)와 공조참판 등을 역임했다. 생육신처럼 출사를 거부하고 초야에 묻혀 살면서 〈조의제문〉을 썼다면 명분과 처신이 일관되었다고 평가할 수 있었다. 그러나 몸은 세조 조정에서 벼슬하면서 정신은 세조의 집권을 부인한 이중 처신이 연산군과 훈구 세력의 조롱을 불러왔다. 그래서 훗날 허균(許筠)이 "천하에 이록(利祿)이나 취하고 자신의 명망을 훔치는 자"라고 비판했던 것이다.

그가 〈조의제문〉을 짓고 〈술주시〉를 기술했던 것은 더욱 가소로운 일이다. 이미 벼슬을 했다면 이 분이 나의 임금이다. 그러나 그를 꾸짖기에 여력이 없었으니 그 죄는 더욱 무겁다. 죽은 뒤에 화를 입은 것은 불행이 아니라 하늘이 그의 간사하고 교활한 것에 화내서 사람의 손을 빌려 드러내어 죽인 것이 아니겠는가. 나는 세상 사람들이 그의 형적(形迹)은 살펴보지 않고 괜스레 그의 명성만 숭상하여 지금까지 치켜 올려 대유(大儒)로 여기는 것을 안타까워한다. 때문에 특별히 나타내어 기록한다.(허균,《성소부부고(惺所覆瓿藁)》〈김종직론〉)

김종직에 대한 허균의 평가는 가혹한 점이 있다. 그러나 세상을 옳고 그름으로 재단하는 성리학자로서 몸은 출사해 여러 혜택을 누리고 정신은 이런 혜택을 준 왕실을 부정하는 자기모순이 합리화되기는 어려운 것도 사실일 것이다.

초토화되는 김종직의 제자들

연산군의 명령을 받은 윤필상은 김일손에게 김종직의 제자를 물어보았다. 김일손은 김종직의 제자들을 죽 나열했다.

"신종호(申從濩)는 점필재(佔畢齋, 김종직의 호)가 서울에서 벼슬살이할 때 배웠던 제자이고, 조위(曺偉)는 처남으로서 어릴 때부터 배웠습니다. 채수(蔡壽), 김전(金詮), 최부(崔溥), 신용개, 권경유(權景裕), 이계맹(李繼孟), 이주(李胄), 이원(李黿), 김흔(金訢), 표연말(表沿沫), 유호인(兪好仁), 정여창(鄭汝昌)이 다 제자인데 언제 배웠는지 정확히는 모르겠습니다. 권오복(權五福)은 점필재가 성균관 동지(同知)로 있을 때 배웠고, 김굉필(金宏弼)은 점필재가 상을 당해 여묘를 살 때 배웠습니다. 그 외에도 기억나지는 않지만 많습니다.”

　이목(李穆), 임희재(任熙載), 표연말, 이원, 홍한(洪瀚), 이심원(李深源)
등이 속속 잡혀 와 국문을 당했다. 성종 때 사림과 격렬하게 싸웠던
임사홍의 아들인 임희재도 사림이었다. 사초와 관련된 사건이다 보니
사관들이 많이 연루되었다. 사관들의 수난 시대였다.

　사관 홍한은 사초에 ‘세조께서 화가(化家, 화가위국(化家爲國)의 준말로 왕
이 된다는 뜻)를 꾀하고자 하여 음으로 무사(武士)와 결탁했다’고 쓴 혐의
를 받았고, 사관 신종호는 사초에 ‘정창손이 맨 먼저 노산을 벨 것을
청했으니, 노산이 비록 세조에게 죄를 지었다 할지라도 그가 몸소 섬
기었는데 차마 제창하여 베자고 할 수 있겠는가’라고 쓴 혐의를 받았
고, 표연말은 사초에 ‘소릉을 헌 일들은 문종에게 저버림이 많았다’라
고 쓴 혐의를 받았다.

　이들에 대한 처벌은 가혹했다. 이미 죽은 김종직은 관을 꺼내어 시
신의 목을 자르는 부관참시를 당했다. 세 사신(史臣)인 김일손, 권오복,
권경유는 대역죄로 몰려 온몸이 갈가리 찢기는 능지처사(陵遲處死)를
당했다. 대역죄로 몰렸으니 가족까지 화가 미쳐서 온 집안이 도륙당
했다. 이목, 허반은 목이 베이고 재산을 빼앗겼다. 강겸(姜謙)도 사형을
판결받았다가 한 등급 감해져 유배형에 처해졌다.

　연산군은 천재지변이 임금의 잘못된 정사 때문이 아니라 신하들 때
문이라고 돌리는 데까지 이 사건을 밀고 나갔다.

　“김일손 등을 죽일 때 백관에게 가서 보게 하라. 근일 경상도와 제
천 등지에서 지진이 일어난 것도 바로 이 무리들 때문에 그런 것이다.
옛사람은 지진이 임금이 덕을 잃어서 온다고 했지만 이 변괴는 이 무

리 때문에 이른 것으로 여겨진다."《연산군일기》 4년 7월 26일)

그간 천재지변은 임금이 정사를 잘못해서 하늘이 벌하는 것으로 여겨졌다. 이것이 전한(前漢)의 동중서(董仲舒, 서기전 179년경~서기전 104년경)가 주창한 '천인감응설(天人感應說)'이다. 하늘이 한 사람을 택해 천명을 내려 임금으로 삼은 후 그가 정치를 잘못하면 각종 천재지변을 내려 벌한다는 것이었다. 연산군은 이제 임금의 잘못으로 여겨지던 천재지변까지 신하들의 잘못으로 돌렸다. '천인감응설'의 사실 여부는 둘째로 하고 이렇게 되면 임금의 권력을 제어할 모든 장치가 무력화되는 것이었다.

연산군은 백관들 중 사형 장면을 보기를 꺼리는 자까지 처벌하겠다고 나섰다.

"승지 김영정(金永貞), 내관 설맹손(薛孟孫)은 가서 형(刑)을 감시하라. 그리고 백관 중에 보기를 꺼려서 혹 고개를 돌리거나 혹은 낯을 가리거나 참예(參預)하지 않는 자가 있으면 모조리 이름을 써서 오라. 내가 장차 그 죄를 다스리겠다."

무오사화로 연산군은 사상 문제를 빌미로 신하를 죽일 수 있는 절대적 군주가 되었다.

권오복은 홍문관 교리로 있다가 노모를 봉양하기 위해 지방관을 자청해 3년째 근무하던 중에 화를 당했는데, 그의 시체를 거두는 이가 없었다. 그의 무덤에 관한 야사가 전한다. 그가 죽은 지 100여 년 후에 어떤 선비가 과천에 묘를 썼는데, 그 옆에 돌보는 사람 없는 퇴락한 고분(古墳) 하나가 있었다. 역군(役軍)들이 무덤을 조성하다가 고분 앞의 돌 몇 조각을 빼내 썼다. 그날 밤 선비의 꿈에 붉은 도포를 입은 사람이 성난 모습으로 고분에서 나왔다.

"누구십니까?"

"나는 한림(翰林) 권오복이오."

"아니, 선생이 '항우가 오강을 건너지 않는다(項羽不渡烏江)'는 부를 지으신 분입니까?"

"그렇소. 한데 저것이 나의 집인데 얼마 전 역군들이 와서 짓밟고 돌을 빼내 가니 심히 불안하오. 그대가 선비로서 어찌 금하지 않는단 말이오?"

"그렇습니까? 빨리 고쳐 드리겠습니다."

꿈에서 깨니 땀이 흘러 온몸이 젖어 있었다. 이튿날 그 선비는 고분의 깨진 곳을 고치고 제사를 지내 권오복의 영령을 위로했다는 이야기다.

이목과 허반, 그리고 강겸은 '어지러운 말로 해를 끼쳤다'는 죄목으로 참형(斬刑, 목을 베는 형)과 가산 적몰을 선고받았다.

전 대사간 표연말, 전 현감(縣監) 정여창, 홍한과 종친인 무풍부정(茂豊副正) 이총(李摠)은 어지러운 말을 했다는 혐의로 곤장 100대와 유배 3,000리에 처해졌다. 전 승지 강경서(姜景敍), 전 전한(典翰) 이수공(李守恭), 전 봉교 정희량(鄭希良), 정승조(鄭承祖)는 어지러운 말을 알고도 신고하지 않았다는 이유로 장(杖) 100대에 유배 3,000리에 처해졌다. 이들은 단순한 유배가 아니라 높은 산 위의 봉화를 관리하고 관청의 횃불을 담당하는 천역에 종사해야 했다. 김종직의 제자들인 이종준(李宗準), 최부, 이원, 강백진(康伯珍), 이주, 김굉필, 박한주(朴漢柱), 임희재, 이계맹, 강혼(姜渾) 등은 붕당을 만들었다는 죄목으로 장 80대와 유배형에 처해졌다.

성종 때부터 조정에 진출한 신진 사림은 궤멸적 타격을 입었다. 반면 국문을 주도했던 윤필상, 노사신, 한치형 등 훈구 공신들은 전 100결(結)과 죄인의 집 한 채, 그리고 내구마 한 필을 비롯해 반당(伴倘) 10인과 노비 26인, 구사(丘史) 7인 등을 하사받았다. 유자광은 반당 여덟 명, 남종, 여종 아울러 열 명, 구사 다섯 명, 전 80결, 표리 한 단, 내구마 한 필, 죄인 가옥 한 채를 받았다. 사림이 주륙당하던 당시의 풍경에 대해 연산군을 쫓아낸 신하들이 작성한 《연산군일기》는 이렇게 전하고 있다.

이날 대낮인데도 캄캄했고 비가 물 쏟듯이 내리고, 큰 바람이 동남방에서 일어나 나무가 뽑히며 기와가 날리니 성중 백성들이 놀라 넘어지고 떨지 않는 자가 없었는데, 유자광은 마침 계책을 얻었으므로 다시 거리낌을 돌아보지 않았다. … 유림들은 기를 잃고 발을 포개고 숨을 죽였고, 학사(學舍)는 쓸쓸하여 몇 달 동안 글을 읽거나 외우는 소리가 없었다. 부형들은 그 자제들에게 "공부는 과거에 응할 만하면 그만두어야 한다. 많이 해서 무엇 하느냐"라고 경계했다. 식자들은 탄식해서, "무술년(戊戌年)의 옥사는 올바른 무리가 사악한 무리를 공격한 것이고, 무오년의 옥은 사악한 당파가 올바른 무리를 다스린 것이다. … 무술년에 군자들이 그 형률을 다 썼다면 어찌 오늘의 화가 있었겠는가"라고 하였다.(《연산군일기》 4년 7월 29일)

무술년의 옥사는 임사홍, 유자광 등이 화를 당한 성종 때의 옥사를 뜻한다. 이때 유자광 등을 죽이지 않아서 무오사화가 발생했다는 것이다.《연산군일기》의 사관은 화를 당한 사림을 '올바른 무리', 곧 정류(正類)로 규정짓고, 이들을 공격한 훈구 세력을 '사악한 무리', 곧 사당(邪黨)으로 규정했다. 세조 조정에서 벼슬하면서 세조를 부인하는 모순에 대한 성찰은 없었다.《연산군일기》의 이 기록은 중종 2년(1507) 4월 23일 자《중종실록》에 그대로 실려 있다. 중종 4년 완성된《연산군일기》를 편찬한 사관들이《중종실록》도 편찬했음을 말해 주는 것이다.

무오사화 이후 연산군의 왕권은 크게 신장되었다. 반면 사림이 주로 포진했던 대간의 권한은 크게 위축되었다.

이 해 8월 3일 연산군은 무신 박원종을 문신의 인사권을 가진 이조참의로 삼고, 신귀산(申貴山)이란 인물을 울진포 만호(萬戶)로 삼았다. 사헌부 장령 이세인(李世仁)이 문제를 제기했다.

"이조는 관리들 인사권이 있는 곳인데 박원종이 무신으로 이조참의가 되었고, 신귀산은 시정배로 울진포 만호에 제수되었으니 모두 갈기를 청합니다."

연산군은 거부하는 전교를 내렸다.

"옛사람이 '얼룩소 새끼라도 색이 붉고 또 뿔이 바르면 산천이 버려두겠느냐?'라고 하였다. 신귀산이 비록 시정(市井)의 자식이라도 어찌 쓰는 것이 해롭겠느냐?"

연산군이 말한 옛사람은 곧 공자였다. 얼룩소 새끼의 원문은 이우지자(犁牛之子)인데,《논어》〈옹야(雍也)〉에 나오는 말로서 공자의 제자 중궁(仲弓)이 나쁜 아버지를 두었지만 현명했다는 뜻이다.《논어》〈옹야)에서 공자는 "얼룩소 새끼라도 털이 붉고 뿔이 바르면 희생으로 쓰지 않으려고 해도 산천의 신이 내버려 두겠는가?(犂牛之子 騂且角 雖欲勿用 山川其舍諸)"라고 말했다. 곧 박원종이 무신이고 신귀산이 양반이 아닌 시정 사람의 아들이라고 해도 능력이 있으면 어찌 쓰지 않겠느냐는 뜻이었다. 이렇게 대간의 논쟁을 무릅쓰고 중용한 박원종이 자신을 내쫓는 반정 3대장의 으뜸이 될 줄은 꿈에도 상상하지 못했을 것이다.

장령 이세인이 다시 문제를 제기하자 연산군은 대간 자체를 비판하고 나섰다.

"대간이 일을 말할 때 꼭 공의(公議)라고 하는데, 어찌 다 공의이겠느냐? 근일 대간이 망령되게 공론이라 일렀지만 대사를 그릇 의논했던 것은 경들이 함께 보았다. 또 사대부들이 붕당을 만들어 악한 짓을 하였는데, 대간이 용렬하여 들어서 탄핵하지 못했으므로 근일의 일에 이른 것이니 다시는 말하지 말라."

무오사화 이후로 대간의 탄핵권과 간쟁권은 크게 약화되었다. 연산군은 대간의 간쟁이 마음에 들지 않으면, "근일 대간이 종묘사직의 중대한 일을 망령되게 의논하다가 그 죄를 받았다"라고 억눌렀다.

연산군은 사림뿐만 아니라 문신들 전체에 반감을 가지게 되었는데, 그 뿌리에는 생모 윤씨의 억울한 죽음이 있었다. 생모가 죽임을 당할 때 문신들이 막지 않거나 심지어 동조까지 했다고 생각했기 때문이다. 생모가 죽임을 당할 때 어떤 태도를 취했는지가 연산군이 신하를 바라보는 중요한 기준이 되었다.

이듬해인 재위 5년(1499) 2월 연산군은 강릉부의 종으로 전락한 권

경우(權景祐)를 불러서 용서하고 의복을 하사했다. 권경우는 무오사화 때 대역죄로 능지처참당한 사관 권경유의 형이었다. 연산군은 생모의 일을 조사하다가 권경우가 성종 때 시독관(侍讀官)으로 있으면서 '국모였던 폐비 윤씨가 여염에 사는 것을 모든 신하와 백성들이 가슴 아프게 생각한다'면서 '따로 거처를 마련하고 관에서 물품을 공급해야 한다'고 주장했다가 처벌당한 사실을 알게 된 것이었다.

나아가 연산군은 생모 윤씨 형제들의 자급을 높여 주었다. 사복시(司僕寺) 첨정(僉正) 윤구는 두 자급, 사섬시(司瞻寺) 주부(主簿) 윤우(尹遇)와 예빈시(禮賓寺) 직장(直長) 윤후(尹逅)는 한 자급씩 승진시켰다. 재위 9년 9월에는 윤구를 형조를 담당하는 동부승지로 파격 발탁했다. 그러나 윤구가 '신은 나이 늙고 두 눈이 어둡다'며 사임을 청하자 받아 주었다. 이는 모두 폐비 윤씨 문제와 관련된 것이었다. 연산군은 무오사화 이후 왕권을 더욱 신장시켜 가면서 생모의 죽음에 관계된 신하들의 주륙을 준비하고 있었다. 갑자사화의 태풍이 몰려오고 있었던 것이다.

무인 군주의 꿈과 갑자사화

사냥과 군사훈련

《연산군일기》와 《중종실록》은 연산군을 놀기 좋아하며 사냥을 즐기는 사냥광이라고 비난하고 있다. 《연산군일기》는 "흥청 등을 거느리고 금표(禁標) 안에 달려 나가 혹은 사냥하거나 혹은 술 마시며 가무하고 황망(荒亡)하였다"라고 비난하고 있고, 《중종실록》은 "도성 사방 100리 이내에 금표를 세워서 사냥하는 장소를 만들었다. … 따로 응사군(鷹師軍) 1만여 명을 설치하여 사냥할 때 항상 따라다니게 하였다"라고 비난하고 있다. 임금의 사냥을 개인의 유희로 비난하는 것이다. 그러나 태종이 자주 사냥을 나간 것처럼 국왕의 사냥은 단순한 유희가 아니라 일종의 군사훈련으로서 숭무(崇武) 의지의 표현이기도

했다. 그러나《연산군일기》의 사관들은 연산군의 사냥을 무조건 비난했다.

연산군은 재위 3년(1497) 9월 2일 이런 전교를 내렸다.

"옛날에는 봄에 수(蒐)하고, 여름에 묘(苗)하고, 가을에 선(獮)하고, 겨울에 수(狩)를 했다고 했는데 나 또한 사냥을 하려 한다."

이는 춘수(春蒐), 하묘(夏苗), 추선(秋獮), 동수(冬狩)를 뜻하는데 계절에 따라 사냥을 달리 부르는 말이다.《춘추좌씨전(春秋左氏傳)》은공(隱公) 5년(서기전 718)조에 나오는 용어다. 이는 임금의 유흥이 아니라 농사를 도우면서 군사훈련도 겸하는 사냥을 뜻하는 말이었다. 춘수는 농한기에 사냥하면서 군사를 훈련시키는 것이고, 하묘는 곡식의 싹을 위해 해로운 것을 제거하는 것이고, 추선은 가을의 기운을 따라 사냥하는 것이고, 동수는 동물이 모두 자랐으므로 사냥하는 것이다. 즉 임금의 사냥은 단순한 사냥이 아니라 여러 의미를 내포하는 것이었다. 연산군의 전교는 가을 사냥, 즉 추선을 하겠다는 뜻이었다. 그러자 승정원에서 "9월에 한 번 하시고, 10월 이후에 한 번 하시는 것이 어떻습니까?"라고 제안했고, 연산군은 "9월 이후에 네 번을 하겠다"라고 답변했다.

연산군이 가을 사냥에 나서자 그해 9월 11일 사간원 대사간 정석견(鄭錫堅) 등이 반박하고 나섰다.

"금년의 우레, 지진, 큰물, 큰바람의 변고는 천고에 일찍이 없었던 일인데 이런 일은 모두 거론하지 않거나 혹은 성체(聖體, 임금의 몸)가 편안하지 못하다고 유시하셨습니다. 그러나 본월 6일에는 후원에서 무신을 모아 종일 활 쏘는 것을 구경하셨고, 14일에는 문신들을 모아

활 쏘는 것을 구경하셨고, 16일에는 (군사를) 친히 사열하셨고, 24일에는 내금위 사복(司僕)을 모아서 활 쏘는 것을 구경하셨고, 29일에는 사냥을 하셨고, 10월 7일에 또 사냥하셨고, 15일에 또 사냥하셨고, 25일에 또 사냥하셨으니, 이는 어떠한 거조인지 알지 못하겠습니다. 이를 본다면 가을과 겨울은 모두가 전하의 사냥 놀이 하시는 날이 되고 말 것입니다."

대간은 임금의 사냥을 단순한 놀이로 보고 있었다. 이때 정석견은 연산군이 성묘(聖廟), 즉 공자 사당에 참배하지 않았다고도 비판했다. 곧 공자 사당에는 참배하지 않고 사냥만 다닌다는 비판이었다. 연산군은 반박했다.

"만일 국사를 폐기하고 10순(十旬, 100일)이 넘도록 돌아오지 않는다면 사냥 놀이라 해도 맞겠지만, 지금 백성의 피해를 제거하기 위해서 아침에 나갔다가 저녁에 돌아오는데 무엇이 불가할 것이 있겠느냐."

가을에 곡식을 해치는 짐승들을 잡는 사냥은 오히려 백성들의 삶에 도움이 된다는 말이었다. 대간에서는 이후 거의 하루도 빠지지 않고 연산군의 사냥을 끈질기게 비판했다. 마치 연산군의 사냥으로 나라가 망하기라도 하는 것처럼 거듭 간쟁했다. 연산군은 봄, 여름, 가을, 겨울의 사냥은 모두 백성들을 위해서 하는 것이라는 논리로 방어했다.

연산군은 무오사화 이후인 재위 4년 8월 18일 서교(西郊)로 나가서 백성들이 농사짓는 것을 격려하고 돌아와서 연희궁(衍禧宮) 뒷산에서 시위하는 군사를 시켜 여우와 토끼를 사냥했다. 그달 8월 21일의 사냥 기사는 연산군 사냥의 성격을 잘 설명하고 있다.

"왕이 동교(東郊)에서 농사를 구경하고 전곶(箭串)에 이르러 학익진

조선 시대의 군사훈련 모습을 담은 동장대시열도, 국립중앙박물관 소장

(鶴翼陣)을 쳐서 짐승을 사냥하고, 화양정(華陽亭)에 머물러 승지, 사관 등에게 각기 절구 시를 지어 올리게 하였다. 또 미륵동(彌勒洞)에 학익 진을 치고 짐승을 사냥했고, 환궁할 때 길가의 농민들을 먹였다."

학익진은 학이 날개를 펼치는 것처럼 진을 쳤다가 적을 섬멸하는 군진을 뜻한다. 연산군에게 사냥은 군사훈련이었다. 또한 환궁 길에 길가의 백성들에게 식사를 제공한 것처럼 그의 자리에서 사냥은 곡식을 해치는 짐승을 제거하고 직접 백성들을 만나서 음식을 제공하는 정사의 하나였다. 그러나 이미 문(文)은 숭상하지만 무(武)는 천시하는 숭문천무(崇文賤武) 의식에 젖은 사대부들은 군주에게 오직 유학만 강독할 것을 요청했다. 이는 군사력을 강화하려는 연산군과 충돌할 수밖에 없었다.

연산군은 재위 7년(1501) 10월, "근래 오랫동안 군사 사열(査閱)을 폐했기 때문에 군사들이 해이해질까 두려워 사냥(打圍)을 하고자 한다"라고 말했다. 훗날 여진족들은 청나라를 세운 후 황제들이 정기적으로 고향인 만주 지역으로 가서 사냥하면서 무예를 연습했다. 이를 사냥을 준비하고 무예를 익힌다는 뜻의 '비렵습무(備獵習武)'라고 불렀다. 연산군에게도 사냥은 군사훈련의 일환이었다. 그러나 문신들은 강무(講武)고 사냥이고 임금이 군사를 움직이는 것을 모두 반대하면서 오직 임금의 근신만 요구했다. 이런 신하들에 대해 연산군의 피로감도 점차 높아져 갔다.

군사력 강화와 여진족 정벌 좌절

연산군은 군사력 신장에 큰 의지를 갖고 있었다. 연산군은 재위 2년 (1496) 4월 8일 인정전(仁政殿)에 직접 나가서 과거 응시자들에게 직접 책문(策問)을 냈다.

왕은 이렇게 말한다. 이민족〔夷狄〕이 중국의 걱정거리가 된 지 오래인데, 역대에서 이족(夷族)을 대했던 방도를 상세하게 들어 볼 수 있겠는가? 우리나라는 남쪽으로는 도이(島夷)와 이웃하고 북쪽으로는 야인(野人)과 접했으니, 만약 그 방도를 잃는다면 그 걱정은 장차 말로 다할 수 없을 것이다. 근자에 깊은 곳에 있는 야인이 우리 변경에 와서 살려고 했는데, 어떤 이는 '허락해 주면 우리의 울타리가 될 수 있다'고 하고, 어떤 이는 '한번 그 길을 열어 주면 그 뒤에는 금지하기 어려워서 반드시 뒷날의 걱정거리가 될 것'이라고 하니, 이 두 가지 중에 어느 것을 따라야 하겠는 가? … 북쪽 변경의 수령에 대해서 어떤 이는 '문신과 무신을 섞어서 써 야 한다'고 말하고, 어떤 이는 '무신만을 써야 한다'고 말하는데 어느 것 이 좋은가? 그대 대부들은 경세(經世)의 자질을 품고서 책문을 기다린 지 오래이니 각기 마음에 있는 대책을 다 진술하라.(《연산군일기》 2년 4월 8 일)

연산군은 북방 여진족과 남방 일본에 많은 관심을 갖고 있었다. 특 히 여진족들이 살던 북방 문제에 대해 많은 관심을 갖고 있었다. 그

대책으로 북방 여진족을 변경에 살게 하는 민족 융합책을 쓸 것인지 이들을 거부하는 민족 배제책을 쓸 것인지 물은 것이었다. 고려 때는 물론 조선 때에도 명나라와 맺은 북쪽 강역은 서북쪽으로는 압록강 북쪽 600여 리의 옛 철령(鐵嶺)으로서, 지금의 심양 남쪽 진상둔진 봉집현(奉集縣)까지였고, 동북쪽으로는 두만강 북쪽 700리의 공험진(公嶮鎭)까지였다. 그러나 조선의 유학자들은 이 광대한 북방 강역을 여진족이 사는 땅이라면서 실질적으로 지배할 생각을 하지 않았다. 이들은 같은 동이족인 여진족과 몽골족은 이민족으로 내몰고 중국의 한족(漢族)이 같은 민족이라는 허구의 단일민족론에 매달렸다.

조선 초·중기 북방 여진족, 즉 만주족의 현황은 복잡했다. 먼저 삼위(三衛)라 불리는 만주족이 있었는데, 건주위(建州衛), 야인위(野人衛), 모련위(毛憐衛)가 그들이었다. 삼위는 때로 건주 삼위(建州三衛)를 뜻하기도 하는데, 올량합(兀良哈)을 일컫는 건주 본위(本衛)와 알타리(斡朶里)를 뜻하는 건주 좌위(左衛)와 건주 우위(右衛)를 일컫는 말이었다. 또한 삼위 달자(三衛韃子)도 있었는데, 이들은 만주의 송화강(松花江) 중·상류에 사는 여진족 부족인 올량합으로서 여진족과 몽골족의 혼혈 부족이었다.

여진족의 모습을 기록한 그림

명나라는 조선이 여진족이나 몽골족과 결탁하는 것을 최악의 상황으로 여겼다. 조선이 이들과 연합해서 만리장성을 넘으면

막을 방도가 없기 때문이었다. 세조 5년(1459) 7월 19일 명나라에 주문사로 갔던 이조참판 조석문(曺錫文)이 명나라 영종(英宗) 천순제(天順帝)의 칙서를 갖고 돌아왔는데 이런 내용이 있었다.

"앞서 (명나라) 변방 장수가 (조선) 왕이 건주 삼위의 두목(頭目)들과 교통하고 있다고 했는데 (명나라) 조정에서는 전해 들은 말을 갑자기 믿을 수 없어서 사신에게 칙서를 가지고 왕에게 유시했었다."

명나라 변방 장수가 세조가 만주의 건주 삼위 두목들과 내통한다고 보고했다는 것이다. 이 보고는 명나라를 크게 두렵게 했다. 명나라 영종은 1449년 몽골족 친정에 나섰다가 몽골에게 생포되어 끌려갔고, 풀어 주어서 돌아올 수 있었으나 유폐되어 지내다가 1457년 겨우 복위한 터였다. 조선이 건주 삼위와 손잡고 명나라를 공격하면 명나라는 국체를 보존하기 힘든 상황이었다. 명나라 영종의 국서는 이런 당부로 끝났다.

"지금 이후로 왕은 마땅히 법도를 삼가 지켜서 사사로운 교통은 끊고 충성을 각별히 하여 명예를 보전하고 짐이 깨우치는 뜻에 부합하기 바라노라."

명나라는 조선과 여진족의 결탁을 크게 두려워하는데, 조선의 유학자들은 명나라를 상국의 나라로 떠받들면서 여진족을 오랑캐로 천대하는 상황이었다. 반면 연산군은 여진족들을 활용했다. 귀화한 여진족 동청례(童清禮)를 삼위경차관(三衛敬差官)으로 삼아 여진족을 관리하게 한 것이다.

이런 와중인 연산군 5년(1499) 4월과 5월에는 여진족이 함경도 삼수군(三水郡)과 평안도 벽동진(碧潼鎭) 등 세 지역을 습격해 군사와 백성들을 살해하고 우마와 백성들을 사로잡아 가는 사건이 발생했다. 연산군은 즉각 대신들과 의논해 정벌을 결정하고 5월 12일 우의정 성준과 좌찬성 이극균(李克均)을 서정장수(西征將帥)로 임명해서 압록강을 건너가라고 명했다.

보통 두만강을 건너 정벌하면 북정, 압록강을 건너 정벌하면 서정(西征)이라고 불렀다. 성준 등은 내금위(內禁衛) 70명, 겸사복(兼司僕) 20명, 우림위(羽林衛) 10명을 지휘해서 병사 2만 명과 압록강을 건너기로 계획을 세웠다.

그런데 바로 그날 홍문관 부제학 최진(崔璡) 등이 정벌을 반대하고 나섰다.

"옛날 성왕(聖王)은 융적(戎狄)을 제어하는 데 모두 금수로 다루어 그들과 약속도 하지 않고 공격해서 정벌도 하지 않고 오면 징계하는 것으로 막고 가면 대비하는 것으로 지켰을 따름이지 일찍이 정벌에 관한 일을 말한 적이 없었습니다. 진시황과 한무제의 실책을 어찌 본받겠습니까?"

최진 등의 논리는 가뭄의 징조가 나타났으니 정벌하면 안 된다는 것이었다. 연산군은 일축했다.

"이런 일은 입이 있다고 모두 말할 수 있는 일이 아니다. 이미 변방의 일을 잘 아는 재상과 상의했는데, 얕은 지식의 유생들이 알 바이겠는가?"

이틀 후인 5월 14일 홍문관 부제학 최진 등이 다시 반대하고 나섰다. 천문(天文, 혜성 출현)이 변하는 변괴가 발생한 데다 가뭄 때문에 흉년이 들었으니 정벌에 나서면 안 된다는 것이었다. 그러면서 최진 등은 전가의 보도를 꺼냈다.

"하늘의 견고(譴告, 경고)가 심한 것이므로 전하께서는 몸을 수행하면서 매일 근신해야 하는데 어찌 백성들을 괴롭게 하고 군중을 동원해 멀리 떨어진 산하에서 소추(小醜, 여진족)와 더불어 종사(從事)해서야 되겠습니까?"

혜성과 가뭄은 모두 하늘이 임금에게 경고하는 것이므로 근신해야 한다는 논리였다. 연산군은 강행 의사를 표했다.

"서정의 거사는 진실로 농사의 풍흉을 보아야 하지만, 죽고 사로잡힌 우리 백성이 너무 많으니 지금 만약 정벌하여 많이 참획(斬獲, 목을 베고 사로잡음)하면 저들이 반드시 두려워하여 스스로 침략을 중지할 것이다."

그러나 최진 등의 반대는 집요했다. 연산군은 다시 어서를 내려 "오직 변방 백성들이 피살당하고 사로잡혀 간 것에 분하고 한스러운 마음을 잠시도 잊지 못하기 때문"에 서정에 나서는 것이라고 설명했으나 최진 등은 곧장 반박했다.

"서방의 도둑들도 하늘이 전하에게 경계하고 근신하라고 시킨 것이므로 마땅히 두려워하고 근신하기에 겨를이 없어야 하는데, 도리어 병혁(兵革)의 일을 일으켜 천위(天威)를 모독하십니까."《연산군일기》 5년 5월 29일)

여진족의 습격은 하늘이 연산군을 경계시키기 위해서 경고한 것이므로 근신해야지 군사를 일으켜서는 안 된다는 논리였다. 습격에 대한 응징은 물론 사로잡혀 간 백성들의 귀환 대책은 찾을 수 없었다. 변경에 사는 백성들이 감내해야 한다는 투였다. 연산군은 "지금 서정은 오직 백성들을 사랑(愛民)하기 때문이다"라고 재차 설득했으나 대간에서 집요하고도 극심하게 반대하자 대신들도 점차 주저하게 되면서 서정은 흐지부지되고 말았다.

그해 9월 4일 여진족들은 다시 평안도 이산(理山)의 산양회진(山羊會鎭)을 공격해 100여 명을 잡아가고, 또 벽동군 아이진(阿耳鎭)을 습격해 갑사(甲士) 김득광(金得光) 등 9인과 말 열두 필을 약탈해 갔다. 연산군은 통탄했다.

"지금 사변을 보니 진실로 근고(近古)에 없던 일이다. 전일 재상들의 의논을 구하자 '안으로 덕스런 덕정(德政)을 닦는 것뿐입니다'라고 했는데, 하늘의 재변이라면 하늘의 경계에 근신하면서 덕정을 닦아서 없앨 수 있겠지만, 이런 완흉(頑凶)한 무리가 침략을 그치지 않는데 어찌 덕정으로 그치게 할 수 있겠는가?"《연산군일기》 5년 9월 10일)

연산군은 "저들이 오늘 몇 사람을 잡아가고 내일도 몇 사람을 잡아갈 것이니 어찌 앉아서 구경하며 구원하지 않을 수 있겠는가?"라면서 대신들과 의논 끝에 내년에 정벌하겠다고 결정했다.

연산군은 그 전에 군사훈련의 일환으로 강무에 나서기로 했다. 그러자 좌참찬 홍귀달(洪貴達)이 "이름을 강무라 하지만 실은 사냥하는 것입니다"라면서, "선왕의 적자들이 온통 적에게 살해되고 잡혀갔는데 그 자제들을 구휼하지 않고 사냥해서 그 제물로 제사를 드리려 한다면 선왕 선후(先后)께서 어찌 안심하고 이를 흠향하겠습니까?"《연산군일기》 5년 9월 16일)라며 반대했다.

홍문관 부제학 최진은 외적의 습격도 하늘의 경계라면서 그 대책으로는 "두려워하면서 몸을 닦아야(恐懼修省)할 뿐이니 강무를 정지하시기 바랍니다"라고 말했다. 연산군은 "강무 역시 백성을 위하여 하는 것이다"(《연산군일기》 5년 9월 26일)라며 강행했다.

재위 6년이 되자 서정 반대가 잇따랐다. 대간뿐만 아니라 좌의정 한치형 같은 대신들과 도원수 성준까지 반대론에 가세했다. 연산군은 성준에게 "서정하기로 결정해 놓고 토벌하지 않으면 그 기간에 적이 반드시 변경을 침범해 우리 백성을 많이 잡아갈 것이니 어찌해야 하겠는가?"라고 따졌다. 성준은 다시 명년까지 기다려 정벌하자며 연기론을 제시했는데, 말이 연기지 사실은 포기하자는 이야기였다.

서정으로 징벌하지 않으려면 방어 태세라도 잘 갖추어야 했다. 연산군 7년(1501) 5월 평안도 절도사 김윤제(金允濟)가, "금년 도내가 약간 풍작이 들었으니 청컨대 먼저 이산에 장성을 쌓아 오랑캐의 침략을 막아야 합니다"라고 치계(馳啓)했다. 산양회진 등이 있어서 여진족의 침범이 잦은 이산에 장성을 쌓자는 말이었다. 이때도 반대론이 잇따랐는데 좌의정 성준은 장성 축성에 찬성하면서 신하들이 왜 반대하는지를 그대로 설명했다.

"우리나라 조정 신하들은 남쪽 사람들이 많은데, 인부를 뽑아 부역을 시키면 그 폐단을 받을 것을 꺼려서 극력 저지하는 것입니다."(《연산군일기》 7년 5월 25일)

축성하는 인부에 남쪽 대신의 노비들이 차출될 것을 우려해 반대한다는 것이었다. 성준의 말에 홍문관에서는, "성준이 '조정에는 대부분 남도 사람들이 많아서 자기 집의 종이 부역에 나가는 것을 어렵게 생각해 정지할 것을 청한다'고 한 것은 이른바 '한마디 말로써 나라를 망치는 자'입니다"라고 반박했다. 성준이 대간의 탄핵을 받았다고 피혐하자 연산군은 사직하지 말라고 말리면서 오히려 홍문관원을 국문했다.

그 전에도 축성 이야기가 나오면 대간에서는 무조건 반대했는데, 연산군은 "성을 쌓지 않았다가 후에 만약 일이 생기면 너희들이 그 과실에 대한 책임을 져야 한다"(《연산군일기》 5년 7월 12일)고 꾸짖기까지 했다. 연산군은 군사를 백안시하는 이런 문풍(文風)을 바로잡지 않으면 나라가 큰 위기에 처할 것이라고 생각했다. 실제로 중종반정으로 정권을 잡은 문신들은 병역의 의무 대신 군포(軍布)를 받는 군적수포제(軍籍收布制)로 조선의 국방력을 크게 약화시켰다. 임진왜란의 비극은 이때 이미 예고된 것이었다.

연산군이 재위 7년(1501) 10월 2일 사냥에 나서려고 하자 사헌부 장령 정인인(鄭麟仁)이 반대했다.

"전날 사냥을 하려고 하자 비가 내렸는데 지금 또 사냥을 하려고 하자 비가 내리니 하늘의 뜻을 알 수 없습니다. 정지하기를 청합니다."

연산군이 답했다.

"근래 오랫동안 군사의 사열을 폐하여 군사들이 해이해질까 두려워서 사냥을 하려고 하는 것이다. 만약 미리 군사의 일을 익히고 있지 않다가 갑자기 뜻하지 않은 변란이 있으면 장차 붓을 쥐고 대응하겠는가? 바로 오척동자(五尺童子)에게 말하는 것 같다."

오척동자는 어린아이를 뜻하는 말이다. 무조건 군사훈련을 거부하는 문신들이 마치 세상 물정 모르는 오척동자 같다는 비아냥이었다. 그러나 현실은 이 오척동자들의 것이었다. 무조건 군사를 천하게 보는 유학자들의 나라가 조선이었다. 연산군의 이 말은 91년 후 임진왜란이라는 현실로 나타난다.

연산군은 신하들과 이런 과정을 거치면서 신하들을 모두 왕권에 복종시켜야 한다고 생각했다. 대간들은 말할 것도 없고 대신들도 그때그때 상황만 모면하려 할 뿐 문제의 근본을 해결할 생각이 없다고 생각했다. 연산군은 이런 정치 구조를 근본적으로 바꾸어야 한다고 생각했다. 임금이 하는 일은 무조건 반대하고 드는 신하들을 조정에서 청소(淸掃)하고 군주에게 충성하는 신하들로 대체해야 한다고 판단한 것이다. 신하들의 나라에서 임금의 나라로 탈바꿈해야 한다고 생각한 것이다.

이세좌의 부인과 허침의 누이

연산군 9년(1503) 9월 11일.

연산군은 인정전에 행차해 양로연을 베풀었다. 양로연에서 재상들은 임금에게 술을 바쳤고 연산군은 회배주(回盃酒)를 내렸다. 잔치가 끝난 후 연산군은 승정원에 전교를 내렸다.

"오늘 잔을 올린 재상들에게 회배를 내릴 때 반 넘게 엎지른 자가 있었는데 이런 일이 어떠한가?"

승정원에서 아뢰었다.

"과연 엎질렀다면 매우 공손하지 못한 일입니다. 신하로서 어찌 이런 일이 있겠습니까?"

"예조판서 이세좌(李世佐)가 잔을 올린 뒤 회배를 내릴 때 내가 (술잔을 받치는) 잔대를 잡았는데, 이세좌가 반 넘게 엎질러 내 옷까지 적셨으니 국문하도록 하라."

이세좌는 술이 약하기 때문이라고 변명했지만 국문 끝에 유배형에 처해졌다. 이런 사건으로 대신을 유배 보내는 것은 전례가 없는 일이었다. 연산군은 비슷한 시기 "재상이나 대간들이 대궐 문 근처에서 큰 소리로 벽제(辟除)하는 일이 없도록 하라"는 전교를 내렸다. 벽제란 재상이나 대간들이 지나갈 때 수행원인 별배(別陪)가 큰 소리로 "우의정 대감이 지나간다"면서 사람들의 통행을 통제하던 일이었다. 이를 금지시킨 것은 재상이나 대간들도 궁궐 근처에서는 근신하라는 뜻이었다.

이렇게 연산군이 왕권을 크게 강화하는 와중에 재위 10년(1504)이 밝았다. 연산군은 그해 3월 이세좌를 석방했다. 그런데 같은 달 세자빈 간택을 위한 간택령이 내려졌을 때 일이다. 경기관찰사 홍귀달이 3월 11일 손녀에게 병이 있다면서 "지금 비록 입궐하라는 명이 있어도 입궐할 수 없습니다"라고 항변하는 사건이 발생했다.

연산군은 이세좌와 홍귀달을 불경죄로 모는 한편, 그해 3월 24일 승정원에 폐비 사건과 관련된 신하들을 《승정원일기》를 상고해 보고하라는 전교를 내렸다. 연산군은 두 사건을 병합해 거대한 폭풍을 일으켜 대신들을 포함한 공신 세력도 무너뜨릴 계획이었으나 아무도 그 의도를 눈치채지 못하고 있었다.

이세좌는 국문을 받고 전라도 무안으로 부처되었다. 연산군은 이세좌가 유배지에 도착하는 날짜까지 자세히 적어서 아뢰라고 명령했다.

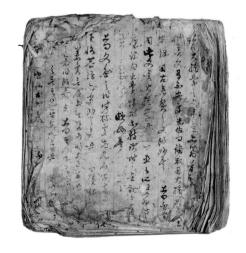

그가 몸이 비대하기 때문에 빨리 못 걷는 것을 알았기 때문에 이런 명령을 내린 것이다. 성종 같으면 웃으며 넘어갈 일이 중죄가 된 것이었다. 연산군은 이듬해 초 이세좌를 다시 사면했고 이세좌는 단봉문(丹鳳門) 밖에서 사은했다. 연산군은 이세좌에게 술을 내리며 말했다.

"이것이 네가 전일 기울여 쏟은 술이다."

이때가 연산군 10년 3월 3일. 이세좌는 울면서 사례하였다. 드디어 끝난 줄 안 것이다. 그러나 이것은 새로운 시작이었다. 연산군은 느닷없이 대간들을 가두었다. 이세좌를 사면할 때 불경죄이기 때문에 사면하면 안 된다고 간쟁하지 않았다는 것이다. 연산군은 대간들을 가두고 이세좌를 다시 강원도 영월로 유배했다. 뿐만 아니라 이세좌의 아들 이수정(李守貞)이 마음대로 아버지를 따라갔다는 이유로 역시 체포해 국문했다. 연산군은 여기에서 끝나지 않고 의금부 경력 박기(朴基)를 시켜 다시 이세좌를 잡아 오게 했다. 연산군은 형장을 때리게 하면서 이렇게 말했다.

"내가 형장 때리는 것이 그른 줄 안다. 그러나 불공(不恭)한 자가 있는 것이 모두 너 때문이므로 이렇게 죄를 주는 것이다."

연산군은 형장을 맞은 이세좌의 유배지를 거제로 바꾸었다. 그러고는 이세좌의 아들뿐만 아니라 동생 이세걸(李世傑)과 사위 양윤(梁潤), 조영손(趙永孫), 정현(鄭鉉), 윤여해(尹汝諧)도 곤장을 때리고 귀양 보냈다. 임금이 내린 술을 엎은 것이 위를 능멸하는 처사였다는 것이었다. 이런 죄로 전 가족을 연좌시키는 것은 유례가 없는 일이었다. 그러나 이는 핑계였다. 이세좌의 진짜 죄목은 성종 때 생모 윤씨에게 사약을 들고 갔다는 것이었다.

선조 때 문신 이기(李墍, 1522~1600)가 지은 《송와잡설(松窩雜說)》에는 이와 관련해서 의미심장한 이야기가 등장한다. 윤씨에게 사약을 전달하고 온 이세좌가 집에 돌아와서 부인과 함께 한 방에 누워 있었는데 부인이 물었다는 것이다.

"들으니, 조정에서 폐비를 논죄하는 것이 그치지 않았다는데 필경 어찌 되었소?"

"벌써 사사(賜死)되었소."

이세좌가 사약을 전달했다는 말에 부인은 깜짝 놀라 일어나 앉으면서 말했다.

"슬프구나. 우리 자손은 씨가 남지 않겠구나. 어미가 죄 없이 죽임을 당했는데 자식이 훗날 보복하지 않겠는가?"

이기는 "부인의 앞을 내다보는 지혜는 실로 여러 신하들이 미칠 수 있는 바가 아니었다"라고 평가했다.

반면 조선 후기 유언호(俞彦鎬, 1730~1796)의 문집인《연석(燕石)》에는 이와 정반대의 사례가 실려 있다.《연석》〈백세부인전(百歲夫人傳)〉에는 허손(許蓀)의 딸이 신영석(申永錫)에게 시집갔는데 103세까지 살아서 세상에서 '백세부인'이라고 칭했다고 한다. 허씨 부인은 지혜가 많아서 두 동생이 어머니처럼 모셨다. 성종 때 허침이 연산군 생모에게 사약 전달하는 일을 담당했는데 허씨 부인이 가지 못하게 해서 파직당하고 다른 사람이 대신했다는 것이다. 그래서 허씨 부인은 "내 동생이 다행히 모면했구나"라고 말하고, "국모를 죽이고 그 자식의 신하가 되어서 어찌 후환이 없기를 구하겠는가?"라고 했다는 것이다. 〈백세부인전〉에는 다른 사람이 그 임무를 대신했다고 말하고 있는데 그 다른 사람이 이세좌였던 것이다.

연산군은 재위 10년(1504) 3월 30일 의정부에 전교를 내렸다.

"위를 업신여기는 풍습을 개혁하여 없애는 일이 끝나지 않았다. 이세좌는 선왕조에 있을 때 큰일을 당했으나 힘써 다투지 않았는데 오늘에 와서 나이와 지위가 모두 높아지자 교만 방종이 날로 방자하여 내가 친히 주는 술을 기울여 쏟고 마시지 않았다. 김순손(金舜孫)은 환시(宦侍, 내시)의 미천한 몸으로 망령되이 스스로 존대한 척하여 군상에게 오만하였다. 두 사람의 죄는 바로잡지 않을 수 없기에 널리 여러 의논을 모았는데 이세좌는 사사하고 김순손은 목을 베어 군상(君上)에게 교만한 자를 경계할 것이다."

선왕조 때 있었던 '큰일'은 바로 연산군의 생모 윤씨에게 사약을 가지고 간 것을 뜻한다. 연산군은 이세좌가 술을 엎지른 사건을 빌미로 이세좌를 혹독하게 대하다가 결국 선왕조 때의 일로 목숨을 빼앗은 것이었다. 연산군은 이세좌를 죽이러 간 의금부 도사 안처직(安處直)의 보고를 직접 들었다.

"세좌가 죽을 때에 안색이 어떠하더냐?"

"안색은 변하지 않고 평상시와 같았습니다."

연산군이 승정원에 물었다.

"세좌가 울지 않고 안색이 전과 같았으니 죽게 되어서도 그 기염을 꺾지 않으려 한 것이 아닌가? 또 옛날에도 이 같은 자가 있었는데 어질다고 보느냐?"

승지 박열(朴說), 권균(權鈞)이 아뢰었다.

"무릇 사람은 기국과 도량이 다르므로 죽을 때에 놀라서 엎어지는 자가 있고 조용히 죽음에 나가는 자가 있습니다. 그러나 절개에 죽고 의에 죽는 것이라면 가하지만, 세좌로 말하면 진실로 조용히 죽음에 나갈 때가 아닙니다."(《연산군일기》 10년 4월 9일)

이세좌는 부친 이극감(李克堪)뿐만 아니라 성종 때 영의정을 지낸 이극배(李克培), 이극증(李克增), 이극돈, 이극균 등의 백·숙부들이 모두 봉군된 거대 공신 가문이었지만 연산군의 복수의 칼날을 피하지 못했다.

김순손은 환관이었는데, 《연산군일기》의 사관은 "왕이 일찍이 술에 취하여 선왕조의 후궁을 간음하려 하므로 순손이 간하니 왕이 노하여 죽이려 하였다"고 말하고 있지만 사실 여부는 알 수 없다. 김순손은 연산군 1년(1495)에 이미 의금부에 하옥되었다가 장 100대를 맞고 지방에 충군되어 노역에 종사하고 있었는데, 이때는 "전지(傳旨)를 거역했기 때문이다"라고만 말하고 있다. 김순손의 죄가 무엇인지는 분명하지 않지만 환관으로서 즉위 초에 연산군의 심기를 거스른 것은 분명하다. 즉위 초의 일을 가지고 10년 후 목숨을 빼앗은 것이다.

왕권에 자신이 붙은 연산군의 폭주가 시작된 것이다.

태풍이 몰아치다

이세좌와 김순손을 죽인 연산군은 그해 6월 홍귀달도 교수형에 처했다. 연산군의 칼날은 전 좌의정 이극균에게 향했다. 이세좌가 조카라는 이유였다. 연산군은 재상과 홍문관을 불러 이렇게 말했다.

"이극균이 속으로 이세좌를 비호하면서 전일 경연에서 국사를 말할 때에는 법에 불궤(不軌, 모반을 획책함)한 말을 하였으니, 발호(跋扈)할 마음이 있어서 그런 것이다."

속마음으로 조카 이세좌를 옹호했다는 것이다.

"지금 풍속이 아름답지 못하여 내가 다 개혁하려 하기 때문에(盡革) 재상이나 조정 관원들이 죄 입은 자가 많은데, 아랫사람들은 반드시 나를 걸주(桀紂)라 할 것이다.…극균은 평시에도 세좌를 비호하려 하였다. 이것이 괴이한 말 같지만, 지금 세좌와 저 구천에 가서 상종하면 알게 될 것이다."

전 좌의정 이극균도 사약을 받고 말았다. 뿐만 아니라 가산도 몰수되고 아들과 사위는 먼 변방에 종으로 떨어졌다. 대역 사건에 관련되지 않고 대신이 사형당한 것은 조선 개창 이래 처음 있는 일이었다.

《소문쇄록(謏聞鎖錄)》은 이극균이 연산군을 저주하며 죽었다고 전하고 있다. 인동(仁同)으로 귀양 간 그는 약사발을 든 금부도사가 나타나자 항변했다는 것이다.

"내가 무슨 죄가 있다고 이러는가?"

그는 사약을 먹는 어두운 유실(幽室)에 들어갔다가 분을 참지 못하고 다시 나와 저주의 말을 토했다.

"내 나이 곧 칠십이고 몸에 만병이 있어 죽는 것은 여한이 없다만, 나에게는 나라를 위한 공이 있다. 또한 내가 아무 죄가 없음을 임금께 전하라. 만약 그러하지 않는다면 내 넋이 살아 있어 너를 꼭 벌하고 말 것이다."

도사가 이 말을 연산군에게 그대로 전하자 분기탱천한 연산군은 그의 뼈를 부수어 바람에 날리라고 명했다고 한다.

무오사화에 앞장섰으며 폐비 윤씨에게 제헌왕후라는 시호를 만들어 바치는 일을 주도했던 영의정 윤필상도 무사할 수 없었다.

"윤필상이 전에는 그렇게 의논하고 지금 추숭할 때에는 의논을 반복하여 뜻을 순종하니 그 죄를 논하지 않을 수 없다."

'전에는 그렇게 의논하고'란 말은 성종 시절 폐비 논의 때 찬성한 사실을 뜻한다. 연산군은《성종실록》과《승정원일기》등을 통해 생모가 쫓겨나고 죽을 때 누가 찬성했는지 잘 알고 있었다. 훈구 공신들이 김일손 등의 사림을 제거하기 위해 연산군에게《실록》을 베껴 들인 것이 자신들에게 되돌아온 것이다. 대신들에게 윤필상의 죄를 의논하게 하자 고신(告身, 벼슬 임명장)을 빼앗고 가산을 적몰해서 아들과 함께 외방에 부처(付處)하는 것이 좋겠다고 보고했다. 그러나 연산군은 윤필상을 살려 줄 마음이 없었다.

"윤필상이 세조조의 공신이기는 하지만, 성종조에 세자가 엄연히 있는데 사직의 안위를 생각지 않고 말하였으니 죄가 매우 크다. 율로 죄를 과하라."

죽이라는 말이었다. 이극균과 윤필상까지 제거되니 이제 연산군에게 그르다고 간하는 대간도 존재할 수 없었다.

승지 이계맹이 아뢰었다.

"사약을 내리리까? 참형에 처하리까?"

"사약을 내리되 이극균의 예에 의하여 죄명을 써서 내려보내라."

참형에 처하지 않고 사약을 내리는 게 은혜인 셈이었다. 윤필상은 재산이 많은 것도 논란이 되었다. 의금부 도사 안처직이 "윤필상은 집이 다섯인데 모두 재산이 가득 차 있으며, 살던 집에는 무명이 3만여 필, 양곡이 1,000여 섬입니다"라고 보고하자 연산군이 덧붙였다.

"윤필상은 지위가 높고 나이가 많기는 하나 지금 듣건대 가산이 매우 많다 하니 청렴 간결한 사람이 아니다. 이렇게 마음을 쓰고서 나라를 위하여 목숨을 내놓을 수 있겠는가?"

승지 권균, 성세순(成世純)이 "필상이 원래 재물을 모았으므로 성종 중년에 대간이 '식화 재상(殖貨宰相, 재물을 늘리는 재상)'이라고 논박했습니다"라고 덧붙였다.

연산군은 이극균, 윤필상을 비난했다.

"이극균, 윤필상은 살아서는 교만하여 위를 업신여기고 죽으면서는 분하여 독을 내었으니 이것은 천지간에 용납하지 못할 일이다. 이세좌도 죽을 때 역시 노복에게 성내었으니 또한 시신을 베어 함께 사방으로 돌려서 경계시키게 하라. 대신의 머리라도 어찌 돌려 보이지 못하겠는가? 무릇 신하로서 이러한 자는 닭이나 개로 대우하여야 할 것이다."《연산군일기》 10년 윤4월 21일)

부친 성종을 임금으로 만들었던 한명회와 그 자손들도 안전하지 못했다. 한명회는 성종 18년(1487)에 죽었으므로 죽은 지 17년이나 지난 터였다. 무오사화 때 김종직이 당했던 부관참시가 한명회에게 적용되었다. 연산군은 의금부 낭청을 청주로 보내 한명회의 관을 가르고 머리를 베어 오게 했다. 연산군은 죄명을 써서 그 머리를 저잣거리에 걸게 했다. 살아서 국왕 이상의 권력을 누렸던 한명회는 죽어서 저잣거

한명회가 말년을 보냈던 압구정의 모습

리에 목이 내걸린 신세가 되었다.

한명회뿐만 아니라 인수대비의 종부형(사촌오빠) 한치형을 비롯해 정창손, 어세겸, 심회(沈澮), 이파(李坡) 등 이미 죽은 여러 대신들에게도 금부도사를 보내 목을 잘라 왔다. 연산군은 생모 사건을 재조사하고 또한 '위를 업신여기는 풍조를 바로잡겠다'면서 산 공신은 물론 죽은 공신들까지 제거했다. 무오사화로 사림들의 기반을 해체시킨 연산군이 갑자사화로 공신들의 세력 기반 자체를 무너뜨리는 것이었다.

연산군이 공신들까지 공격한 것에는 단순히 모친 문제와 위를 업신여기는 풍조를 바로잡겠다는 명분 외에 공신들이 갖고 있는 거대한 재산 문제가 있었다. 연산군은 재위 10년(1504) 5월 7일 공신들이 노비를 마음대로 차지했다고 비판한 것을 시작으로 다음 날 "국조(國朝) 공신 중에 자신이 스스로 공을 이룬 자도 있지만 다른 사람의 공으로 얻은 자도 있다"면서 "개국 이후 여러 공신들의 공적을 경중으로 나누어 아뢰라"고 명했다.

《연산군일기》의 사관은 연산군이 연락(宴樂)에 빠져 돈이 부족해지자 여러 공신의 노비, 전지를 도로 거두려 하였다고 비판하고 있다. 연산군이 연락 때문에 돈이 부족해서 공신들의 재산에 손을 댔다는 것은 사실이 아니지만 공신들의 물적 기반을 해체시키려 한 것은 사실이었다. 연산군은 5월 10일 여러 《공신초록(功臣抄錄)》을 내리면서 충격적인 전교를 내렸다.

"내 생각으로는 연대가 오래된 공신들은 그 노비와 전토를 회수하는 것이 옳다."

공신들의 노비와 전토를 회수하겠다는 것이었다. 이는 공신들과 그 후예들의 사활이 걸린 문제였다. 공신전과 노비를 회수한다면 공신들의 물적 토대가 무너지는 것이었다. 물적 토대가 사라지면 한번 몰락할 경우 재기할 방법이 없게 되는 것이었다.

이때 영의정은 유순(柳洵)이었는데 별명이 '지당정승'이었다. 연산군이 내리는 모든 명령에 "지당하옵니다"라는 말만 반복한다고 해서 생긴 별명이었다. 그러나 지당정승 유순도 공신들의 재산을 빼앗겠다는 이 조치에는 반대했다. 유순은 태종도 신하들의 보필로 개국했기 때문에 공신을 책봉하고 노비, 전토를 하사해 영원히 상속하도록 하셨다면서, "지금 다시 환수하려면 7,8대나 전해져 온 자손들을 찾기 어려울 뿐 아니라 반드시 인심이 소란하고 우려할 것입니다"라고 반대했다. 유순 역시 개국원종공신 유만수(柳曼殊)의 고손이었으므로 연산군의 공신 토지, 노비 회수 조치가 시행되면 내놓아야 할 노비와 토지가 적지 않았다.

지당정승 유순까지 반대하자 연산군은 "연대가 오래된 공신들의 것도 환수하지 말라"고 한발 물러설 수밖에 없었다.

법 제정을 통한 공신 재산의 일괄 환수가 불가능해지자 연산군은 개별적인 재산 몰수를 선택했다. 폐비 사건의 책임을 물어 윤필상, 이극균, 성준, 권주(權柱) 등 생존 대신들을 죽이고 한치형, 한명회, 정창손, 어세겸, 심회 등 이미 죽은 대신들은 부관참시했는데, 그때마다 거의 예외 없이 재산 몰수가 뒤따랐다. 연산군의 재산 몰수는 내관들도 비껴가지 않아서 술에 취해 자신을 꾸짖었다는 김처선(金處善)을 죽이고 재산을 빼앗았다. 이보다 앞선 재위 9년(1503) 6월에는 환관 전균(田畇)이 죽자 그의 노비 109명을 내수사(內需司)에 속하게 하고 20명은 본 주인에게 돌려주게 했다. 계유정난에 참여한 공으로 세조에게 받은 것이었으나 사패(賜牌)에 '영원히 상속한다'는 말이 없었다고 관청에 귀속시킨 것이었다.

연산군은 몰수한 재산 처리에 대한 확고한 방침을 갖고 있었다. 재위 10년 5월 9일 이런 전교를 내렸다.

"전일 적몰한 노비를 3등분으로 나누어 2분은 내수사에서 가려 차지하고 1분은 각 관사에 나누어 주라."

왕실 재산을 관리하는 내수사가 3분의 2를 차지한다는 것이었다. 숙청된 공신들의 재산은 왕실 재산이 되었다. 이렇게 공신들의 권력과 물적 토대를 약화시키고 왕실의 권력과 물적 토대를 강화시키는 것이 연산군이 갑자사화를 일으킨 진짜 목적이라고 해도 과언이 아니었다. 연산군의 전횡을 숨죽이고 지켜보던 대신들과 공신들은 연산군이 재산까지 몰수하자 선을 넘어도 한참 넘었다고 판단했다. 신하들의 재산을 차지하기 위해 옥사를 확대한다고 의심했다.

한명회나 정창손처럼 죽은 지 수십 년이 지났는데 느닷없이 부관참시당하고 전 재산을 몰수당한 가족들의 원한이 하늘을 찌를 것은 당연지사였다. 《연려실기술》은 연산군이 쫓겨나던 날 우의정 김수동(金壽童)이 "전하께서는 너무 인심을 잃었으니 어찌하겠습니까?"라고 말했다고 전하는데, 인심을 잃은 결정적 이유는 가혹한 숙청도 있었지만 재산 몰수도 그 못지않았다.

세조나 예종은 정적들에게 빼앗은 재산을 공신들에게 나누어 주었으나 연산군은 자신이 차지했다. 세조라고 공신들이 예뻐서 노비, 전토를 하사하고 전횡에 눈감았던 것은 아니었다. 그들과 함께 갈 수밖에 없는 운명이기 때문이었다.

연산군의 가장 큰 실책은 사대부 전체를 적으로 만들었다는 점이다. 공신 집단을 해체하기로 결심했다면 대체 세력을 찾아야 했는데 이 경우 공신 세력의 정적인 사림이 대안이었다. 그래서 성종은 일부러 사림들을 대간에 두어 훈구 세력을 탄핵하고 간쟁하게 한 것이었다. 사림들이 훈구 세력의 전횡을 비판하고 탄핵하면 그만큼 왕권은 강화되는 것이었다. 성종도 대간들이 국왕에게 간쟁하는 것이 듣기 싫었지만 사

《선원보감(璿源寶鑑)》에 실린 세조의 초상

림을 보호해 왕권을 강화한 것이었다. 그러나 연산군에게는 이런 식견이 없었다. 연산군은 재위 10년 9월 26일 느닷없는 전교를 내렸다.

"무오년 사초 사건(史草事件)으로 그 당 인물들이 대부분 외방에 유배되었다. 그때 삼공(三公)이 모두 간흉한 무리들이어서 사적인 정을 써서 죽어야 할 자가 살고 살아야 할 자가 도리어 죽었다. 그러나 (살아남은) 이 무리들을 보존해 봐야 어디에 쓰겠는가? 모두 잡아 오라."

이 조치는 그나마 무오사화에서 목숨을 건지고 유배지에서 근근이 목숨을 유지하던 사림들의 명맥을 끊었다. 미리 몸을 피한 정희량을

제외하고 수많은 사람들이 화를 입었다. 종친 이심원이 능지처참당하고 귀양 갔던 김굉필, 박한주, 이수공, 강백진, 최부, 이원, 이주, 강겸, 이총 등이 사형당했다. 공신들은 물론 사림까지 적으로 돌렸으니 모든 사대부들을 적으로 만든 것이었다. 조선은 국왕과 사대부가 함께 다스리는 나라였지 국왕 혼자서 다스릴 수 있는 나라가 아니었다. 사림까지 선제적으로 제거했으므로 연산군을 보호할 세력이 없었다. 이런 와중에 개국 이래 최초로 신하들이 왕을 내쫓는 반정의 싹이 튼 것이다.

중종반정과 몰락하는 왕권

안에서 싹트는 모반 음모

연산군은 훈구, 사림 할 것 없이 숙청의 칼날을 휘두르며 절대왕권을 구축했다. 재위 10년(1504)의 갑자사화로 공신과 대신들까지 주륙 내면서 연산군의 왕권은 그 누구의 간쟁도 허용하지 않는 절대 권력으로 우뚝 섰다. 재위 12년(1506) 무렵에는 조정에 마치 군주 혼자 있는 듯한 절대 권력을 세운 것이다. 그런데 바로 그때 전혀 예상치 못한 인물이 연산군을 내쫓기 위해 움직이고 있었다.

연산군의 백모인 월산대군 부인 박씨의 동생 박원종이었다. 연산군이 무과 출신의 박원종을 문관의 인사권을 지닌 이조참의로 삼으려하자 대간에서 반대했지만 임명을 강행했다. 또한 무과 출신으로는 드물게 동부승지까지 제수했던 인물이 박원종이었다. 박원종 또한 왕실의 일원이므로 자신의 왕권 강화책을 지지할 것으로 생각했다. 박원종은 연산군 12년 병조참의와 경기도관찰사를 거쳐 함북병마절도사로 있었는데 그해 7월 3일 서울로 불러들였다. 승평부대부인 박씨, 즉 월산대군 부인의 병세가 매우 위중하기 때문이었다. 7월 13일에는 박원종을 경직(京職)에 차임하라고 배려해 도총부도총관을 삼았다. 서울에 머물면서 누이 박씨를 간호하라는 배려였다. 도총부도총관은 군권을 쥔 자리였으니 그만큼 연산군이 신임한 것이었다. 승평부대부인 박씨는 7월 20일 세상을 떴는데, 박원종은 서울에 머무는 데다 군권을 쥔 것을 쿠데타의 기회로 여겼으나 동조자를 찾기 힘들었다. 조야에 연산군에 대한 두려움이 팽배했다.

박원종은 같은 마을에 살던 전 참판 성희안(成希顔)도 쿠데타 생각을 갖고 있다는 사실을 알게 되었다. 성희안은 성종 16년(1485) 문과에 급제한 후 부수찬(副修撰) 등의 벼슬을 거쳐 연산군 10년(1504) 이조참판에 올랐다. 시를 좋아했던 연산군은 재위 10년 8월 서교에서 농사짓는 것을 관람하고 한강가 망원정(望遠亭)에 이르러 호종하는 문신들에게 '장식으로 화려한 배는 이미 갔지만 고깃배는 남아 있네[畫船旣去有漁舟]'라는 시제로 시를 지어 올리게 했다. 이때 연산군은 "성희안이 지은 것은 제목의 뜻에 합당하지 못하니 환궁하여 다시 지으라"고 명했다. 《연산군일기》에는 성희안이 지어 올린 시는 나오지 않는데, 선조 때 문신 이정형(李廷馨, 1549~1607)이 지은 《동각잡기(東閣雜記)》에는 성희안이 "임금의 마음은 본래 청류(淸流)를 좋아하지 않는다[聖心元不愛淸流]"라고 지어 올렸다고 전한다. 이것이 자신을 풍자했다고 노한 연산군이 종2품 참판 성희안을 무신직인 종9품 부사용(副司勇)으로 좌천시켰고 이 때문에 반정을 결심했다는 것이다.

그러나 《연산군일기》는 연산군 10년 10월 19일 자에 성희안이 부사용이 아니라 우상대장으로 나온다. 군사권을 쥔 요직에 임명한 것이지 종9품으로 전락시킨 것은 아니다. 다만 중도에 군율을 어겼다는 이유로 파직시키고 이조참판 자리에서도 좌천시켰다. 그러나 이후에도 성희안에게 글을 지어 바치게 하는 것으로 봐서는 측근으로 계속 두었던 것으로 보인다.

성희안은 연산군을 축출하기로 결심했지만 자칫 발설했다가는 자신은 물론 온 가족이 죽임을 당할 수 있었다. 그래서 그는 이웃에 사는 군자감부정(軍資監副正) 신윤무(辛允武)에게 박원종을 떠보라고 지시했다. 신윤무가 박원종을 찾아가 말했다.

"지금 중외가 모두 왕을 원망하여 배반하고 좌우의 친신(親信)하는 사람들도 모두 마음이 떠났으니 환란이 조석 간에 반드시 일어날 것이오. 이장곤(李長坤)은 무용과 계략을 가진 사람인데 이제 망명하였으니 결코 헛되이 죽지는 않으리다. 만약 귀양 간 사람들을 불러 모으고 군읍(郡邑)에 격문을 보내어 군사를 일으켜 대궐로 쳐들어온다면, 비단 우리들이 가루가 될 뿐 아니라 사직이 장차 다른 사람의 손에 넘어갈 것이니, 일이 그렇게 된다면 비록 하고자 한들 미칠 수 없게 될 것이오."《연산군일기》 12년 9월 2일)

《연산군일기》는 이에 "드디어 박원종 등이 뜻을 결정하였다"고 적고 있다. 야사는, 반정을 하자는 말을 들은 박원종이 옷깃을 떨치며 일어나 "이는 내가 밤낮 마음속에 쌓아 두고 있는 한이오. 어찌 주저하겠소"라고 말했다고도 전한다.

이 말을 들은 성희안이 저녁 때 박원종의 집을 직접 찾았다. 둘은 눈물을 흘리면서 맹세했다.

"마땅히 죽음으로 국사를 바로잡을 것이오. 남아가 죽고 사는 것은 하늘에 달린 터인데 어찌 종사의 위험이 조석에 처했음을 보고도 목숨을 아껴 주저한단 말이오."

이들은 이조판서 유순정(柳順汀)이 함께할 수 있다는 생각에 끌어들였다. 유순정은 판세를 보느라 시간을 끌다가 결국 승낙하였다.

이들은 자순대비, 즉 정현왕후 윤씨의 아들 진성대군(晋城大君) 이역(李懌)을 추대하기로 결정하였다. 진성대군은 성종의 여덟째 아들이지만 연산군 외에는 유일한 장자로서 대비 정현왕후 윤씨의 아들이었다. 쿠데타가 성공하면 대비로부터 추인받는 절차를 취해야 하는데 이 경우에도 진성대군이 가장 유리했다. 추대할 임금까지 결정한 박원종, 신윤무, 홍경주(洪景舟) 등은 다른 무사들을 끌어들였다.

조선 개국 이래 최초로 신하들이 임금을 갈아 치우려는 음모가 전개되고 있었다. 연산군이 장단(長湍)의 석벽(石壁)에 놀러 가기로 한 재위 12년(1506) 9월 2일이 거사 일이었다. 그런데 연산군이 갑자기 유람 계획을 취소했다.

이들은 당황했다. 계획이 새 나가 유람 계획이 취소된 것으로 생각했던 것이다. 사육신들의 비참한 죽음이 떠올랐다. 그러나 단종 복위를 주도한 사육신이 신중한 문신 중심인 데 비해 이들의 중심은 무신 박원종이었다. 박원종은 오히려 거사를 하루 앞당기는 결단력을 보였다. 게다가 호남으로 유배 갔던 이과(李顆)와 유빈(柳濱), 김준손(金駿孫)

반정 3대장 중 한 명인 유순정의 모습

등이 궐기를 알리는 격서를 돌리고 있었다. 사방에서 궐기를 하려던 상황이었다.

연산군 12년 9월 1일 밤. 박원종은 무사들을 훈련원에 모이게 했다. 그는 군사를 나누어 변수(邊脩) 최한홍(崔漢洪)에게 내성 동쪽을 지키게 하고, 심정(沈貞)과 장정(張珽)에게 내성 서쪽을 지키게 하였다. 역부(役夫)들까지 군사로 삼아 무기를 들게 했다.

박원종, 성희안, 유순정 등 반정 3대장은 나머지 군사를 이끌고 광화문 앞 수백 보 지점에 나가 군진을 펼쳤다. 드디어 반정의 깃발이 오른 것이다.

사대부의 인심을 잃은 군주의 말로

연산군은 거사가 일어났음에도 상황 자체를 파악하지 못했다. 절대 왕권을 구축했다고 자부한 그는 난리가 났다는 보고를 듣고 승지에게 이렇게 말했다.

"이런 태평성대에 무슨 변고가 있으랴. 이는 아마도 흥청의 본 남편들이 서로 모여 도적질하는 것일 테니 빨리 금부당상을 불러 처치토록 하라."

그러나 항상 '지당하옵니다'를 외치던 영의정 유순도 이미 연산군 편이 아니었고, 우의정 김수동도 마찬가지였다. 김수동은 이날 밤 연산군에게 이렇게 말했다고 전한다.

"노신(老臣)이 너무 오래 살아 차마 이런 일을 보게 되었습니다. 하지만 전하께서는 너무 인심을 잃었으니 어찌하겠습니까?"

《연산군일기》는 이날(9월 1일) 밤 "도중(都中)의 대소인들이 기약도 없이 모여들어 잠깐 동안에 운집했다"고 적고 있고,《중종실록》은 "문무백관과 군민(軍民) 등이 소문을 듣고 분주히 나와 거리와 길을 메웠다"라고 적고 있다. 반정 세력들은 옥에 갇혀 있는 죄수들을 석방시켜 종군하게 했는데 이것이 결정적 힘이 되었다.

《중종실록》은 이날 밤 "영의정 유순, 우의정 김수동, 찬성 신준(申浚), 정미수(鄭眉壽), 예조판서 송일(宋軼), 병조판서 이손(李蓀), 호조판서 이계남(李季男), 판중추(判中樞) 박건(朴楗), 도승지 강혼, 좌승지 한순(韓恂)도 왔다"고 적고 있다. 심지어 병조판서까지 반정군에 동조한 것이다.《연산군일기》는 또한 "숙위하던 장사와 시종, 환관들이 알고 다투어 수챗구멍으로 빠져나가 잠시 동안에 궁이 텅 비었다"고 적고 있다.

《연산군일기》는 "승지 윤장(尹璋), 조계형(曺繼衡), 이우(李堣)가 변을 듣고 창황히 들어가 왕에게 아뢰니 왕이 놀라 뛰어나와 승지의 손을 잡고 턱이 떨려 말을 하지 못하였다"고 전하고 있다. 승지 윤장 등은 "바깥 동정을 살핀다고 핑계하고 차차 흩어져 모두 수챗구멍으로 달아났는데, 더러는 실족하여 뒷간에 빠지는 자도 있었다"고 전한다. 이미 대세는 결판난 것이었다. 사림은 물론 훈구 공신들까지 적으로 돌린 연산군을 위해 목숨을 바치려는 인물은 찾기 힘들었다.《중종실록》은 이때의 상황을 이렇게 전한다.

날이 밝을 무렵 박원종 등은 … 백관과 군교(軍校)를 거느리고 경복궁에 달려가서 일치된 의견으로 대비에게 의계(議啓)했다.

"지금 위에서 임금은 도리를 잃어 정령이 혼란하고 민생은 도탄에서 고생하며 종사는 위태롭기가 철류(綴旒, 깃대의 술)와 같으므로, 신 등은 자나 깨나 근심이 되어 어찌할 줄을 모르겠습니다. 대소 신민이 진성대군에게 쏠린 지 이미 오래이므로, 이제 추대하여 종사의 계책을 삼고자 감히 대비의 분부를 여쭙니다."

대비가 굳이 사양했다.

"변변치 못한 어린 자식이 어찌 능히 중책을 감당하겠소? 세자는 나이가 장성하고 또 어지니 계사(繼嗣, 뒤를 이음)할 만하오."

영의정 유순 등이 다시 아뢰었다.

"여러 신하들이 계책을 협의하여 대계가 정하여졌으니 고칠 수 없습니다."
이어서 유순정, 강혼을 보내어 여러 사람을 거느리고 진성대군을 사저에서 맞아 오게 하였다.(《중종실록》 1년 9월 2일)

대비가 자신의 아들 대신 연산군의 세자를 추천한 것은 의례적 사양이었다. 미시(未時, 오후 1시~3시)에 백관이 대궐 뜰에 열을 지어 서자 대비가 교지를 반포하였다.

"우리 국가가 덕을 쌓은 지 100년에 깊고 두터운 은택이 민심을 흡족하게 하여 만세토록 뽑히지 않을 기초를 마련하였는데, 불행하게도 지금 임금이 지켜야 할 도리를 크게 잃어 민심이 흩어진 것이 마치 도탄에 떨어진 듯하다. 대소 신료가 모두 종사를 중히 여겨 폐립의 일로 와서 아뢰기를, '진성대군 이역은 일찍부터 인덕(仁德)이 있어 민심이 쏠리고 있으니 모두 추대하기를 청합니다'라고 하였다.

내가 생각하니 어리석은 이를 폐하고 밝은 이를 세우는 것은 고금에 통용되는 의리이다. 그래서 여러 사람의 의견을 따라 진성을 사저에서 맞아다가 대위(大位, 왕위)에 나아가게 하고 전왕은 폐하여 교동에 안치하게 하노라. 백성의 목숨이 끊어지려다가 다시 이어지고 종사가 위태로울 뻔하다가 다시 평안하여지니, 국가의 경사스러움이 무엇이 이보다 더 크겠는가? 그러므로 이에 교시를 내리노니 마땅히 잘 알지어다."(《중종실록》 1년 9월 2일)

비로소 연산군의 12년 시대가 종식되고 새로운 시대가 열린 것이었다. 이긴 세력의 기록인 《중종실록》은 이날 "군신이 부복하여 명을 듣고 기뻐서 뛰며 춤추었다"라고 전하고 있다. 곧이어 즉위식이 거행

성종과 정현왕후의 무덤인 선릉 전경

되었는데, 진성대군은 곤룡포에 익선관 차림이었다. 원래는 곤룡포에 면류관을 사용해야 하지만 창졸간에 갖출 겨를이 없었던 것이다. 어제저녁만 해도 꿈만 같던 일이었다. 《중종실록》은 "뜰에 늘어선 신하들이 모두 만세를 부르니 환성이 우레같이 끓어올랐다"고 적고 있다.

경차관(敬差官)을 팔도에 나누어 보내어 대사면령이 담긴 중종의 첫 교지를 반포했다. 하룻밤 사이에 국왕이 바뀐 데 대한 관찰사나 병마사의 반발을 걱정하는 사람은 아무도 없었다. 사림과 훈구 모두를 공격한 연산군을 위해 거병할 세력은 서울이고 지방이고 이미 존재하지 않았다.

연산군이 '만약 변고가 있게 되면 너희들은 반드시 면하지 못하리라'라고 예견했다는 장녹수(張綠水)와 전전비(田田非), 김귀비(金貴非)는 9월 2일 군기시(軍器寺) 앞에서 참수되고 가산이 적몰되었다. 《연산군일기》는 "도중(都中) 사람들이 다투어 기왓장과 돌멩이를 그들의 국부에 던지면서 '일국의 고혈이 여기에서 탕진됐다'고 하였는데, 잠깐 사이에 돌무더기를 이루었다"고 적고 있다.

그러나 연산군 치세 12년 동안의 실정에 대한 책임은 장녹수, 전전비 같은 후궁들이 아니라 영의정 유순, 우의정 김수동, 도승지 강혼처럼 연산군 시대의 고관들에게 물어야 했다. 그러나 장녹수 등은 군기시에서 목이 잘린 반면 이들 고관들은 모두 정국공신이 되는 재주를 발휘했다. 연산군 치하에서 연산군의 폭정에 동조하거나 입을 닫으며 권력을 누리던 많은 벼슬아치들은 중종 치하에서 공신으로 부활했다. 그렇게 연산군이 해체시킨 공신 집단은 연산군을 쫓아낸 공으로 더 큰 세력으로 부활했다. 훈구 세력이 연산군을 무력으로 쫓아냈다면 사림 세력은 붓으로 한 번 더 죽였다. '희대의 폭군 연산군'이란 선입견이 수백 년 동안 사람들의 뇌리에 각인된 것은 훈구가 칼로 쫓아내고 사림이 붓으로 죽인 군주를 위해 말할 세력이 아무도 없었기 때문이다.

두 달 만에 죽은 군주

　진성대군을 추대한 반정 공신들의 난제는 진성대군 부인 신씨의 아버지인 좌의정 신수근의 처리 문제였다. 문제는 그가 진성대군의 장인일 뿐만 아니라 연산군의 처남이기도 하다는 점이었다. 야사에서는 신수근만 끌어들이면 반정이 틀림없이 성공하리라고 생각한 박원종이 신수근을 포섭하기 위해 찾아가 물었다고 전한다.

　"누이와 딸 중 누가 더 소중합니까?"

　누이보다 진성대군의 부인인 딸을 택하라는 질문이었다. 질문의 의도를 알아차린 신수근이 답했다.

　"비록 임금이 포악하지만 세자가 총명하니 걱정하지 않아도 된다."

　연산군을 갈아치우는 데 협조할 의사가 없다는 말이었다. 이것이 사실이라면 신수근은 반정을 막기 위해 적극적으로 나서지 않았다는 뜻이다. 딸과 누이 사이에서 방황했기 때문일지도 모른다.《연려실기술》은 〈장빈호찬(長貧胡撰)〉이란 야사를 인용해 이날 밤 연산군의 동정을 이렇게 전하고 있다.

　변(變)이 일어나던 처음에 폐주(廢主, 연산군)는 급히 활과 화살을 가지고 오라 했는데 측근들이 이미 밖으로 도망가 아무도 없었다. 이에 폐주는 창황히 달려 들어가 왕비에게 함께 나가서 간절히 빌자고 하니 왕비가 말했다.

　"일이 벌써 이 지경에 이르렀는데 빌어서 무엇이 도움 되겠습니까. 순하게 받는 것만 못할 것입니다. 전일에 여러 번 간해도 듣지 않다가 일이 이 지경에 이르렀습니다. 스스로 잘못을 저지른 사람이야 비록 죽어도 마땅하겠지만 불쌍한 이 두 아이를 장차 어찌하리오."

폐주는 머리를 숙이고 눈물을 흘리면서 말했다.

"말한들 무엇하리오. 뉘우쳐도 어찌할 수가 없소."

날이 새기 전에 왕비는 대궐에서 나가는데 신었던 비단신이 자주 벗겨져서 갈 수가 없었으므로 비단 수건을 찢어 신을 동여매었다. 세자와 대군은 유모와 함께 청파촌(靑坡村)의 무당 집으로 피신했는데 해가 저물도록 먹지 못했으므로 무당이 밥을 대접했다. 대군이 말했다.

"어째서 새끼 꿩이 없느냐?"

유모는 울면서 말했다.

"내일은 이런 밥만 먹어도 다행일 것입니다."(《연려실기술》〈병인년에 정국(靖國)하여 중종을 추대하다〉)

반정 세력들은 폐주 연산군을 강화 교동에 안치시키면서 당상관 한 사람과 내시 두 명, 나인 네 명을 따라가게 했다. 강화에서 유숙하고 유배지인 교동에 당도했다. 폐주 연산군을 호위하고 갔던 심순경(沈順徑)이 돌아와 보고하였다.

"가는 길에 노인과 아이들이 모두 달려 나와 서로 손가락질하면서 통쾌히 여겼습니다. 교동의 안치소는 둘레에 친 울타리가 좁고 높아서 해가 보이지 않았습니다. 다만 작은 문 하나가 있어 음식을 들일 수 있었습니다. 울타리 안에 들어가자 시녀들이 목 놓아 울었습니다. 제가 하직을 고하니 '나 때문에 먼 길을 고생했으니 고맙소'라고 치하

했습니다."《중종실록》1년 9월 7일)

절대 권력의 자리에서 급전직하한 연산군은 뒤늦게 겸손해졌지만 이미 때는 늦은 것이었다. 법전에 뚜렷한 명문이 없는데도 여러 신하들을 죽인 것이 자신에 대한 보복으로 돌아올 수도 있다고 두려워했다.《소문쇄록》등은 이렇게 전한다.

연산군은 평일에 한 짓이 한없이 잔인, 패려(悖戾)하여 사람 죽이기에 기탄이 없었으나, 폐위되어 물러갈 적에 마땅히 형벌을 받을 줄로 알고 몹시 두려워하였다. 이날 큰 바람이 일어나 배가 거의 뒤집힐 뻔하다가 간신히 강화 교동에 당도하였다. 좌우로 호위하여 고을 뜰에 들어가니 장수와 군사들이 둘러섰다. 연산군이 땅에 엎드려 땀을 흘리면서 감히 쳐다보지도 못했다. 반정하던 때에는 세자와 왕자는 다 보전하지 못하는 것이므로 궁에서 나갈 적에 왕비 신씨는 반드시 죽음을 면치 못할 것이라고 여겼는데, 교동에 가서 별일 없다고 하니 신비(愼妃)는 이렇게 말했다. "그때에 여러 대장에게 청해서 귀양 간 곳에 따라가지 못한 것이 한이다."《소문쇄록》,《국조기사(國朝記事)》)

연산군의 교동 유배지에는 처마에서 10자쯤 거리를 두어 가시 울타리가 둘러쳐졌다. 겨우 목숨은 건졌으나 유배 생활도 그리 오래갈 수 없었다. 쫓겨난 지 두 달쯤 후인 중종 1년(1506) 11월 7일. 연산군을 지키는 교동 수직장(守直將) 김양필(金良弼)이 군관 윤귀서(尹龜瑞)와 함께 와서 아뢰었다.

"연산군이 역질로 몹시 괴로워하는데 물도 마실 수 없을 뿐만 아니

연산군, 절대왕권을 꿈꾸었던 고독한 군주

라 눈도 뜨지 못합니다."

중종은 "구병할 만한 약을 내의원에 물어라"라고 명하고 삼공에게 의논해서 의원을 보내 구료하게 했다고 《중종실록》은 전하고 있다. 그러나 그다음 날인 11월 8일 교동 수직장 김양필과 군관 구세장(具世璋)이 다시 보고했다.

"초6일에 연산군이 역질로 인하여 죽었습니다. 죽을 때 다른 말은 없었고 다만 신씨를 보고 싶다 하였습니다."《중종실록》1년 11월 8일)

《중종실록》은 "상이 애도하고 중사(中使) 박종생(朴從生)을 보내 수의를 내리고 그대로 머물러 장례를 감독하도록 했다"면서 "연산군을 후한 예로 장사 지내라"고 명했다고 기록하고 있다.

교동 수직장 김양필이 군관 윤귀서와 함께 연산군이 역질에 걸렸다고 보고한 것은 10월 7일, 그리고 다음 날 8일 연산군이 죽었다면서 말한 날짜는 10월 6일이었다. 연산군이 병에 걸렸다고 중종이 보고받은 전날 연산군은 이미 죽었던 것이다. 자연사가 아니라 죽임을 당했을 가능성이 농후했다.

중종은 연산군의 장례를 왕자군의 예로 치러 사흘 동안 고기 없는 소선을 들었다. 11월 9일에는 연산군의 비였던 신씨를 신승선의 집으로 옮기게 하고 왕자를 낳은 내명부 정1품 빈의 예로 대접하게 했다.

남은 문제는 연산군 소생 왕자들의 운명이었다. 연산군 소생 왕자 숫자는 정확하게 전해지지 않고 있는데,《연산군일기》에 이름이 등장하는 왕자들은 네 명이다. 반정 사흘 후인 9월 5일 연산군의 네 왕자 중 신씨 소생의 세자 이황(李顗)은 강원도 정선, 창녕대군 이성(李誠)은 충청도 제천에, 후궁 소생의 양평군 이인(李仁)은 황해도 수안, 이돈수(李

敦壽)는 황해도 우봉으로 유배 보
냈다. 일단 목숨은 부지했지만
오래가지는 못했다. 반정 세력들
은 연산군은 물론 그 아들도 살
려 둘 생각이 없었기 때문이다.

　연산군이 폐출된 지 약 20여
일 뒤인 중종 1년(1506) 9월 24
일. 영의정 유순, 좌의정 김수동,
우의정 박원종과 유순정, 유자
광, 구수영(具壽永) 등 1품 이상
의 재추(宰樞)들이 모여서 연산
군의 세 아들을 죽여야 한다고
주청했다.

　"폐세자 이황과 창녕대군 이
성, 양평군 이인 및 이돈수 등을
오래 두어서는 안 되니 일찍 처
단하소서."

폐세자 이황의 태항아리. 국립중앙박물관 소장

　세자와 창녕대군은 왕비 신씨 소생이었고, 양평군과 이돈수는 후궁
조씨 등의 소생이었다. 세자 이황이 열 살이었으니 나머지는 더 어렸
을 것인데 이들을 모두 죽여야 한다는 청이었다. 중종은 일단 주저하
는 모습을 보였다.

　"이황 등은 나이가 모두 어리고 연약하니 차마 처단하지 못하겠다."

　"전하께서 이황 등에 대한 일을 측은한 마음으로 차마 결단하지 못하고 계시지만 그 형세가 오래 보존되지 못할 것입니다. 혹 뜻밖의 일이 있어서 재앙이 죄 없는 이에게까지 미치면 참으로 작은 일이 아닙니다. … 모름지기 대의로써 결단하여 뭇사람의 마음에 응답하소서."《중종일기》1년 9월 24일)

'혹 뜻밖의 일이 있어서 재앙이 죄 없는 사람에게까지 미치면'이라는 말은 이 아이들 중 혹시 누가 왕위에 오르면 '자신들을 죽일 수 있다'는 뜻이었다. 연산군이 쫓겨나던 날까지 연산군에게 충성하다가 하루아침에 말을 갈아탔으니 연산군은 물론 그 아들까지 모두 죽여야 안심할 수 있다는 것이었다.

"황 등의 일은 차마 처단하지 못하겠으나, 정승이 종사에 관계되는 일이라 하므로 과감히 좇겠다."

네 형제는 당일로 목숨이 끊어졌다. 열 살짜리 큰형 아래 갓난아기를 갓 벗어났을 세 동생이 영문도 모른 채 강제로 약사발을 들이키고 죽어야 했다. 참혹한 광경이었다.

반정 세력들이 명나라에 보낸 국서인 주문(奏文)에는 세자 이황의 죽음의 경위가 전혀 다르게 나타난다. 중종 1년 9월 27일 반정 세력은 지중추부사(知中樞府事) 김응기(金應箕)를 보내 연산군이 스스로 왕위에서 물러났다고 말했다.

조선 국왕 이융(연산군)은 왕위를 사퇴하는 일로 삼가 말합니다. 생각하건대 저는 본래 풍현증(風眩症)이 있어 무시로 발작하였는데, 세자 이황이 정덕(正德) 원년(연산군 12년) 5월 질병에 걸려 갑자기 요절하는 바람에 너무 슬퍼한 나머지 몸조리를 잘못하여 묵은 질환이 다시 발작해서 고질로 변하였기 때문에 군국 서무를 능히 재결할 수 없게 되었습니다. … 선조의 가업을 받들어 지키는 일을 감당하지 못하여 어찌할 바를 모르겠습니다. 저의 친아우 진성군 휘(懌, 중종)는 나이 장성하고 어질어 일찍부터 착한 소문이 있었습니다. 그에게 무거운 짐을 부탁하는 것이 진실로 여망에 맞으므로, 이미 정덕 원년 9월 초2일에 신의 어머니 강정왕비(康靖王妃, 자순대비)에게 품고하여 휘로 하여금 임시로 군국의 모든 일을 맡아 승습하게 했습니다.(《중종실록》 1년 9월 27일)

세자 이황이 갑자기 죽는 바람에 병이 도져서 국왕 자리를 진성대군에게 물려주겠다는 주문이었다. 이들은 동시에 동지중추부사 임유겸(任由謙)을 보내어 중종이 왕위를 이었다는 국서를 보냈다.

국왕 이융(연산군)은 세자 황이 요절한 뒤부터 너무 슬퍼한 나머지 몸조리를 잘못하여 옛 질환인 풍현증이 더욱 심해졌으므로 군국 서무를 능히 재결할 수 없었습니다. … 저 스스로 생각하건대 어리석고 감당하지 못하겠기에 굳이 사양하길 두세 차례 하였으나 마침내 사양할 수만은 없어서 이미 원년 9월 초2일에 임시로 나랏일을 승습하였는데, 두려워서 몸 둘 바를 모르겠습니다.(《중종실록》 1년 9월 27일)

반정 세력이 명나라에 보낸 국서에 따르면 연산군은 쫓겨난 것이 아니라 스스로 사위한 것이 된다. 원래 풍현증이 있었는데 세자 이황이 연산군 12년 5월 갑자기 죽은 데 충격받아 고질병이 되었으므로 사위한다는 것이다. 폐세자 이황은 연산군 12년 5월이 아니라 이 국서를 작성하기 사흘 전인 9월 24일 죽임을 당했다. 명나라에서 '왜 연산군의 아들이 아니고 동생인가?'라고 물을 것에 대비해 아들이 먼저 죽은 것으로 그렸던 것이다.

연산군의 아들을 모두 죽여 버리는 판국에 연산군을 살려 둘 수는 없었다.《중종실록》은 연산군의 사인을 역질이라고 전한다. 역질은 전염병이지만 함께 생활하던 나인들이나 유배지를 지키던 군졸들이 전염되었다는 기록은 없다. 쿠데타 세력들은 연산군을 살려 둘 수 없었다. 만에 하나 연산군이 복위하면 그 피바람은 상상을 불허할 것이었다. 그렇게 연산군은 자신이 여러 집안을 도륙 낸 것처럼 자신의 온 집안도 도륙 나고 말았다. 그 시신 위에 붓을 잡은 사람이 사관의 평으로 다시 죽었다. 그것이 현재까지 통용되는 연산군에 대한 인식이었다.

연산군을 위한 변명

연산군이 예언한《연산군일기》의 내용

연산군은 재위 3년(1497) 자신에 대한 후대의 비난을 예언한 듯한 말을 남긴다.

"유왕(幽王), 여왕(厲王)이란 이름이 붙으면 비록 효자나 자애로운 자손일지라도 백세(百世) 동안 능히 고치지 못할 것이다. 만약 내가 한 일이라면 모르겠지만 내가 하지 않은 일이라도 여러 역사책에 써 놓으면 장차 어떻게 변명할 수 있겠는가."《연산군일기》 3년 6월 5일)

주(周) 유왕(재위 서기전 781~서기전 771)은 미녀 포사(褒姒)에게 빠져 주 왕실을 몰락시킨 군주이며, 주 여왕(재위 서기전 857~서기전 842) 역시 잇단 실정으로 귀족과 평민들의 '국인폭동(國人暴動)'에 의해 쫓겨난 군주였다. 연산군 자신이 하지 않은 일까지 역사서에 써 놓아 '유왕, 여왕'이라는 폭군이라고 이름 붙이면 죽은 자신이 장차 어떻게 변명하겠느냐는 뜻이다. 연산군은 재위 5년(1499) 8월 10일에도 "옛말에 '유(幽), 여(厲)라는 이름이 붙으면 비록 효자 자손일지라도 백세토록 고칠 수 없다'고 하였다"면서 같은 우려를 표했다. 마치《연산군일기》에 자신이 희대의 악한이자 음란한 폭군으로 그려질 것을 예견한 듯한 말이 아닐 수 없다.

그런데 연산군의 이른바 악행은 혼자 한 것이 아니라 정승들을 비롯한 여러 대신들의 동조 또는 묵인하에 이루어진 것이었다. 그래서 이 정승들은 그를 쫓아낸 직후 연산군과 함께했던 자신들의 흔적 지우기에 나섰다. 연산군은 재위 12년(1506) 9월 2일에 쫓겨나는데 여드레 후인 9월 10일 정승 및 김감이 중종에게 건의했다.

"연산군이 스스로 지은 시집〔自製詩集〕과 실록각(實錄閣)에 소장된〈경서문〉을 다 태워 없애는 것이 어떠합니까?"

연산군의 흔적을 지우자는 주청인데, 중종이 허락하자 그날로 불태워졌다. 김감이 이런 주청을 한 것은 이유가 있었다. '깨우치고 맹세한다'는 뜻의〈경서문〉의 지은이가 김감 자신이었기 때문이다. 김감은 연산군이 쫓겨나기 한 달 전인 재위 12년(1506) 7월 29일〈경서문〉을 지어 바쳤다. 그날 연산군이 창덕궁 인정전에 거둥하자 영의정 유순 등이 백관을 거느리고 김감이 지은〈경서문〉을 바쳤다.

"하늘은 높고 땅은 낮으니, 건(乾)과 곤(坤)이 제자리가 있는 것이다〔天尊地卑 乾坤定矣〕"라는《역경(易經)》의 한 구절로 시작하는〈경서문〉은, 연산군이 얼마나 훌륭한 군주인지 구구절절 서술하고 "신 등은 모두 보잘것없는 사람으로 공경(公卿)의 자리만 차지하고 있다"고 비하하면서 연산군에 대한 충성을 맹세했다.

"신 등이 변변치 못하오나 위로는 하늘을 받들고 아래로는 땅을 밟으며 속에 마음을 지니고 있으면서 어찌 차마 반복하는 신하가 되어 어기고 거역하는 짓을 하겠습니까. … 진실로 이 마음이 변한다면 천지와 귀신이 있습니다. 견마(犬馬)의 정성이 삼가고 삼감을 이길 수 없사오니 성상께서는 굽어살피소서."

〈경서문〉을 올리는 의식이 끝나자 도승지 강혼은 의장(儀仗)을 갖추고 음악을 울리며 〈경서문〉을 받들고 실록각으로 가서 영구히 간직하게 했다. 영의정 유순이 백관을 거느리고 올렸지만 〈경서문〉에 백관의 이름이 다 올라간 것은 아니었다. 중도에 문제가 있었던 윤순(尹珣), 박숭질(朴崇質) 등은 빠지고 대신 이조판서 유순정이 들어갔다. 〈경서문〉에 이름이 올라야 연산군의 조정에서 진정한 충신으로 인정받는 것이었다. 〈경서문〉에는 23명의 이름만 올라갔는데, 이들이 연산군이 쫓겨나는 날까지 의정부와 육조, 승정원을 장악하고 국정을 운영했던 핵심 실세들이었다.

이른바 중종반정이라는 쿠데타가 연산군 체제에 대한 저항이었다면, 중종반정 직후 이들은 폭정의 동반자, 또는 조력자, 앞잡이로 사형당하거나 아니면 먼 오지로 유배 가야 했다. 그러나 그런 일은 발생하지 않았다. 〈경서문〉에 이름이 오른 23명 중 화를 당한 인물은 단 세 명뿐이었다. 연산군의 처남이자 좌의정 신수근과 그의 동생 형조판서 신수영(愼守英), 좌참찬 임사홍뿐이었다. 나머지 스무 명은 모두 중종을 추대한 공으로 책봉된 정국공신에 이름을 올리는 괴력을 보였다.

〈경서문〉을 올릴 때의 위 세 사람을 제외한 스무 명의 면면과 직책을 보자.

영의정 유순, 우의정 김수동, 무령군 유자광, 판윤 구수영, 좌찬성 신준, 판중추 김감, 우찬성 정미수, 판중추 박건, 예조판서 송일, 공조판서 권균, 도승지 강혼, 우참찬 민효증(閔孝曾), 호조판서 이계남, 좌승지 한순, 병조판서 이손, 이조판서 유순정, 우승지 김준손, 좌부승지 윤장, 우부승지 조계형, 동부승지 이우.

연산군이 폭군이었다면 이들은 폭정을 뒷받침한 중신들이었다. 영의정 유순과 우의정 김수동은 별명이 '지당정승'이었던 것처럼 연산군의 모든 명령에 무조건 '성상의 하교가 지당하옵니다'만 반복했던 연산군의 충신들이었다.

유자광은 김종직의 〈조의제문〉을 가지고 사화를 크게 확대시켜 많은 사람을 죽음으로 몰고 갔음에도 숙청은커녕 정국 1등 공신에 책봉되었다. 도승지 강혼은 《연산군일기》 12년 7월 5일 조에 "연산군이 승정원에 시를 내리면 강혼 등이 극구 찬양하므로 연산군 역시 그 말을 믿어 총애가 더욱 융성해졌다"라고 적고 있고, 좌부승지 윤장, 우부승지 조계형, 동부승지 이우는 반정 당일 수챗구멍으로 도망갔다가 공신에 책봉되니 사람들이 수챗구멍으로 도망갔던 수구군(水口君)으로 놀렸다. 우부승지 조계형은 창성군(昌城君)이란 군호를 받았으나 수구군이라고 수군댔다.

좌승지 한순은 여동생이 연산군의 처남인 신수영의 부인인 것을 믿고 조관(朝官, 벼슬아치)의 머리를 잡아끌고 궁녀와 간통까지 했을 뿐만 아니라 연산군의 비위를 맞추기 위해서 건물 지을 때 독책(督責)이 성화같았다는 인물인데 정국 2등 공신에 책봉되고 서원군(西原君)에 봉해졌다. 유순정을 제외하면 정변이 일어나리란 사실을 까맣게 모르고 있다가 반정 당일 밤 말을 갈아탄 인물들이 상당수였다.

이들은 연산군의 실정에 자신들은 아무 책임이 없다는 듯 연산군 지우기에 몰두했다. 연산군의 세 아들을 죽여야 한다고 주청한 구수영에 대해 《연산군일기》는 "영응대군(永膺大君, 세종의 아들)의 사위이고, 그 아들이 또 연산군의 딸 휘순(徽順)공주에게 장가들어 간사한 아첨으로 왕의 총애를 받았는데, 그가 미녀를 사방에서 구해 바치자 왕이 혹하여 구수영을 팔도 도관찰사(都觀察使)로 삼으니 권세가 중외를 기울였다"라고 비판하고 있다.

구수영의 아들 구문경(具文璟)이 연산군의 맏사위였으므로 세자는 며느리의 친동기였다. 공자는 《논어》〈헌문(憲問)〉편에서 "나라에 도가 있으면 녹봉을 받지만 나라에 도가 없는데도 녹봉을 받는 것은 부끄러운 일이다"라고 말했다. 그러나 공자의 제자를 자처했던 유학자들은 도까지 논할 것도 없이 어제까지 임금으로 모셨던 연산군을 배신하고 죽이고 연산군과 함께한 자신들의 흔적 지우기에 나섰던 것이다.

백성들에게도 폭군이었나?

연산군은 훈구 세력이 힘으로 쫓아내 죽이고 사림 세력이 붓으로 다시 죽인 군주다. 그런 사람이 붓으로 죽인 기록이 《연산군일기》다. 그래서 《연산군일기》는 사실(Fact)을 기술한 부분과 사관의 의견(Opinion)을 개진한 부분을 분리해서 읽지 않으면 사관들의 그물에 걸리게 된다. 사관의 의견을 사실로 오독하면 사관의 의도대로 연산군을 그리게 된다.

연산군은 두 가지 관례를 깨뜨렸다. 하나는 성리학 이념으로 통치한다는 관례이고, 다른 하나는 국왕과 사대부가 공동 통치한다는 관례이다. 연산군이 사대부 계급의 공동의 적이 된 이유가 여기에 있다.

연산군을 쫓아낸 사대부 집단이 만든 이미지가 연산군은 백성들에게도 폭군이었다는 것이다. 이들 유학자들이 작성한 《연산군일기》와 《중종실록》에는 연산군이 백성들에게도 폭군이었다는 사례가 무수히 담겨 있다. 연산군이 '위를 능멸하는 풍조를 바로잡겠다'면서 공신들까지 주륙했는데 백성들에게는 어떠했겠느냐는 것이다. 연산군 5년(1499) 8월 14일 경연에서 시독관 정광필(鄭光弼)이 아뢰었다.

"들으니 서강변에 어떤 여인이 있는데, 그 주인이 쇠꼬챙이를 달구어 불로 지졌습니다. 겨우 죽지 않고 살아서 '주인이 낙형(烙刑, 불로 지지는 형벌)했기 때문입니다'라고 했습니다. 형벌을 사용할 때는 비록 임금이라도 이렇게 참혹하게 할 수 없는데 하물며 아랫사람이겠습니까."

연산군은 정광필을 칭찬했다.

"매우 참혹한 일이다. 만약 말하지 않았다면 어떻게 알겠는가."

연산군은 16일이 생모 윤씨의 기일이었음에도 이 사건을 당직청에 내려 심문하라고 명했다. 조사해 보니 이경(李敬)이라는 인물이 여종을 쇠꼬챙이로 지진 것으로 드러났다. 조사 결과 죽지는 않았으므로

조선 시대의 형벌 모습을
기록한 풍속화

장 80에 해당한다고 보고했다. 연산군은 비록 자신의 종에게 행한 것
이지만 이런 악행이 어찌 장 80으로 그치겠느냐면서 더 가혹한 형벌
을 가할 수 있는 고례(古例)를 조사해 보고하라고 명했다.

승지 권주는 《경국대전(經國大典)》에 노비를 처벌했는데 죽음에 이
르지 않은 경우에는 장을 칠 수밖에 없다고 보고했다. 문제는 이 장까
지 돈으로 속(贖)할 수 있다는 것이었다. 연산군은 전교를 내렸다.

"이경은 속을 받지 말고 결장(決杖)하라."

임금이 특별히 명령한 것이므로 나장들은 더욱 가혹하게 장을 쳤을
것이다. 이렇게 연산군은 자신의 여종을 불로 지진 이경을 국법의 한

도 내에서 강하게 처벌했다.

《연산군일기》나《중종실록》의 사관은 연산군이 백성들에게도 가혹한 폭군이었다면서 그 증거로 민가 철거를 들었다. 중종 즉위일《중종실록》은 "사신은 말한다"라면서 이렇게 말했다.

사직북동(社稷北洞)에서 흥인문(興仁門, 동대문)까지 인가를 모두 철거하여 표를 세우고, 인왕점(仁王岾)에서 동쪽으로 타락산(駝駱山)까지 민정(民丁, 백성)을 많이 징발하여 높은 석성(石城)을 쌓았다.(《중종실록》1년 9월 2일)

민가 철거와 석성 건축이 폭정이라는 것이다. 연산군은 실제로 민가를 철거했다. 연산군은 재위 9년(1503) 11월 승지들에게 이런 전교를 내렸다.

"궁궐 담장 아래 100척(尺) 내에 집을 짓는 것은 법에서 금하고 있으므로 법을 어기고 집을 지은 것에 대해 해당 관사에서 보고해야 하는데, 아뢰지 않은 것은 원래부터 위를 업신여기는 풍습이 있기 때문이다."

연산군이 말하는 철거 대상은 국법에서 주택 건축을 금하고 있는 궁궐 담장 아래 100척 이내, 즉 30미터 이내의 주택들이었다. 게다가 강제 철거도 아니었다. 연산군은 먼저 병조, 공조, 한성부의 당상관(堂上官)을 보내 '집 주인들을 모아 철거의 뜻을 효유'시켰다. 당상관은 문관은 정3품 통정대부 이상, 무신은 정3품 절충장군 이상으로서 왕이 있는 건물에 올라서 국사를 논하는 고위직을 뜻한다. 이런 당상관을 먼저 보내 설득 작업에 나서게 한 것이다. 게다가 연산군은 보상책까지 제시했다.

"철거되는 사람들에게 비록 넉넉히 주지는 못하지만 면포(綿布, 무명)를 조금씩 나누어 주어 나라의 뜻을 알게 하라."

이에 따라 병조판서 강귀손은 철거 대상 주택을 4등급으로 나누어 보고했다.

"큰 집(大家)에는 무명 50필, 중간 집(中家)에는 30필, 작은 집(小家)에는 15필, 아주 작은 집(小小家)에는 10필씩 주시기 바랍니다."(《연산군일기》 9년 11월 5일)

국법을 어긴 철거 대상 주택은 모두 90집이었다.

"창덕궁 후원 동쪽 담장 아래에 있는 김철문(金綴文) 등 14인의 집과 경수소(警守所) 한 채, 서쪽 담장 밑에 있는 장명(長命) 등 62인의 집과 경수소 네 채, 함춘원(含春苑) 남쪽 담장 밖에 있는 한계선(韓繼善) 등 14인의 집을 이달 20일 안으로 철거하라."

궁궐 담장과 붙어 있거나 담장과 가까운 거리에 있는 주택 90채와 순라군들이 거처하는 경수소 네 채가 철거 대상이었다.

그랬다가 연산군은 다음 날 지시를 번복했다.

"지금 한창 춥고 얼어서 집을 헐기가 어려우니 우선은 집을 비우고 인구를 수색해 내어 출입을 금하였다가 오는 봄을 기다려 곧 헐게 하라."

철거 대상 주택에 대해 11월 6일 사헌부 장령 이맥(李陌)이 "대궐을 내려다보는 집은 마땅히 철거해야 하지만 그중 오래된 집들도 함께 철거하는 것은 합당하지 못합니다"라고 말한 것처럼, 대궐을 내려다보는 높은 위치에 있는 불법 주택들이었다.

《연산군일기》의 사신은 이에 대해 연산군이 후원에서 나인들과 미친 듯이 노래하고 춤추는 것을 백성들이 알까 염려해서 "산 아래 인가를 헐기에 이르렀다"라고 비판하고 있다. 그러나 이때 철거한 창덕궁 후원 동쪽 인가들은 성종의 후궁들이 거주하는 자수궁(慈壽宮)과 수성궁(壽成宮) 부근, 경복궁을 내려다보는 불법 주택들로서 철거할 만한 사유가 있는 주택들이었다. 연산군은 "궁궐 담 밖의 집 건축은 법으로 금하고 있는데 백성들이 법을 돌아보지 않고 집을 지었으니 마땅히 법으로 논하여야 할 것이지만 지금 도리어 빈 땅을 떼어 주었다"라고 말한 것처럼 대토(代土)까지 마련해 주었다. 뿐만 아니라 "집을 비운 백성들이 편하게 거주할 곳(安接處)를 마련해 아뢰어라"라고 명했고, 한성 판윤(判尹, 시장) 박숭질이 11월 6일 대책을 보고했다.

"도성 안의 경저(京邸)나 빈집을 원하는 대로 빌려 거주하게 하려는데, 만일 빌리려고 하지 않으면 관에서 독려하는 것이 어떻겠습니까?"

경저란 지방의 경저리(京邸吏)가 서울에 출장 왔을 때 머물던 지방 관아의 집이었다. 연산군은 또한 "심한 추위에 의지할 곳이 없다 해서 봄까지 기다려 철거하게 했으니 역시 혜택을 많이 받은 것이다"라고 말했다. 일정액의 보상금과 대토와 대체 거주지까지 마련해 주고 봄까지 철거를 연기한 것을 폭정이라고 부를 수는 없다. 그래도 대간에서 계속 반대하자 연산군은 속내를 드러냈다.

"집을 헐리고 원망하며 근심하는 심정을 내가 모르는 것이 아니다. 그러나 사리를 아는 조사(朝士, 벼슬아치)들도 법을 범하면서 집을 지은 자가 많으니 헌부(憲府, 사헌부)에서 당연히 죄 주기를 청하여야 할 것인데 지금 도리어 말을 하는 것이냐?"《연산군일기》9년 11월 9일)

사헌부가 백성들을 빙자하지만 속으로는 벼슬아치들의 이해를 대변하는 것이 아니냐는 반문이었다. 연산군의 민가 철거는 백성들보다는 벼슬아치들에게 더 큰 타격이었다.

《중종실록》의 사신은 연산군이 도성뿐만 아니라 지방 백성들도 괴롭혔다고 비난하고 있다.

광주, 양주, 고양, 양천, 파주 등의 읍을 혁파하고 백성들을 모두 쫓아내어 내수사의 노비가 살게 했다.(《중종실록》1년 9월 2일)

이 비난은 《연산군일기》 10년(1504) 4월조와 관련 있는데 이때 지언(池彦), 이오을(李吾乙), 미장수(未長守) 등이 '위에 관계되는 불경한 말'을 한 사건이 발생하자 다섯 고을을 혁파했다는 것이다. 그러나 1년 후인 11년 7월 광주 판관(光州判官) 최인수(崔仁壽)를 파직하라는 명령이 있는 것을 보면 다섯 고을을 혁파했다는 것도 사관의 과장이었을 것이다.

사관은 또 연산군이 이궁(離宮, 행궁)을 짓기 위해 백성들을 괴롭혔다고 비난하고 있다. 재위 11년 7월 1일 연산군이 제왕은 다 연회를 베풀고 노는 곳이 있다면서 수나라의 분양(汾陽), 당나라의 여산(驪山), 고려의 장원(長源)을 예로 들면서 이렇게 말했다는 것이다.

"장의문(藏義門) 밖이 산과 물이 다 좋아 한 조각 절경이므로 금표를 세우고 이궁 수십 칸을 지어 잠시 쉬는 곳으로 삼고자 하니, 의정부와 의논하여 지형을 그려서 바치라."

영의정 유순 등은 즉각 "상의 분부가 지당하십니다"라고 찬성했다.

사관은 이에 대해 이런 사론을 실었다.

이로부터 동북으로 광주, 양주, 포천, 영평에서 서남으로는 파주, 고양, 양천, 금천, 과천, 통진, 김포 등에 이르는 땅에서 주민 500여 호를 모두 내보내고, 내수사의 노자(奴子)를 옮겨서 채우고, 네 모퉁이에 금표를 세우고, 함부로 들어가는 자는 기시(棄市, 죽여서 시신을 구경시킴)를 하니 초부, 목동의 길이 끊겼다.(《연산군일기》 11년 7월 1일)

동북 4고을, 서남 7고을 등 열한 고을의 백성들을 모두 내쫓은 것처럼 비판했지만 그 숫자는 모두 500여 호라는 것이다. 영조 때 편찬한 《여지도서(輿地圖書)》는 양주 한 고을의 호수가 1만 1,300여 호에 인구는 5만 2,000여 명이라고 전하고 있다. 열한 고을 백성들이 모두 쫓겨난 것처럼 호도하려는 사관의 왜곡이었다. 그해 7월 22일 연산군은 추석을 앞두고 "이제부터 모든 속절(俗節, 명절)에는 금표 안에 무덤이 있는 자에게 2일을 한하여 제사 지내러 들어가는 것을 허가하되 마구 다니지는 못하게 하라"라고 명절 출입을 허용했으니 함부로 들어가는 자를 기시했다는 것도 사관의 과장이다.

궁궐 근처 불법 가옥들도 보상해 준 연산군이 이궁 건축 예정지 안의 민가에 보상해 주지 않았을 리는 만무하다. 이궁을 설치하려 한 이유에 대해 연산군은 이렇게 말했다.

"무신년(성종 19년)에 대비께서 편찮으셔서 부득이 인가로 피어(避御)하셨으니 어찌 국가의 체모에 합당하겠는가? … 궐내에 온역(瘟疫, 전염병)이라도 발생하면 옮겨 거처할 곳이 있어야 하고, 또 사대부일지라도 집 몇 채를 가졌거늘 하물며 한 나라의 임금이 어찌 별궁(別宮)을 만들 수 없겠는가?"(《연산군일기》 10년 7월 28일)

이때는 병이 낫지 않으면 거처를 옮겨 병이 따라오지 못하게 하는 피병(避病)의 풍습이 있었다. 대비가 편찮을 때 피병할 장소가 없어서 민가로 갔으니 국가 체통이 말이 아니라는 것이다. 연산군은 이때 "경궁요대(瓊宮瑤臺, 구슬 등을 박은 화려한 궁궐)를 만든다면 옳지 않겠지만 이는 부득이한 바다"라고도 말했다. 이때 만들려던 이궁의 규모는 '큰 집 50칸'이었으니 99칸 민간 부호가 적지 않은 것과 비교하면 소박했다. 이때 예정된 이궁 터가 장의문 밖 장의사 터인데, 지금의 종로구 신영동 세검정초등학교 자리다. 연산군은 끝내 50칸짜리 이궁도 짓지 못했는데도 사관들은 열한 고을 백성들을 다 내몬 것처럼 비판했다.

연산군은 백성들에게 성군은 아니었을지 모른다. 그러나 사관의 비난처럼 폭군도 아니었다. 연산군은 이런 어제시(御製詩)를 썼다.

백성들의 굶주린 기색을 깊이 근심하고 / 임금(上)을 능멸하는 풍속을 통한한다 / 때로 진실한 충성을 보고 싶다고 생각하고 / 매일 가짜 충성을 막으려고 생각한다(深病民有飢色 / 痛恨凌上風俗 / 時思欲見其實忠 / 日念使杜其詐誠).(《연산군일기》 6년 8월 11일)

연산군은 백성들의 굶주린 기색을 근심하고 사대부들의 '임금을 능멸하는 풍속'을 통한했다. 변방의 백성들이 여진족의 침입에 죽거나 포로로 잡혀 가는데도 정벌은 반대하면서 임금의 근신만 요구하는 것으로 의무를 다했다고 생각하는 사대부들의 구조를 바꾸지 않으면 안 된다고 생각했다. 그는 절대군주제를 구축하는 것이 이런 문제의 해결책이라고 생각했다. 그 과정에서 사림은 물론 훈구까지 주륙했다. 그 결과 칼을 쥔 훈구 세력들에게 쫓겨나 죽고, 붓을 쥔 사대부들에게 희대의 폭군으로 그려진 것이다.

황음무도한 군주였나?

사관들이 연산군을 폭군으로 모는 단골 소재는 황음(荒淫)이다. 연산군이 여색에 빠져 나라를 망쳤다는 것이다. 실제로 그런지 살펴보자. 연산군 9년(1503) 6월 13일 음악 담당 기관인 장악원(掌樂院)에서 가야금 타는 기생 광한선(廣寒仙) 등 네 명의 명단을 연산군에게 보고했다. 《연산군일기》는 재위 9년 6월 13일 왕이 술에 취해 임숭재(任崇載)에게 "내가 광한선을 취하고 싶은데 외부에서 알까 두렵다"라고 말했다고 적고 있다. 임숭재가 '세조 때도 네 명의 기생이 궁중에 출입했다'면서 "선상기(選上妓, 지방에서 올린 기생)의 출입을 외인(外人)들이 어떻게 알겠습니까?"라고 부추기자 결심한 연산군이 광한선을 가까이 했다는 것이다. 그 뒤에 유명해진 일화를 덧붙였다.

이보다 앞서 왕이 미행(微行)하면서 환관 5,6인에게 몽둥이를 쥐여 주어 정업원(淨業院)으로 달려가 늙고 추한 비구니[尼僧]를 내쫓고 연소하고

자색 있는 7,8인만 남게 해 간음하니 이것이 왕이 색욕을 마음대로 한 시초이다.《연산군일기》9년 6월 13일)

소문이 두려워 기생 광한선을 취하는 것도 꺼리던 연산군이 정업원의 늙고 추한 비구니를 시끌벅적하게 때려 내쫓고 젊은 비구니를 취했다는 것은 앞뒤가 맞지 않는다.《중종실록》은 "처음 전전비, 장녹수를 들여놓으면서부터 날이 갈수록 거기에 빠져들었고, 미모가 빼어난 창기를 궁 안으로 뽑아 들인 것이 처음에는 백으로 셀 정도였으나 마침내는 천으로 헤아리기에 이르렀다"라며 연산군이 1,000여 명의 후궁을 거느린 것처럼 묘사했다. 그러니 양기(陽氣) 보양에 관한 이야기가 빠질 수 없었다.《연산군일기》9년(1503) 2월 8일 자는 "백마 가운데 늙었으나 병들지 않은 것을 찾아서 내수사로 보내라"는 전교를 기록하면서 "백마 고기가 양기를 돕기 때문이다"라는 논평을 덧붙였다. 양기 보양에 늙은 말을 쓸 리 없다는 상식도 무시했다.

홍청망청이란 말이 있다. 흥에 겨워 재물을 마구 쓰며 즐기는 것을 가리키는데 연산군이 만든 홍청(興淸)이 어원으로 알려져 있다. 홍청은 연산군과 황음을 벌이던 여성들이라는 것이다.《연산군일기》와 《중종실록》의 사관은 연산군이 홍청들과 대궐이나 길가에서 집단 혼음(混淫)을 벌인 것처럼 자주 묘사했다. 그러나 홍청은 연산군의 혼음 대상이 아니라 국가 소속의 전문 음악인들이었다. 운평(運平)과 광희(廣熙)도 마찬가지다. 연산군은 재위 10년(1504) 12월 "홍청이란 바르지 못하고 더러운 것을 씻으라는 뜻이고, 운평은 태평한 운수를 만났다는 뜻"이라고 설명하고, 또 "모든 악공(樂工)과 악생(樂生)은 모두 광희라고 칭하라"고 명했다.

《경국대전》예전(禮典)에는 악생은 297명이고 보충 인원이 100명이 며, 악공이 518명이고 10명당 1명이 보충 인원이라고 규정되어 있다. 이들 국가 소속의 악생과 악공들에게 연산군이 내려 준 새 이름이 광 희였다. 연산군이 재위 11년(1505) "모든 도(道)의 고을들은 모두 운평 을 두라"고 말했다. 운평은 지방 관아 소속 음악인들이었다. 운평 중 음악 실력이 뛰어나 서울로 뽑혀 올라온 이들이 흥청이었다.

연산군은 재위 10년 "흥청악(興淸樂)은 300명, 운평악(運平樂)은 700 명을 정원으로 하고 광희도 증원하라"고 명하는데, 이들 흥청악, 운평 악, 광희악을 통칭 삼악(三樂)이라고 불렀다. 현재 'ㅇㅇ합창단' 또는 'ㅇㅇ무용단'이라는 식의 이름이다. 《경국대전》은 지방에서 뽑아 올 리는 선상기는 여기(女妓)가 150명, 연화대(蓮花臺, 가무극 배우)가 10명, 여의(女醫)가 70명이라고 기록하고 있다. 이렇게 뽑힌 선상기 중 뛰어 난 음악인이 흥청이다. 《연산군일기》는 재위 12년(1506) 3월 "흥청악 1 만 명을 지공(支供)할 잡물과 그릇 등을 미리 마련하라"고 명했다고 써 서 흥청악이 1만 명이나 되는 것처럼 묘사했다. 그러나 연산군은 11 년 4월 장악원에 "흥청은 어찌하여 수를 채우지 못하는가?"라고 물었 다. 장악원은 "정원 300명 중에서 93명을 채웠고 207인을 못 채웠다" 고 답했다. 93명을 겨우 채운 흥청이 11개월 만에 1만 명으로 늘어났 다는 것 역시 사관의 악의적 창작이다. 삼악 모두가 여성인 것도 아니 었다. 연산군 12년(1506) 광희악 김귀손(金龜孫)이 운평 관홍군(冠紅裙) 을 강간하려고 폭력을 행사했다가 처벌받은 사건에서 남악(男樂)도 있 었음을 알 수 있다.

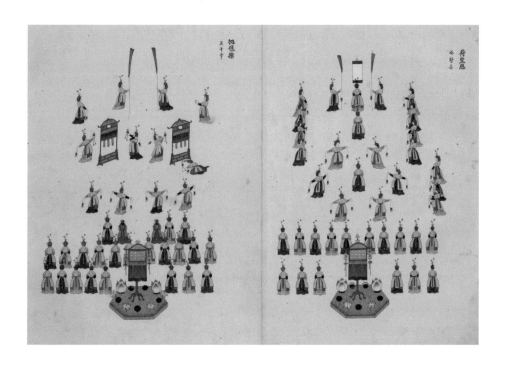

궁궐 행사에서 가무를 하는 기생들

　삼악에 대해 사대부들이 분노한 진정한 이유는 자신들과의 접촉 기
회를 차단한 데 있었다. 그간 여악(女樂)은 사대부들이 첩을 들이는 통
로였다. 연산군은 재위 11년 1월 부모의 장수를 비는 헌수연(獻壽宴)
을 제외하고 여악들을 조사의 집에 가지 못하게 하는 금령을 만들었
다. 재위 12년 2월에는 광희를 사천(私賤, 사노비)으로 만들어 처로 삼
을 수 없게 했다. 연산군에게 흥청은 색욕의 대상이 아니라 음악과 무
용을 공연하는 예술가들이었다. 재위 11년 2월에는 흥청악의 공연 때

"비록 제조(提調)일지라도 의자를 치우고 땅에 앉아야 한다"고 명했다. 이보다 앞선 재위 8년(1502) 3월 연산군은 "이제부터 궐문 밖으로 행행(行幸)할 때 여악을 쓰지 말라"고 명하고 신하들에게 내려 주는 각종 잔치 때도 남악만 내려 주었다. 그러자 같은 해 10월 정1품 영사 성준이 항의했다.

"지금 여악은 하사하지 않고 남악만 하사하십니다. 우리나라는 원래 여악을 사용했지 남악은 좋아하지 않았습니다. 그래서 향당(鄕黨, 지방)에서 잔치하며 마실 때도 반드시 여기를 불러 손님을 즐겁게 합니다. 지금은 비록 술을 내려도 쓸쓸할 뿐 즐거움이 없습니다. 마셔도 취하지 않으면 위로하는 뜻이 아닐 것이니 조종(朝宗)의 고사를 따르소서."(《연산군일기》 8년 10월 28일)

잔치 때 여악을 내려 달라는 이 주청에 대해 연산군은 "대개 조관들이 여기를 담연(淡然, 욕심이 없음)하게 보지 않으니 한자리에 섞이게 할 수 없었다"면서도 앞으로는 여악을 내려 주겠다고 답했다. 그러자 성준은 "성상께서는 사용하지 않으시면서 신들에게만 사용하게 하시니 황공함을 이길 수 없습니다"라고 답했다. 흥청은 연산군보다 사대부들의 색탐(色貪)의 대상이었다.

사대부들이 요순 임금으로 묘사한 연산군의 부친 성종은 3명의 왕비와 9명의 후궁에게서 16남 21녀를 낳았다. 1,000여 명의 후궁이 있었던 것처럼 묘사된 연산군은 4남 3녀에 불과했다. 그것도 왕비 소생의 2남 1녀를 빼면 후궁 조씨 등 소생의 서자 두 명과 장녹수와 정금(鄭今) 소생의 두 서녀가 있었을 뿐이다.

사관은 또 연산군이 백모(伯母)인 월산대군 부인 박씨를 강간했다고 비난했다. 연산군 12년(1506) 7월 20일 박씨의 부고 기사는 사실과 의견을 교묘하게 섞은 《연산군일기》의 수법을 잘 보여 준다.

"월산대군 이정(李婷)의 처 승평부부인(昇平府夫人) 박씨가 죽었다. 사람들이 왕에게 총애를 받아 잉태하자 약을 먹고 죽었다고 말했다."

'월산대군 이정의 처 승평부부인 박씨가 죽었다'는 것은 사실이다. '사람들이 왕에게 총애를 받아 잉태하자 약을 먹고 죽었다고 말했다'는 것은 사관의 악의적 창작이다. 사실과 창작을 뒤섞어서 월산대군 부인이 마치 연산군에게 총애를 받아 잉태하자 자살한 것처럼 몰아간 것이다. 이는 연산군뿐만 아니라 월산대군 부인 박씨에 대한 인격 살인이었다.

연산군은 재위 12년(1506) 6월 9일 월산대군 부인에 대한 전교를 내렸다.

"절부(節婦)와 효부(孝婦)는 반드시 정려(旌閭, 정문을 세워 표창하는 것)를 해야 한다. 이정의 처가 소혜왕후께서 편찮으실 때 곁에서 모시면서 게으르지 않았고 평시에 시봉할 때도 뜻을 어김이 없었다. 또 춘궁(春宮, 세자)을 가르쳐 기를 때도 사랑하여 돌보기를 자기 자식같이 하였으니 마땅히 기리고 알리는 은전을 내려서 뒷사람들을 권장해야 하겠다."

절부는 남편이 세상을 떠난 후 절개를 지킨 부인이고 효부는 부모에게 효도한 부인인데, 절부와 효부에게는 사는 마을 입구에 붉은 칠을 한 정려문을 내려 그 절개와 효도를 칭찬해야 한다는 것이다. 정려문이 세워지면 그 마을에 절부나 효부가 났다는 것으로서 그 집뿐만 아니라 마을 전체의 자랑이었다. 소혜왕후는 나중 덕종으로 추존된 세조의 장남 의경세자의 맏며느리로서 월산대군과 성종의 어머니였다. 월산대군 부인 박씨는 비록 남편의 왕위를 시동생 성종에게 빼앗겼지만 시어머니를 정성껏 모셨고, 연산군의 세자를 기를 때도 자기 자식같이 사랑했다. 월산대군은 성종 19년(1488) 세상을 떠났지만 부인 박씨는 과부로 살면서 정절을 지키고 시어머니를 잘 모시고 세자를 잘 키웠다. 그래서 연산군이 정려문을 내려 주었는데 둘 사이를 불륜으로 매도했던 것이다. 이 기사에 대한 《연산군일기》의 사평을 보면 《연산군일기》의 성격을 잘 알 수 있다.

사신은 논한다. "박씨는 홀로 수십 년을 지내면서 불교를 받들어 믿어서 이정의 묘 곁에 흥복사(興福寺)를 세우고 명복을 비느라 자주 그 절에 가므로 사람들이 혹 의심하였다. 왕이 박씨에게 그 집에서 세자를 봉양하게 하다가 세자가 장성하여 경복궁에 들어와 거처하자 왕이 박씨에게 특명으로 세자를 입시(入侍)하게 하고 마침내 간통한 다음 은(銀)으로 승평부대부인(昇平府大夫人)이란 도서(圖書)를 만들어 주었다. 왕이 어느 날 저녁 박씨와 함께 자다가 꿈에 이정이 보이자 미워해서 내관에게 한 길이 더 되는 철장(鐵杖)을 만들어 이정의 묘 광중(壙中)에 꽂게 했는데 우레와 같은 소리가 들렸다."(《연산군일기》 12년 6월 9일)

이 기사에서 사실은 박씨가 수절했다는 것과 불교를 믿었다는 것, 그리고 연산군이 승평부대부인이란 도서를 내려 주고 세자를 길렀다는 것뿐이다. 나머지 박씨가 흥복사에 자주 가자 사람들이 의심했다는 이야기는 사찰에 가는 여성을 음란한 짓을 하러 가는 것으로 매도

한 것이다. 또한 연산군의 꿈에 월산대군이 나타났다는 것은 연산군이 발설하지 않으면 알 수 없는 사실이니 사관의 완전한 창작이다. 또한 유교 국가 조선에서 아무리 왕이라고 해도 덕종의 장남이자 자신의 백부의 무덤에 철장을 꽂는 것은 상상도 할 수 없는 만행이다. 유학자들은 불교에 대한 극도의 증오심과 연산군에 대한 극도의 증오심으로 거짓말을 서슴없이 쓰고 평생을 수절한 월산대군 부인을 인격살인한 것이었다. 이런 날조를 일삼아 쓴 사관들이야말로 자신들의 철학인 유학의 가르침을 되돌아보아야 할 것이다.

월산대군 부인 박씨가 세상을 떠났을 때 연산군은 31세였다. 당시 사대부들의 부인이 남편과 동갑이거나 한두 살 많은 풍습과 비교해 보면 세조 12년(1466) 열세 살의 나이로 월산대군과 혼인한 박씨의 사망 당시 나이는 53~55세 정도였을 것이다. 당시 이 나이의 여성이 잉태할 수는 없었다. 박씨의 부친 박중선(朴仲善)은 공신이고 또 큰이모가 세종비 소헌왕후였다.

《연산군일기》의 '사관은 말한다'는 대부분 이런 종류의 사평으로 연산군에 대한 증오로 일관하고 있다.

연산군은 훌륭한 군주까지는 몰라도 사관이 말하는 것 같은 용렬한 군주도 아니었다. 또한 사대부들에게는 몰라도 일반 백성에게 폭군은 아니었다. 연산군은 국왕은 물론 왕조 위에 있는 성리학적 지배질서에 순응하지 않은 군주였다. 조선은 왕과 사대부가 함께 다스리는 나라라는 지배 원칙도 인정하지 않았다. 연산군은 절대왕권을 추구했다. 그러나 그 절대왕권이 사림 세력도 죽이고 훈구 세력도 죽이는 것으로 이루어지는 것이 아니라는 사실을 알지 못했다. 사림을 간쟁권과 탄핵권이 있는 삼사(三司)에 중용해 훈구 세력을 약화시킴으로써 왕권을 신장시켰던 부왕 성종의 정치력을 연산군은 갖지 못했다. 그는 사림도 훈구도 모두 해체시키고 온 나라가 왕의 명령을 일사불란하게 따르는 절대군주제를 원했다. 그 결과 훈구는 칼로 연산군을 내쫓아 죽이고 사림은 붓으로 그 시신을 난도질했다. 그런 난도질이 아직까지도 많은 사람들에게 사실처럼 받아들여지고 있는 것이 현실이다.

2부
——
중종, 공신들과 사림 사이를 배회한 군주

중종의 무덤인 정릉 전경

왕이 되는지도 모르고

쫓겨나는 진성대군 부인 신씨

중종반정은 왕자의 난이나 계유정난과는 성격이 달랐다. 왕자의 난과 계유정난은 모두 왕자인 이방원과 수양이 주동이었다. 태종과 세조는 모두 쿠데타의 주역이었다. 그러나 중종반정에서 진성대군은 역할이 없었다. 《연산군일기》는 반정 당일 진성대군에 대해서 이렇게 말하고 있다.

윤형로(尹衡老)를 금상(今上, 중종)의 사제(私第)에 보내어 그 사유를 아뢰고 머물러 섬기게 하고 이어서 운산군(雲山君) 이계(李誡)와 무사 수십 명을 보내어 시위해서 비상에 대비하게 하였다.(《연산군일기》 12년 9월 2일)

이날 윤형로를 진성대군의 사저에 보내어 '그 사유'를 아뢰게 했다는 것인데, 그 사유란 바로 진성대군이 왕으로 추대되었다는 내용이었다. 윤형로가 알리는 역할을 맡은 것은 그가 성종의 계비이자 대비인 정현왕후 윤씨의 사촌오라버니이기 때문이다. 그런데《연려실기술》은《국조기사(國朝耆社)》를 인용해 윤형로와 이계 등이 이 사유를 알리기 전에 자칫 진성대군이 자결할 뻔했다고 전하고 있다.

반정 날에 먼저 갑사를 보내어 사제를 포위했는데 대개 해칠 자가 있을까 염려한 것이었다. 임금이 놀라 자결하려고 하자 부인 신씨가 "군사의 말 머리가 이 궁을 향해 있으면 우리 부부가 죽을 것인데 무엇을 기다리겠습니까. 그러나 만일 말 꼬리가 이 궁을 향하고 말 머리가 밖을 향해 있으면 반드시 공자(公子)를 호위하려는 뜻이니, 알고 난 뒤에 죽어도 늦지 않습니다"라고 말하고 소매를 붙잡아 굳게 말리면서 사람을 보내 살피게 하였더니 말 머리가 과연 밖을 향해 있었다. 젊어서부터 애정이 매우 두터웠는데, 이때에 이르러 공신들이 상의해서 "부인의 아버지를 죽였는데 그 딸을 왕비로 둔다면 우리들과 세력이 서로 용납하지 않을 것이다"라고 하고 마침내 폐비를 청하였다.

진성대군은 반정 당시 자신이 국왕으로 추대된 사실 자체를 몰랐다는 것이다. 부인 신씨가 아니었으면 진성대군은 쿠데타 당일 자결했을지도 몰랐다. 자신을 죽이려는 군사인지 임금으로 추대하려는 반정인지도 몰랐던 진성대군이 즉위 초 힘을 가질 수 없음은 당연했다. 반정 당시 그의 역할은 임금 자리를 채워 준 것이다. 성희안과 박원종,

유순정이 차린 잔치의 상석에 초대받았을 뿐이었다.

당시 중종이 어떤 처지에 있었는지는 그의 부인 신씨의 경우를 보면 잘 알 수 있다. 쿠데타 세력은 연산군이 쫓겨나던 날까지 조정에서 근무하던 중신들을 우대하고 공신으로 삼았지만 신씨들만은 예외였다. 연산군의 처가라는 이유였다. 그러나 연산군의 모든 것을 극도로 부정하는 《연산군일기》도 연산군의 왕비 신씨에 대해서는 우호적으로 서술했을 정도로 칭찬을 받는 왕비였다.

폐부(廢婦) 신씨는 어진 덕이 있어 화평하고 근후하고 온순하고 근신하여, 아랫사람들을 은혜로써 어루만지고 왕이 총애하는 여인에게는 비가 또한 더 후하게 대하므로, 왕은 비록 미치고 포학했지만 매우 중하게 여겼다. 매번 왕이 무고한 사람을 죽이고 음란하고 방종하여 도가 없는 것을 볼 때마다 밤낮으로 근심하고 때때로 혹 울면서 간했는데, 말뜻이 지극히 간곡하고 절실해서 왕이 비록 들어주지는 않았지만 또한 화내지도 않았다. 또 매번 대군, 공주, 무보(姆保, 유모), 노복들을 경계해서 함부로 방자한 짓을 못하게 하였다. 이때에 이르러 울부짖으며 반드시 왕을 따라 (유배지에) 가려고 했지만 되지 않았다.(《연산군일기》12년 9월 2일)

반정 세력은 연산군의 신하들 중 그 처가 세력만 제거하기로 결정했다. 반정군의 선봉장인 신윤무는 이심(李蕁) 등 무사 10여 명을 거느리고 신씨 일가 주륙에 나섰다. 가장 중요한 제거 대상이 진성대군 부인 신씨의 아버지 신수근이었다. 신수근은 영의정이자 거창부원군 신승선의 아들이고, 어머니는 세종의 아들 임영대군의 딸이고 연산군의 처남이었다. 반정 세력은 당초 신수근에게 "누이와 딸 중 누가 더 중요하냐?"고 묻는 것으로 쿠데타 동참을 권유했지만, 신수근은 "임금은 비록 포악하지만 세자는 현명하다"면서 쿠데타 동참을 거부했다. 이것이 바로 신수근을 제거하려는 이유였다. 반정군이 별감(別監)에게 임금이 신하를 부를 때 쓰는 명패(命牌)를 신수근에게 주어 빨리 입궐하라 명하게 하니 신수근이 황급히 입궐했다. 이심이 숨어 있다가 철퇴로 신수근의 머리를 내리쳤다. 머리에 철퇴를 맞은 신수근이 땅에 쓰러지자 따라간 종 한 명이 머리를 감싸고 엎드렸고, 이심은 그 종마저 쳐 죽였다.

자신들이 군주로 추대하는 진성대군의 장인을 죽였으니 신씨를 국모로 모실 수는 없다고 판단했다. 쿠데타 일주일 후인 중종 1년 9월 9일 반정 세력들이 일제히 중종에게 결단을 촉구했다. 유순, 김수동, 유자광, 박원종, 유순정, 성희안, 김감, 이손, 권균, 한사문(韓斯文), 송일, 박건, 신준, 정미수와 육조 참판 등이 중종에게 주청했다.

"거사할 때 먼저 신수근을 제거한 것은 큰일을 성취하고자 함이었습니다. 지금 수근의 친딸이 대내(大內)에 있습니다. 만약 궁곤(宮壼, 왕비)으로 삼는다면 인심이 불안해질 것인데, 인심이 불안해지면 종사에 관계됨이 있으니 은정(恩情)을 끊어 밖으로 내치소서."

중종은 "아뢰는 바가 심히 마땅하지만 조강지처인데 어찌하랴?"라고 답했다. 조강지처를 내쫓기 어렵다는 말이었다. 반정 세력들이 일제히 강권했다.

"신 등도 이미 요량하였지만, 종사의 대계로 볼 때 어찌겠습니까? 머뭇거리지 마시고 쾌히 결단하소서."

실권이 없는 중종으로서는 '조강지처' 운운으로 체면치레는 했다고 생각했을 것이다.

"종사가 지극히 중하니 어찌 사사로운 정을 생각하겠는가. 마땅히 여러 사람 의논을 좇아 밖으로 내치겠다."

중종은 얼마 뒤에 다시 전교를 내렸다.

"속히 하성위(河城尉) 정현조(鄭顯祖)의 집을 수리하고 소제하라. 오늘 저녁에 옮겨 나가게 하리라."

정인지(鄭麟趾)의 아들 정현조는 세조의 딸 의숙공주와 혼인해 하성위에 봉해졌다. 신씨를 정현조의 집으로 내쫓으라는 것이었다. 그날 초저녁 쫓겨난 신씨는 건춘문(建春門)을 나와 하성위의 집에 우거해야 했다.

바로 다음 날 예조판서 송일과 예조참판 정광세(鄭光世)가 아뢰었다.

"신씨가 이미 나갔으니 처녀를 간택해서 내직(內職)을 갖추고, 또 중궁(中宮) 책봉의 일도 미리 거행하기를 청합니다."

내직이란 내명부와 외명부를 뜻하는 것으로 내명부는 궁중 내에서 품계를 가진 후궁이나 궁녀를 뜻하고, 외명부는 남편의 벼슬에 따라 봉작을 받은 부인을 뜻했다. 왕비가 내명부와 외명부의 모든 여인들을 관장하는 것이었다.

간택령에 따라 윤여필(尹汝弼)의 딸이 새 왕비가 되었는데 그가 장경왕후 윤씨다. 윤여필은 갑자사화 때 윤필상의 친족이라는 이유로 유배당했다가 반정 이후 정국 3등 공신에 봉해졌다. 나중에 장경왕후의 친정 일족인 윤임(尹任), 윤여필 등은 이른바 대윤(大尹)이 되고, 중종의 계비 문정왕후 윤씨의 친정 일족인 윤원형(尹元衡), 윤원로(尹元

老) 등은 소윤(小尹)이 되어 외척 권력을 다투게 된다.

신씨와 중종 사이에 전해지는 '치마바위 전설'은 민간이 바라본 중종의 처지를 말해 주고 있다. 중종은 신씨가 그리워지면 높은 누각에 올라 신씨의 사가(私家)가 있는 쪽을 바라보며 그리움을 달랬고, 이 소식을 전해 들은 신씨는 인왕산 바위 위에다 즐겨 입던 치마를 펼쳐 놓았다. 중종은 바람에 펄럭이는 치마를 보며 신씨에 대한 애틋한 감정을 달랬다는 이야기다. 중종이 신씨를 그리워했다는 것은 민간이 만든 이야기에 불과하지만 즉위 초 중종의 왕권이 얼마나 미약했는지를 말해 주는 전설이기는 하다.

무더기 공신 책봉

연산군을 몰아내고 새 임금을 추대했으니 논공행상이 빠질 수 없었다. 중종 즉위 다음 날 논공행상을 가장 먼저 제기한 인물은 연산군이 쫓겨나던 날까지 영의정으로 있던 유순과 우의정 김수동 등이었다.

"근자에 임금의 도리를 크게 잃어 천명과 인심이 이미 전하께 돌아온 지 오래이니 이번의 이 거사는 진실로 신하들의 힘에 의한 것이 아닙니다. 그러나 이 같은 큰일은 수창하기가 어려운데, 박원종, 성희안, 유순정 등은 분연히 몸을 돌보지 않고 의리를 부르짖어 무리를 일깨워 한 사람도 형벌하지 않고 큰 공을 이루었으니 마땅히 포상하여야

합니다."《중종실록》1년 9월 3일)

'박원종, 성희안, 유순정'을 이른바 '반정 3대장'이라고 불렀는데, 이들을 크게 포상해야 한다는 것이었다. 연산군이 쫓겨나는 날까지 영의정이었던 유순이 공신 책봉을 주청하는 희대의 장면이 연출되었던 것이다. 그래서 정국공신은 처음부터 말이 많았다.《연산군일기》가 "처음부터 모의에 참여하지 않은 유순 등 수십 명이 다 정국공신에 참여하였다"고 비판하고 있는 것은 당연한 일이었다. 뿐만 아니라《연산군일기》의 사신은 "영의정 유순은 성질이 탐욕하고 비루하였다. 왕이 갑자년 이후로 대신을 죽이고 죄 없는 사람을 잔인하게 학대하며 옛 법을 모두 고치는데, 유순은 영합하고 비위를 맞추면서 오직 안일함만 취했다"고 비판하고 있다.

김수동 역시 연산군이 쫓겨나는 날까지 우의정이었다. 또한 연산군이 쫓겨나기 약 한 달 전쯤인 연산군 12년 7월 29일 영의정 유순, 좌의정 신수근, 무령군 유자광, 좌참찬 임사홍 등과 함께 연산군을 칭송하는 〈경서문〉에 충신으로 이름을 올렸다. 자신이 모시던 군주가 쫓겨나는 날까지 정1품 영의정, 우의정으로 있던 유순과 김수동이 하루아침에 말을 갈아타고 자신들이 모셨던 군주를 내쫓은 자들을 공신으로 높여야 한다고 주창하는 것이었다. 중종은 받아들일 수밖에 없었다.

"나도 생각하였다. 전례를 상고하여 아뢰라."

정국공신 명단은 9월 8일 보고되었는데 이 명단을 만든 인물들은 '반정 3대장'이었다.

유자광, 신윤무, 박영문(朴永文), 장정(張珽), 홍경주 등 다섯 명이 1등이었고, 유순, 김수동, 윤형로, 김감, 이계, 구수영 등 13명이 2등, 심

정(沈貞) 등 83명이 3등으로서 모두 101명의 정국공신이 탄생했다. 정
국(靖國)이란 나라를 다스려 평화롭게 했다는 뜻이다. 그러나 연산군
이 쫓겨나는 날까지 영의정 및 좌의정으로 근무했던 유순과 김수동이
2등 공신으로 책봉된 데서 알 수 있는 것처럼 정국공신은 누구나 납
득할 수 있는 공적 기준이 없었다. 그래서 발표 첫날부터 많은 비난에
봉착했다. 이중 3등 공신에 책봉된 신수린(申壽麟)에 대해 사관은 이렇
게 평했다.

신수린은 성희안의 매부다. 공을 논할 때 성희안이 그의 어머니에게 말
했다.
"박원종, 유순정과 저 세 사람의 자제들이 모두 공신 등록에 참여하였으
되 저희 자제가 가장 많았습니다. 신수린은 나이가 젊어서 일의 형편상
입을 열 수 없었습니다."
그 말을 듣고 그의 어머니가 곧 노하여 누우며 말했다.
"내 다시는 네 낯을 보지 않으리라."
이튿날 성희안이 어머니의 말로 박원종 등에게 청하여 덧붙여 기록하였
다. 그 이웃 마을이나 족속들이 신수린을 지목하여 노와공신(怒臥功臣,
노해 누워서 된 공신)이라 하였다. 기타 외람되게 참여한 자도 또한 이와 같
은 것이 많았다.(《중종실록》 1년 9월 8일)

공신 명부에 '반정 3대장'인 박원종, 성희안, 유순정이 빠진 것은 자
신들은 공을 사양한다는 겸양의 모습을 보이기 위한 것이었다. 반정 3
대장이 빠진 공신 명단이 발표되자마자 미리 짠 것처럼 3대장을 공신

에 책봉해야 한다는 의견이 즉각 나왔다. 공신 명단을 보고하면서 영의정 유순, 우의정 김수동이 말했다.

"박원종 등은 감히 스스로 자신의 공을 의논할 수 없어서 아뢴 바가 이와 같습니다. 박원종, 성희안, 유순정은 가장 먼저 대책(大策)을 결단하여 대공(大功)을 이루었으니 그 순서는 마땅히 유자광의 위에 있어야 합니다."

한 차례의 형식적 겸양을 거친 후 반정 3대장이 1등 공신으로 녹훈되어 1등 공신은 8명으로 늘어났고 전체 공신 숫자도 자꾸 늘어 갔다. 박원종과 성희안과 유순정이 자신들과 친한 인물들을 계속 추천했기 때문이다. 심지어 중종도 추천했다.

"형조참판 윤탕로(尹湯老)는 비록 의거에는 참여하지 못했으나 과인이 잠저에 있을 때부터 섬긴 공로가 있으니 공신으로 책봉함이 어떠한가?"

반정에 아무런 공이 없는 임금이지만 임금이 직접 추천하는데 거절할 수는 없었다. 자신들도 아무런 공이 없는 자제들을 대거 참여시킨 상황에서 중종의 요청을 거절할 명분도 없었다.

"거사할 때 윤탕로는 마침 밖에 있었기 때문에 미처 오지 못하였으나 추대하려는 마음은 반드시 다른 이의 배였을 것입니다. 하물며 주상의 잠저 때 배종한 공이 있으니 녹공한들 무엇이 해롭겠습니까?"

《중종실록》의 사관은 이 기사 곁에 "윤탕로는 상의 외숙이다"라고 부기하고 있다. 추대받은 임금부터 사심으로 공신을 추천했으니 실제 공신들은 말할 것이 없었다. 결국 이런저런 경로를 거쳐 16명이 더 늘어나 정국공신은 무려 117명이 되었다. 가장 큰 문제는 연산군이 쫓겨나는 날까지 연산군을 보필했던 대신들이 공신이 된 것이었다. 연산군 때의 영의정 유순과 우의정 김수동은 물론 강혼, 구수영, 김감 등 연산군의 학정에 큰 책임이 있는 인물들이 모두 공신으로 부활했다.

《중종실록》 사관은 정국공신에 참여한 연산군 조정의 대신들을 평해서 이렇게 말했다.

"삼공(三公, 세 정승) 육경(六卿, 여섯 판서)은 머리를 보전한 것만 해도 족했다. 그런데도 공신에 참여한 것을 부끄럽게 여기지 않고 또 자제들도 훈적(勳籍)에 참여시켰으니 이른바 그 공이 무엇인지 모르겠다. 뿐만이 아니라 연줄로 참여를 청한 자가 얼마인지를 모르겠으니, 이와 같은 유는 말할 것도 못 된다."

연산군이 쫓겨나던 날까지 정승, 판서로 있던 인물들이 정국공신에 녹공된 것에 대해서는 두고두고 말이 나왔다. 정국공신 녹공의 정당성에 대한 불신이 뒷날 조광조(趙光祖) 등이 벌인 가짜 공신을 삭탈하자는 '위훈 삭제(僞勳削除)' 운동의 배경이 된 것이다.

연산군이 쫓겨나기 불과 한 달 전쯤인 7월 29일, 연산군의 정치를 칭송하면서 충성을 맹세한 〈경서문〉에 이름을 올린 23명의 신하들 중 연산군의 처남이자 좌의정이었던 신수근과 그의 동생 형조판서 신수영과 좌참찬 임사홍을 제외하고 나머지 20명이 모두 정국공신에 책봉되는 반전을 이루었다. 마치 〈경서문〉이 연산군에게 충성을 바친 맹세문이 아니라 연산군을 내쫓자고 결의한 결의문인 듯한 상황이었다. 이들 20명을 공신 등급별로 분류하면 다음과 같다. 직책은 〈경서문〉을 올릴 당시의 직책이다.

1등) 이조판서 유순정, 무령군 유자광

2등) 영의정 유순, 우의정 김수동, 판윤 구수영, 판중추 김감, 호조판서
　　이계남

3등) 좌찬성 신준, 우찬성 정미수, 판중추 박건, 병조판서 이손, 예조판
　　서 송일, 우참찬 민효증, 도승지 강혼, 좌승지 한순, 좌부승지 윤장,
　　우부승지 조계형, 동부승지 이주

4등) 공조판서 권균, 우승지 김준손

　　이 명단은 연산군 조정의 핵심 인물 명단이라고 해도 과언이 아니
다. 영의정과 우의정은 물론 군사를 담당하는 병조판서 이손까지 들
어 있고, 국왕의 비서실인 승정원에서는 도승지 강혼을 비롯해서 6명
의 승지가 모두 들어갔다.

　　연산군이 쫓겨나는 날까지 연산군의 핵심 측근이었다가 연산군을
내쫓은 공이 있다면서 정국공신에 책록된 것이었다. 실제로 공이 있
었다면 모르겠지만 아무런 공도 없이 단순히 공신의 자제나 친족이라
는 이유로 공신에 책봉된 경우도 적지 않았다. 그래서 중종 1년(1506)
9월 10일 대간에서 합사(合辭)하여 문제를 제기했다.

　　"재상 등이 의리를 세우고 만 번 죽는 계책을 내어 거사를 함께 성
공시켰으니 그들이 친신(親信)하는 자제들을 논공(論功)에 참여시킨 것
은 그나마 괜찮습니다. 그러나 대계가 이미 정해진 후에 대신 등이 풍
문을 듣고 달려와서 추대에 참여했는데, 이로써 원훈(元勳, 정공신)의 반
열이 된 것도 과분한데 또 자제들을 다 참여시켰습니다. … 자제나 따
라와서 참여한 사람들은 다만 원종의 공을 기록하시면 더없이 다행스

럽겠습니다."

　연산조의 대신으로 있다가 반정이 일어났다는 풍문을 듣고 달려온 대신들이 공신이 되는 것은 그나마 괜찮지만 그 제자들까지 공신으로 참여시킨 것은 염치가 없는 행위라는 비판이었다. 그러니 그들을 정공신(正功臣)이 아니라 정공신을 따른 원종공신(原從功臣)으로 낮추어 삼자는 주장이었다. 중종이 정승들에게 의논시키자 정승들은 다 상줄 만하기 때문에 상을 준 것이라고 거부했다. 원종공신으로 낮추자는 대안을 거부한 것이다. 대간에서 다시 문제를 제기했다.

　"이번 거사는 세조 때의 일과 다르지 않습니다. 세조 때 정난공신(靖難功臣)은 겨우 36인인데 그 수종한 자가 어찌 이 숫자뿐이겠습니까? 지금 원훈의 반열에 있는 자가 100여 인인데 어찌 다 큰 공이 있겠습니까? 공이 없는 자와 공이 있는 자가 섞여서 구별이 없으면 인심이 쾌하게 여기지 않습니다. 지금 즉위하신 처음에 상은 그 공에 맞아야 인심이 기쁘게 복종할 것이니, 바라옵건대 이 뜻을 통찰하시어 공과 상을 밝게 베푸소서."

　그러나 정승들이 거부한 것을 중종이 뒤집을 수는 없었다. 이 공신들 덕분에 자신이 보위에 앉아 있기 때문이었다.

　"대사를 거행하는데 어찌 홀로 이룰 수 있겠는가? 저들은 모두 거사에 종사하여 공을 세운 것이니 다시 고칠 것이 없다."

　공신 숫자는 줄어들기는커녕 점점 늘어났다. 당초 101명에서 104명으로 늘었다가 최종적으로 117명이 녹훈되었다. 대신들이 비난을 감수하고서라도 자제들을 공신에 밀어 넣은 것은 부상이 막대하기 때문이었다. 막대한 토지와 노비가 내려지고 구사, 반당 같은 수행원들도 내려졌다. 개국 후 여덟 차례나 공신을 책봉했으므로 117명이나 되는 공신들에게 내려 줄 토지가 부족했다. 그러나 부상이 없을 수 없기 때문에 1등 공신에게는 3자급 승진에 150결의 전지가 내려졌고, 2등 공신은 2자급 승진에 전 100결, 3등 공신은 1자급 승진에 전 80결, 4등 공신은 1자급 승진에 전 60결이 내려졌다. 1등 공신에게는 반당 10인, 구사 7인, 노비 13인이 내려졌고, 다른 공신들도 등급에 따라 차등 있게 노비와 말 등을 내렸다. 4등 공신 대부분은 공이 없었으나 반정 정권에 대한 지지 세력 확산을 위해서 공신으로 책봉되었다.

연산군을 쫓아내는 데 아무런 공을 세운 것 없이 공신들의 자제나 친척이라는 이유로 공신에 책봉된 숫자가 3/4 이상이라고 해도 과언이 아니었다. 훗날 조광조 등 사림이 '위훈 삭제'를 제기하는 씨앗이 이때 이미 뿌려진 것이었다.

경연에 열심인 새 임금

조선에서 군주에게 유학 이데올로기를 주입시키는 방법의 하나가 경연이었다. 경연은 군주 앞에서 유학에 밝은 신하들이 경전과 역사를 논하고 때로 시국 현안에 대해서도 논의하는 자리다. 국왕이 즉위 후에도 끊임없이 학문을 닦고 신하들과 정사를 논한다는 점에서는 긍정적인 제도였다. 경연은 중국 한(漢)나라에서 황제에게 유학 경전인 오경(五經)을 강의한 것에서 비롯되었으니 처음부터 유학에 경도된 제도였다. 오경은 공자나 그의 제자들이 편찬했다고 여겨지는 《시경(詩經)》, 《서경(書經)》, 《역경》, 《춘추》, 《예기》를 뜻한다. 오경 자체가 유학 경전인 것처럼, 유학에 밝은 신하들이 오경을 진강(進講)한다는 사실은 군주도 유학 이념 아래 있음을 말해 주는 것이었다. 중국에서 경연은 한나라 이래 대부분의 왕조가 시행했는데, 이 제도를 특히 중시한 두 왕조가 송과 명(明)이었다.

송나라에서 처음 경연이라는 용어를 사용했는데, 한림학사(翰林學士)나 기타 학문에 밝은 신하들이 겸임했다. 송나라 때는 매년 2월부터 단오까지, 그리고 8월부터 동지까지 홀숫날을 뜻하는 단일(單日)에 임금과 신하들이 경연을 실시했다. 원(元), 명, 청(淸)도 경연을 실시했지만 경연을 특히 중시한 것은 명나라여서 태자도 이를 통해 유학 경전을 습득하게 했다. 공교롭게도 경연을 중시한 송나라와 명나라가 문약(文弱)에 빠져서 북방 기마민족들에게 숱한 수모를 당하고 나라마저 빼앗긴 것은, 우연이 아니라 무예를 경시하고 유학을 중시한 체제가 낳은 필연적 결과였다.

조선은 송나라, 명나라보다 경연을 더 중시했다. 하루에 한 번만 실시하는 것이 아니라 아침 경연인 조강(朝講), 낮 경연인 주강(晝講), 저녁 경연인 석강(夕講)까지 세 번이나 실시하는 경우도 있었고, 때로는 밤 경연인 야강(夜講)까지도 실시했다.

조선의 유학자들이 연산군에게 가진 큰 불만 중의 하나가 경연에 자주 참석하지 않는다는 것이었다. 유학에 밝은 신하들을 유신(儒臣)이라고 불렀는데 이들은 부왕 성종과 비교하면서 연산군이 경연에 등

한하다고 힐난했다. 연산군 1년(1495) 1월 5일 홍문관 교리 권유(權瑠)는 연산군에게 수륙재를 지내면 안 된다는 서계를 올리면서 이렇게 말했다.

"신이 경연에서 (성종을) 모신 5년 동안 날마다 세 번씩 뵈었으므로 성스런 가르침이 귀에 쟁쟁하게 남아 있으니, 비록 신이 미천하더라도 군부의 교훈을 죽으나 사나 마땅히 지켜야 할 것입니다."

성종은 하루에 세 번씩 경연에 참석했다는 것이다. 성종은 낮에는 요순이요 밤에는 걸주라는 말이 있을 만큼 낮에는 열심히 경연에 참석했지만 밤에는 숱한 후궁을 섭렵했다. 또한 궁궐 밖으로 나가는 미행(微行)도 자주 한 것으로 알려져 있다.

유신들은 연산군 즉위 직후부터 경연에 참석하라고 압박했다. 사람

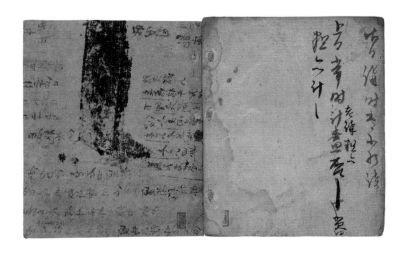

《경연일기(經筵日記)》
경연에서 강의하고 토론한 내용을 기록한 공식 일지이다.

이 죽은 뒤 석 달 만에 오는 첫 정일(丁日)이나 해일(亥日)에 지내는 제사가 졸곡(卒哭)인데, 졸곡이 지났는데도 연산군이 경연에 참석하지 않는다고 비판하면서 "하루에 세 번씩은 참석하지 못하더라도 하루에 한번은 반드시 경연에 참석해야 한다"고 요구했다.

연산군이 경연에 나가지 않은 것은 아니었다. 《연산군일기》의 재위 6년 11월조에 따르면 연산군은 11월 2일, 3일, 5일, 6일 경연에 나갔다. 유신들은 세종과 성종이 경연에 열심히 참석했다는 것을 근거로 연산군에게도 부지런히 경연에 참석하라고 요청했는데, 연산군이 비록 세종, 성종에는 미치지 못하지만 몸이 불편하지 않은 한 경연에 참석했다. 이때는 유학 경전뿐만 아니라 남송의 주희(朱熹, 주자)가 사마광(司馬光)의 《자치통감(資治通鑑)》을 강(綱)과 목(目)으로 나누어 편찬한 《통감강목(通鑑綱目)》을 진강하기도 했는데, 연산군은 유학 경전보다는 이런 역사서에 더 관심이 많았다. 연산군 재위 9년(1503) 2월 19일 《통감강목》을 강하는데 〈당(唐) 헌종(憲宗) 본기〉에 대간에 관한 대목이 나왔다.

연산군이 관심을 가졌던 《통감강목》

헌종이 "간관(諫官)이 사실적 근거 없이 헐뜯는 말을 많이 하니 짐이 그 가운데 심한 사람 한두 명을 적발해서 나머지 사람들을 경계하려고 하는데 어떠한가?"라고 물었다. 이강(李絳)이 "이것은 아마도 폐하의 뜻이 아니라 반드시

간사한 신하가 폐하의 총명을 가로막고자 하는 것입니다"라고 답했다
는 대목이다.

연산군이 이 고사를 듣고 이렇게 물었다.

"이강의 대답은 비록 언로를 열자는 주장이지만 과연 사실적 근거
가 없다면 죄를 다스리는 것이 옳은데, 이강은 왜 이렇게 말했는가?"

시독관 권달수(權達手)는 이렇게 답했다.

"당나라 헌종 때 일은 신이 미처 상고하지 못했지만 대간이 어찌 감
히 사실이 없는 말을 아뢰겠습니까? 비록 잘못이 있더라도 진실로 너
그러이 용서해야 할 것입니다."

지사(知事) 노공필(盧公弼)은 이렇게 아뢰었다.

"간하는 자가 비록 지나친 말을 해서 끝내 사실적 근거가 없는 것으
로 밝혀진다고 해도 처음 아뢸 때에는 스스로 사실이라고 생각했을
것입니다. 신하 된 자는 자신을 아끼는 사람이 많고 나라에 몸 바치는
자는 적은 것이니, 비록 사실적 근거가 없더라도 헐뜯었다고 죄를 가
한다면 간하는 사람이 생각한 바를 다 말할 수가 없을 것입니다."

노공필은 "군주는 대간에 대하여 진실로 너그럽게 용서해야 할 것
입니다"라고 말했으나 연산군은 끝내 답하지 않았다고 《연산군일기》
는 전한다. 《중종실록》은 연산군이 경연을 폐지했다고 비판하고 있지
만, 경연을 폐지한 것이 아니라 갑자사화 이후 왕권이 정점에 이르렀
던 재위 11년(1505) 1월 4일 경연관(經筵官)을 진독관(進讀官)이라고 고
쳤을 뿐이다. 연산군은 재위 12년 2월 1일 경연의 기능에 대해서 회의
를 표했다. 경연이 왕권을 억압하는 제도라고 보았던 것이다.

"경연은 덕성을 교화하고 기르는 것이고 다스리는 도를 널리 묻는

것이니 폐할 수 없다. 그러나 강(講)하기를 마친 후에 대간, 홍문관과 심지어는 한림의 연소배들까지 어지럽게 다투고 논계하여 각자 자기의 의견을 고집하는데, 임금을 이기려고 모두 긴요하지 않은 들뜨고 경박한 일을 말하니 이것이 어찌 아름다운 풍습이겠는가. 어릴 때는 마땅히 매일 경연에 나가 학문을 더해야 할 것이지만 만약 나이가 장성해서 견문이 이미 넓어졌다면 어찌 반드시 경연을 해야만 이익이 된다고 하겠는가. … 군자는 안에 있고 소인은 밖에 있게 하면 기강이 엄숙하여 다스리는 길이 융성해지는 것이니, 어찌 경연에 나가지 않았다고 도를 잃었다 하겠는가?"

연산군은 굳이 경연에서 신하들과 다툴 필요가 없다고 판단했다. 국왕이 국사를 주도하면 된다고 생각했다. 연산군을 쫓아낸 대신들은 새 군주를 열심히 경연에 참석하게 해서 신하들과 공동으로 나라를 다스려야 연산군 같은 군주가 되는 것을 방지할 수 있다고 생각했다. 그래서 즉위 다음 날 대신들은 "경연에서 군신(群臣)을 접하는 등의 일을 속히 마련해서 행해야 합니다"라고 주청했고, 중종은 "속히 마련해서 아뢰라"고 답했다.

비록 즉위는 했지만 정사의 실권은 반정 3대장을 비롯한 공신들이 모두 장악하고 있으므로 중종은 경연에 열심히 참석하는 것 외에 크게 할 일도 없었다. 9월 10일에는 경연특진관을 다시 설치하고 9월 13일에는 경연의 횟수와 과목 등을 정했다.

"경연에서 진강하는데 아침의 조강에는 《상서(尙書)》로 해야 합니다. 이 책은 제왕이 다스림에 이르는 근본이어서 육경(六經) 가운데 마땅히 먼저 알아야 하니 지금에 있어서 마땅히 빨리 진강해야 합니다.

낮의 주강에는 《강목》으로 하게 되어 있습니다. 이 책은 역대 제왕의 치란흥망(治亂興亡)이 모두 실려 있어서 강론하지 않을 수 없습니다. 저녁 및 야대(夜對)에는 《대학연의(大學衍義)》로 하게 되어 있습니다. 이 책은 제왕이 정치를 베푸는 근원이니 또한 강하여야 합니다."《중종실록》1년 9월 13일)

하루 세 번의 조강, 주강, 석강을 실시하는데 조강에는 《상서》, 주강에는 《강목》, 석강에는 《대학연의》를 교재로 수업을 받아야 한다는 것이었다. 《상서》는 《서경》이라고도 하는데 하(夏)나라 이전의 역사서인 〈우서(虞書)〉, 하나라의 역사서인 〈하서(夏書)〉, 상(은)나라의 역사서인 〈상서(商書)〉, 주나라의 역사서인 〈주서(周書)〉로 분류되어 있는 책이다.

《강목》은 《통감강목》으로서 사마광의 《자치통감》을 남송의 주희가 강과 목으로 나누어 편찬한 역사서다. 주 위열왕(威烈王)은 서기전 403년 진(晉)나라의 세 호족인 한(韓)씨, 조(趙)씨, 위(魏)씨가 진나라를 나누어 가진 것을 각각 제후로 인정함으로써 전국시대의 문을 열었다. 《자치통감》은 이때인 서기전 403년부터 후주(後周)의 세종 때인 서기 960년까지 1362년간의 역사를 편찬한 역사서다. 이를 주희가 강과 목으로 나누어 편찬하면서 정통(正統)과 비정통으로 구분했는데, 주희는 대요(大要)만을 썼고 구체적인 세목은 제자 조사연(趙師淵)이 작성하였다. 역사적인 사실보다는 성리학적 관점의 의리를 높여 서술하면서 앞뒤가 모순되거나 사실과 다른 내용도 적지 않다. 삼국시대는 유비(劉備)의 촉(蜀)을 정통으로 서술했다. 역사서의 형식을 갖추었지만 성리학의 의리론을 설파하기 위해서 서술한 책이다.

《대학연의》는 서산선생(西山先生)이라고 불렸던 송나라 진덕수(眞德秀)가《대학》에 주석을 단 책이다.《대학》은 원래《예기》의 46편 중 한 편이었는데 성리학자들이 따로 독립시켜 한 권의 독자적 책으로 만든 책이었다.

하루에 세 번의 경연에서 사용하는 교재는 모두 유학서, 그중에서도 성리학 서적들이었다. 중종을 성리학을 추종하는 임금으로 만들겠다는 뜻이고 조선을 성리학 나라로 이끌고 가겠다는 뜻이었다.

반정 세력에 업힌 중종으로서 거절할 상황은 아니었다. 중종이 큰마음 먹고 국사를 처리하면 곧바로 경연에서 공격이 들어왔다. 경연은 사실상 사대부가 국왕을 교육시키는 자리였다. 중종 2년(1507) 10월 23일의 경연이 이를 말해 준다. 지평 이현보(李賢輔)가 강혼을 추문(推問)하기를 청하고는 이렇게 말했다.

"근일에 경연을 그치지 아니하시고 어진 사대부를 접대하시니 신 등은 기뻐서 경하합니다. 다만 독서하는 법은 단지 구두(句讀)에 그치는 것이 아니라 그 뜻을 탐구해서 풀고 생각하는 것이 마땅합니다."

독서할 때 어느 대목에서 끊는 구두가 중요한 것이 아니고 그 뜻을 탐구해서 풀고 깊게 생각하라는 것이었다. 이때 형조판서였던 강혼에 대해 대간에서는 연산군 때 승지로서 연산군의 폭정에 앞장서서 영합했다면서 국문해야 한다고 논박했다.

시독관 최숙생(崔淑生)이 덧붙였다.

"이현보가 아뢴 말이 아주 타당합니다. 대체로 경연을 설치한 것은 어진 사대부를 접대해서 예와 지금 다스려지고 어지러워지는 도를 논하려는 것입니다. … 소신은 성종조에 경연관으로 늘 곁에서 모셨는데, 경연 때에는 하늘의 말씀이 친절하시고 여러 신하를 접대하실 때에는 조용하고 온화하시니 마치 부자 사이 같아서, 여러 신하가 아버지처럼 우러러보았고 아래위가 화목하였습니다. 폐주(연산군)는 경연에서 신하를 접대할 때 묵묵히 한마디 말이 없으니 신하들이 승냥이와 범처럼 두려워해서 마침내 화란에 이르게 된 것입니다. 전하께서는 성종의 마음을 본받으시고 폐주의 일은 징계하소서."

연산군이 신하를 무시하다가 쫓겨났다는 말이었으니 중종에게는 일종의 협박처럼 들릴 수도 있었다. 신하들이 중종에게 요구하는 것은 연산군을 버리고 아버지 성종을 본받으라는 것이었다. 최숙생은 이런 말도 했다.

"이제 전하께서는 즉위 초인데 한갓 대간의 말을 듣지 않을 뿐 아니라 옥에 가두기에 이르니, 사림이 비록 말을 다해서 감추지 않으려 하지만 폐주의 일이 징계가 되어 감히 진언하지 못하니, 이것이 국가의 작은 일이겠습니까?"

이틀 뒤 중종은 그간 거부하던 강혼의 국문을 허락했으니 '폐주' 운운하며 비판한 것이 효과를 거둔 셈이었다. 공신들과 유신들은 중종을 성리학 이념을 가진 군주이자 자신들과 나라를 공동 경영하는 동업자로 여겼다.

국왕 위의 신하들, 반정 3대장

태종보다 더 강한 권력을 누렸던 연산군이 몰락하면서 왕권은 급속도로 추락했다. 중종 초반의 정국에서 중종은 명목상이고 사실상의 임금은 박원종, 성희안, 유순정 등 이른바 '반정 3대장'이었다. 1등 공신 중에서 특이한 인물은 유자광이었다. 연산군 때 무오사화를 주도해 수많은 사람을 죽음으로 몰았으니 반정 이후 임사홍처럼 죽임이 마땅했던 인물이었다. 그가 임사홍과 달리 1등 공신으로 부활한 것은 반정 당일의 행적에 있었다.

9월 1일 저녁 일단 거사를 시작했으나 쿠데타 세력은 불안하지 않을 수 없었다. 실패하면 그야말로 삼족이 멸함을 당할 일이었다. 그래서 그날 저녁 반정 세력들은 "유자광은 일을 많이 겪어서 지모가 많으니 이 일을 알리지 않을 수 없다"면서 유자광에게 사람을 보내 알렸다. 유자광을 다 믿지는 못하므로 숨거나 머뭇거리면 때려죽이겠다는 협박도 곁들였다. 이미 판세가 기울었다고 판단한 유자광은 군복을 입고 말을 타고 합류하면서 심부름하는 종에게 비 올 때 쓰는 유둔(油芚)을 지고 오게 했는데 사람들이 그 뜻을 알지 못하였다. 진중에서 장수와 병졸을 파견하는데 창졸간에 신표를 나타내는 부신(符信)을 만들 재료가 없었다. 유자광이 곧 유둔을 오려서 부신을 만드니 사람들이 그 지혜에 탄복했다고 《동각잡기》는 전한다.

이때 의논이 갈린 문제가 있었다. 연산군을 그냥 쫓아내고 진성대군을 추대할 것인지 연산군을 불러내서 그 죄상을 낱낱이 듣게 한 후

쫓아낼 것인지의 문제였다. 유순 등은 "옛날부터 임금을 폐하고 새로 세울 적에 그 죄를 따진 것은 창읍왕(昌邑王)을 폐할 때뿐이었는데, 지금도 마땅히 잘 조처해야 한다"라고 말하고 승지 한순과 내시 서경생(徐敬生)을 창덕궁으로 보내어 연산군에게 국새를 내놓고 정전(正殿)을 피해서 나가라고 요청했다. 《국조보감(國朝寶鑑)》은 연산군이 "내 죄는 내가 잘 안다"라면서 국새를 꺼내서 상서원(尙瑞院)의 낭관에게 주었다고 말하고 있다. 그런데 유자광이 한술 더 강경한 주장을 폈다.

"한나라 곽광이 창읍왕을 폐할 때 그랬던 것처럼 현 임금을 폐해 대궐 안으로 나오게 하고 대비께 폐주한 연고를 고해야 합니다."

한나라 소제(昭帝)가 아들 없이 죽자 방계의 창읍왕을 황제로 삼았

유자광 묘 내부와 유자광의 시신

는데, 100일 동안 실정을 거듭하자 대신 곽광(霍光)이 창읍왕을 폐하는 사유를 말하고 선제(宣帝)를 추대했다. 이 고사대로 연산군을 직접 불러내어 폐하는 사유를 알려야 한다는 주장이었다. 뒤늦게 쿠데타에 참여한 유자광이 자신의 선명성을 과시하고 싶은 것이었다.

그러나 성희안 등이 말리는 바람에 이 주장은 채택되지 않았다. 반정 주도 세력도 그렇게 하고 싶었겠지만 행여 연산군이 "너희들은 오늘 아침까지도 내게 충성을 다하던 신하들이 아닌가?"라고 반박할 경우 할 말이 없기 때문이었다.

실권을 장악한 반정 3대장은 하자가 많은 유순을 그대로 영의정에 체임시켜 자신들의 뜻을 따르게 했다. 그래서 연산군 마지막 날까지 영의정이었던 영의정 유순이 중종 때도 영의정이었다.

반정 3대장은 모두 훈구 공신 계열이었다. 박원종의 증조부는 제2차 왕자의 난 때 이방원(李芳遠)의 편에 섰던 좌명 3등 공신 박석명(朴錫命)이었다. 박원종의 할머니는 세종의 장인 심온(沈溫)의 딸로서 소헌왕후의 동생이었고, 박원종의 부친 박중선은 적개, 익대, 좌리공신에 모두 책봉된 3공신이었다. 박중선의 딸이자 박원종의 누이는 월산대군 부인 박씨였고, 여동생은 제안대군의 부인이었다. 중첩된 공신이자 왕실의 중첩된 외척이었다. 부친 박중선이 하사받은 공신전만 해도 적개공신 1등으로 전 150결, 익대공신 3등으로 전 80결, 좌리공신 3등으로 전 20결로 도합 250결이었다. 하사받은 노비 숫자만 53명에 달했다.

성희안도 박원종보다는 빠지지만 대를 이어 벼슬한 가문이었다. 그의 증조할아버지는 첨지중추부사를 지낸 성부(成溥)였으며, 할아버지는 직장을 지낸 성효연(成孝淵), 아버지는 판관을 지낸 성찬(成瓚)으로서 대대로 벼슬한 가문이었다. 더구나 그의 어머니는 정종의 소생인 덕천군(德泉君) 이후생(李厚生)의 딸이었다.

유순정은 목사(牧使) 유양(柳壤)의 아들로, 할아버지가 심온의 사위였으므로 박원종의 할머니와 유순정의 할머니는 자매간이었다.

박원종은 이른바 계유정난 이후의 수양대군과 비슷한 권력을 갖게 되었다. 성씨가 이씨가 아니니 비록 직접 즉위할 수는 없지만 중종의 섭정 비슷한 존재였다. 박원종은 중종 1년 9월 6일 의정부의 정2품 좌참찬이 되었다가 일주일쯤 후인 9월 13일 정1품 우의정으로 올랐다가 11월에는 좌의정으로 다시 승진했다. 중종 4년(1509) 윤9월 27일 유순이 문성부원군(文城府院君)으로 물러나면서 좌의정 박원종은 드디어 영의정으로 승진했다. 유순정이 좌의정 겸 병조판서로 박원종의 자리를 이었다.

박원종은 마치 고려 무신 정권의 최우(崔瑀, ?~1249)에 버금가는 존재였다. 최우는 자기 집에 정방(政房)을 차려 놓고 문무백관의 인사를 결정했는데 박원종도 마찬가지였다. 《고려사(高麗史)》〈선거(選擧) 전주(銓注)〉는 정방에 대해서 이렇게 말하고 있다.

"(고려) 고종 12년(1225)에 최우가 자기 집에 정방을 설치하고 모든 관리들의 전주(인사 평가)를 다루었는데, 문사를 선발하여 여기에 속하게 하고는 필자지(必者赤)라고 불렀다."

최충헌의 아들 최우가 자기 집에 정방을 설치해서 모든 관리들의 인사를 결정했다는 것이다. 박원종도 마찬가지였다.

박원종은 양주의 도산농장(陶山農莊)에서 병을 치료한다면서 벼슬아치들을 불러 정사를 처리했다.

인조 때의 문신 박동량(朴東亮, 1569~1635)이 지은 《기재잡기(寄齋雜記)》에는 예조좌랑 정사룡(鄭士龍)이 박원종의 별장을 찾아갔을 때 광경을 기록한 내용이 있다.

호음(湖陰, 정사룡의 호) 정사룡이 예조좌랑으로서 공사(公事)를 가지고 찾아가 통자(通刺)하였더니 즉시 불렀다. 세 문을 지나 대청 앞에 이르니 돌을 다듬어 섬돌을 쌓았는데 뜰에 작은 키에 가지가 옆으로 뻗은 반송 몇 그루가 서 있었다. 붉은 난간 푸른 창문 안에는 비단 자리가 가득 깔려 있는데 화려하여 눈을 빼앗았다. 한 문에 더 들어서니 날아갈 듯한 작은 누각이 있었는데 붉은 발이 땅에 드리웠고, 말소리가 은은하여 마치 구름 속에서 들려오는 소리 같았다.

누각 동쪽의 한 여인이 큰 장식 머리를 하고 몸에는 누런 장삼을 입고 붉은 치마를 끌면서 나와서 상공(相公)이라고 불렀다. 호음이 몸을 굽히고 종종걸음으로 나아가 그 여인 앞에 이르니 또 한 문이 작은 당(堂) 밖에 있었는데 맑은 향기가 코를 찔렀다. 드디어 그 문을 들어서니 평성(平城, 박원종)이 연못 동쪽 평상 위에 앉아 있었는데 수놓은 베개와 화려한 자리에 두 여종이 파리채를 들고 좌우에 서 있었고, 당 안에는 주렴 안에 앉은 시녀의 숫자를 알 수 없었다. 평성이 일어나서 호음을 맞으면서 "앉으시오, 앉으시오"라고 말하고 손을 들어 서쪽 평상 위로 이끌어 앉혔다.(《기재잡기》)

예조좌랑이 공무를 개인 별장으로 가지고 가서 보고하는 것은 고려 무신 정권 때도 없었던 일이다. 최우는 집에 정방을 설치했지만 박원종은 그런 것도 없이 별장에서 공무를 처리한 것이다.

호음이 절한 다음 꿇어앉으면서 "이 공사를 어떻게 처리할까요?"라고 물었는데, 대개 예문(禮文)에 관한 일이었다. 공이 그 공사를 받아서 자리 오른쪽에 놓으면서 말했다.

"내가 무부(武夫)인데 무슨 의리를 알겠는가? 종묘사직의 영혼에 힘입어 때를 타서 일어났다가 있어서는 안 될 곳에 무릅쓰고 있으니 황공하여 몸 둘 바를 모를 뿐이네. 어찌 감히 조정의 공사에 참여하여 의논할 수 있겠는가. 예조판서가 있으니 어찌 잘 처리하지 않겠는가? 좌랑을 보니 젊은 풍채가 앞길이 지극히 원대하겠네. 이 노부와 술이나 마시게."

갑자기 술을 올리라고 외치자 여러 시녀들이 일제히 꿇어앉아 대답했고 벌써 네 시녀가 한 상을 받들고 나왔는데, 진수성찬이 서로 섞여서 어느 곳에 젓가락을 대야 할지 몰랐다. 여자 악공 수십 명이 각기 관현악기를 들고 못 위에 둘러앉아 풍류를 연주하는데 맑은 소리와 묘한 가락이 흥겹게 귀를 울렸다. 공이 자주 잔을 들어 권하면서 말했다.

"무부라고 싫어하지 말게."

호음이 평생 크게 경계한 것이었지만 감히 사양할 수가 없어 취하도록 마시고 일어서니, 공이 여러 시녀를 시켜 부축해서 문 밖에 도착해서 그쳤다. 호음도 많은 저택을 두었고 스스로 몸 봉양을 극히 사치스럽게 한 것은 대개 평성을 흠모했던 것이다. 말년에 가세가 대성하였는데도 이에 말했다.

"어찌 그의 만 분의 일을 따를 수 있겠는가."《기재잡기》

박원종이 정사룡을 맞이하는 태도는 정중했고 자신은 정사를 모른다고 겸양했지만 이미 자기 집으로 관리를 불러서 공사를 듣는다는 사실 자체가 임금을 무시하는 처사였다. 반정 3대장은 청렴한 것과는 거리가 멀어서 성희안도 청렴하지 않았고 유순정도 "뇌물을 좋아해 광대한 땅을 만들었다"는 기록이 남아 있다.

좌의정은 유순정, 우의정은 성희안이 되었으니 반정 3대장이 반정 3정승이 된 것인데, 박원종은 영의정에 병조판서까지 겸임했으니 실질적인 임금이나 다름없었다. 중종은 '반정 3대장'을 신하로 대하지 않았다. 3대신이 조회를 끝내고 물러갈 때면 자리에서 일어났다가 문을 나간 연후에 자리에 앉을 정도로 우대했다. 왕조 국가의 임금이 신하가 물러나는데 자리에서 일어나는 것은 전례가 없는 일이었다.

그러나 무부 박원종은 수명이 짧았다. 그는 중종 5년(1510) 4월 17일 세상을 떠났다. 그의 부음을 듣고 중종은 승정원에 전교를 내렸다.

"곧 평성의 죽음을 들었는데 애통함을 이기지 못하겠다. 옛날에는 대신이 죽으면 친림하여 조상했다. 옛날과 지금이 비록 다르나 원훈대신이니 거애(擧哀)하는 것이 어떠한가를 정부(政府)에 물으라."

자신이 직접 가서 문상하는 것이 어떠냐는 것이었다. 박원종이 병석에 누우면서 김수동이 영의정이 되었는데, 그가 말했다.

"박원종의 죽음은 신 등도 애통하고 아깝게 여깁니다. 성종조에 대신이 죽자 거애하고자 하였으나 예관이 계시므로 행하지 않았습니다. 지금도 상전이 계시고 또 군사를 일으키는 때를 당했으니 흉사(凶事)를 거행하지 않는 것이 옛날의 예입니다. 이것이 비록 아름다운 일이지만 이때는 불가합니다."

성종 때 대신이 죽자 직접 문상하려고 했는데 대비들이 계시니 그만두었다는 것이다. 지금도 대비가 생존해 있고 또 군사를 일으키는 때이니 흉사를 거행해서는 안 된다는 건의였다. 중종이 말했다.

"성종조 일은 나도 들었는데 내 뜻이 그러했기 때문에 물은 것이다."

중종은 반정 3대장을 극도로 존중했다. 중종에게는 다행인 것이 반정 3대장이 모두 수명이 짧은 것이었다. 중종 5년(1510) 박원종이 만 43세의 나이로 불귀의 객이 되었고, 2년 후에는 만 53세의 유순정이, 그리고 다음 해에는 만 52세의 성희안이 저세상으로 갔다. 중종 8년에 반정 3대장이 모두 죽은 것이다. 그때 중종의 나이는 만 25세였다. 반정 3대신이 장악했던 권력의 크기만큼 그 공백도 컸다. 그 공백을 차지하기 위한 권력투쟁은 필연적이었다. 그 투쟁에는 훈구뿐만 아니라 사림도 뛰어들 것이었다. 무엇보다도 중종 자신도 그 투쟁에 뛰어들 것이었다. 반정 3공신의 죽음은 격렬한 권력투쟁을 예고하는 것이었다.

나는 허수아비 임금이 아니다

제거당하는 1등 공신, 박영문과 신윤무

아무 공이 없거나 연산군에게 끝까지 충성했던 이들이 정국공신에 책록되면서 정국공신의 정통성은 크게 훼손되었다. 중종반정 당일까지 도승지였던 강혼이나 연산군을 악의 길로 인도했다고 비판받았던 한성 판윤 구수영이 공신에 책봉된 것은 다른 공신들의 정당성까지도 의심하게 만들었다. 《기재잡기》는 구수영이 제거 대상에서 공신으로 역전한 배경에 한 종이 있었다고 말하고 있다.

세 대장이 거사하던 날, 광화문 밖에 진을 치고 있다는 말을 듣고 (구수영의) 온 집안이 통곡하며 어찌할 바를 몰랐는데 한 건장한 종이 말했다.

"사람이 죽고 사는 것이 각자 그 수가 있는 것인데 어찌 앉아서 죽기를 기다리겠습니까? 급히 술과 음식을 갖추면 내가 영공(令公)을 모시고 가서 요행히 모면할 데를 구하겠습니다."

이에 곧 맛있는 안주와 좋은 술을 잔뜩 마련하고 안장을 얹은 말에 종들이 대략 평소와 같이 앞뒤로 호위하고 나가서 군대 앞에 이르렀다. 종이 초헌(軺軒. 종2품 이상이 타던 외바퀴 달린 승교[乘轎])의 안석(案席)을 들어내어 세 대장이 앉은 건너편에 앉게 했는데 세 대장 앞에 여러 사람들이 뒤섞여서 구수영이 와서 앉아 있는 것을 미처 보지 못했다.

그때가 9월 초 이튿날인데 세 대장이 밤새 차가운 데 앉아 있었으니 배가 고팠다. 한편으로는 차가운 전율이 일어나고 겉으로는 식사 생각이 났지만 감히 말을 못 했다. 이때 종이 찬합을 가져다 차례대로 바치고 또 큰 술잔을 번갈아 올렸다. 여러 공들은 그 출처를 묻지도 않고 손에 닿는 대로 네댓 번 먹고 나서야 비로소 물었다.

"이것이 누구 집 물건이냐?"

그 종이 구수영을 가리키면서 말했다.

"구 영공께서 가지고 온 것입니다."

세 대장이 서로 돌아보면서 깜짝 놀라는 계제에 그 종이 말했다.

"오늘의 모임에는 이것이 큰 공이 될 것입니다. 이것이 아니면 여러 공들께서 허기지셔 가지고 어떻게 대사를 마칠 수 있겠습니까?"

곁에 있던 사람들이 그 말이 크게 옳다고 하였다. 구수영이 이로 인하여 세 대장과 말을 섞을 수 있게 되었고 점차 기회를 노려 계책의 일을 만들어 드디어 능천부원군(綾川府院君)이 되었다. 구수영의 죄악은 임사홍보다도 더한데도 비단 죽음을 면했을 뿐만 아니라 도리어 전화위복하였

으니, 당시 세 대장의 처사가 소루했음을 이로써 짐작할 수 있다.(《기재잡기》)

그런데 구수영은 제 버릇을 버리지 못하고 중종 2년(1507) 또 이극규(李克圭)의 아내 무덤을 깎아 뭉갠 사실이 감사와 행대감찰(行臺監察)의 보고로 드러났다. 대간에서 탄핵하자 중종은 공신이라고 거부하다가 공 2등을 감하고 속바치게 했다. 중종 4년(1509) 대간에서는 구수영이 연산군에게 여자를 구해다 바쳐 마음을 미혹시켰다면서 고신을 빼앗고 평생토록 벼슬길에 나가지 못하게 해야 한다고 논박했다. 이때는 아직 반정 3대장이 실권을 쥐고 있을 때였지만 대간은 연일 구수영을 파직해야 한다고 논박했다. 공신들은 처벌하지 않는다는 원칙을 갖고 있는 중종이 윤허하지 않아서 무사했지만 정국공신들의 권위는 다시 크게 떨어졌다.

이런 상황에서 3대장이 모두 죽었으니 정국공신들은 더 이상 무조건적인 성역이 아니었다. 이런 와중인 중종 8년(1513) 발생한 사건이 '박영문, 신윤무'의 옥사였다. 중종 8년 10월 22일 의정부의 종 정막개(鄭莫介)가 승정원에 역모를 상변(上變)했다. '역모'라는 낱말이 들어가면 승정원은 무조건 임금에게 보고해야 했다.

"군주를 범한 말을 와서 고하는 자가 있는데 승정원에서 심문해서 문서로 보고해야 합니까, 사정전(思政殿) 앞에서 심문해야 합니까?"

"도승지가 사관 두 사람을 데리고 사정전 뜰에 들어가 사람들을 물리치고서 물으라."

좌의정 송일, 우의정 정광필, 예조판서 김응기, 좌찬성 이손 등이 약방(藥房, 내의원)에 모였다. 왕의 명령을 전하는 승전색(承傳色) 환관 김경(金瓊)이 역모에 관련된 두 사람의 이름을 적은 쪽지를 돌리자 대신들은 깜짝 놀랐다. 정국 1등 공신 박영문과 신윤무의 이름이 쓰여 있었기 때문이다. 그것도 둘 다 무신이었다. 박원종과 함께 연산군을 내쫓고 중종을 추대하는 데 핵심 역할을 한 무신들이었다.

중종이 대신들에게 전교를 내렸다.

"두 사람이 불궤를 도모하는 마음이 있다고 고변한 사람이 있는데, 내 마음은 조금도 의심이 없지만 와서 고변한 자의 말이 매우 분명하니 반드시 말에 연루된 사람이 있고 또 선동한 사람이 있을 것이다. 내가 친히 국문하려 하는데 어떠한가? 또 명패로 두 사람을 불러올 것인가, 법에 의하여 잡아 올 것인가?"《중종실록》 8년 10월 22일)

송일 등이 임금의 물음에 회계(回啓)했다.

"관계되는 바가 매우 중대하니 마땅히 법에 의하여 잡아 와야 합니다. 추문한 뒤에 사실이 아니면 즉시 놓아 보내는 것이 마땅합니다. 또 일이 국가에 관계되는 사안이니 친히 국문하셔도 됩니다."

두 1등 공신은 의금부에 의해서 곧장 체포되어 왔다.

중종은 도승지 이사균(李思鈞)에게 경연청에 들어가서 사람들을 물리치고 정막개에게 비밀리에 진상을 묻게 했다. 정막개는 열흘 전쯤인 13일 사직서(社稷署)의 종 보현(寶玄)에게 빚을 받으러 갔다가 보현이 집에 없어서 돌아오는 길에 명례방(明禮坊)에 사는 전 병조판서 신윤무의 집 앞길을 지나게 되었다고 말했다. 정막개가 신 판서의 대문 앞에 서서 살펴보니 문 앞에 말 한 필과 종 네 사람이 있어서 "손님이 왔느냐?"고 물으니 "박영문이 왔다"고 답했다는 것이다. 사랑 앞에 이르러 두 사람이 말하는 것을 들으니 대간(사헌부, 사간원)을 비판하는 말이었다는 것이다. 박영문이 대간에는 문신들만 쓰고 무신들을 배제하는 것을 비난했다는 것이다. 홍경주가 정승에 제배되어야 하는데 송일이 되고 아무 공이 없는 정광필이 정승이 된 것도 모두 문신이기 때문이라는 불평이었다.

신윤무는 유자광이 귀양 간 것은 폐조(廢朝, 연산군) 때 문신을 많이 모함하여 죽였기 때문이고, 정광필도 대간으로부터 논박을 받은 적이 있다면서 박영문의 말에 동조하지는 않았다. 박영문은 정광필이 형식적으로 며칠 논박당했을 뿐이라면서 며칠 전 아차산의 임금 사냥터를 미리 둘러볼 때 이조참판 이장곤(李長坤)이 자신을 무시했다고 분통을 터뜨렸다. 이장곤이 자신에게 "영공과 함께 시를 지어도 되겠소?"라고 말해서 자신이 답변하지 않았는데도 스스로 시를 지어 부르고는 "낙일(落日, 지는 해)을 대구로 시를 지으시오"라고 하기에 속으로 통분해서 말을 타고 나왔다는 것이다.

"내가 이장곤보다 나이도 많고 관직도 위입니다. 또 같은 마을에 사는데, 나를 무신이라고 업신여겨서 그러는 것이오. 이장곤은 폐조 때 망명해서 산에 있었으면 반드시 굶어 죽었을 것이고, 발견되어 잡혔으면 반드시 죽임을 당했을 것인데, 우리들 때문에 살게 되었는데도 우리에게 이렇게 오만하니 내가 속으로 통분한 마음을 품었소."

이날 대화는 박영문이 주로 불만을 토로하고 신윤무가 달래는 내용이었는데, 나중에 결정적인 말은 신윤무가 했다는 것이다. 자신과 박영문, 민회발(閔懷發, 3등 공신)만으로 거사하면 대사를 이루지 못할까 염려되니, 조정에 있는 동지들에게 약간 뜻만 비춰 두고 있다가 임금이 밖으로 행차할 때 거사하자고 말했다는 것이다. 박영문은 임금의 사냥 때는 무신들이 모두 따라가니 거사의 적기라고 맞장구쳤다는 것이다. 거사에 성공하면 육조는 모두 무신들이 차지해야 한다고도 말했다는 것이다.

가장 중요한 것은 누구를 추대할 것인가 하는 점이었다. 박영문이 추대하려던 인물은 성종의 열세 번째 아들인 영산군(寧山君) 이전(李恮)이었다. 영산군은 활쏘기와 말 타기를 잘하고 사냥을 좋아하니 영산군을 받들어야 한다는 것이다. 박영문은 이렇게 말했다는 것이다.

"홍경주는 내친(內親)이어서 일을 의논할 수는 없지만 영의정으로 삼고 그대를 좌의정으로 삼고 내가 우의정이 되고, 민회발은 활터에서 병조판서로 삼아서 군사를 거느리고 돌아와야 하오."

홍경주의 딸이 중종의 후궁 희빈(熙嬪) 홍씨이므로 내친이라고 말한 것이다. 여기까지 들었다고 말한 정막개는 몸을 떨면서 이렇게 말했다.

"신이 들으니 말이 대가(大駕, 임금)에 관계되므로 더욱 놀랍고 두려워서 어떻게 빠져나갈 것인지 생각하다가 곧 신을 벗어 소매에 넣고 맨발로 나와서 집에 돌아가는데 다리가 떨렸습니다. 15일 새벽에 승지를 만나서 계달(啓達)하려고 광화문을 거쳐서 들어가 승정원에 가서 일영대(日影臺, 해시계) 앞에서 도승지를 만나서 고변하려 했으나 아전들이 쫓아내서 들어가지 못했습니다."《중종실록》 8년 10월 22일)

정막개는 고변하려고 기회를 엿보다가 임금의 명을 전하는 내시인 승전색을 만나서 비로소 고변할 수 있었다고 말했다. 중종은 크게 놀랐다. 자신이 아무런 공이 없이 임금으로 추대된 것처럼 영산군도 임금으로 추대될 수 있었던 것이다.

중종은 박영문에게 "10일 이후 어느 날에 네가 신윤무의 집에 갔느냐?"고 물었다.

"금년 7월 초이튿날에 삼년상을 마친 뒤로 신은 한 번도 신윤무의 집에 가지 않았고 성희안의 발인 날에 신윤무를 보았을 뿐입니다."

중종이 "증거가 있는데 어찌 숨기느냐?"라면서 추궁했으나 박영문은 계속 부인했다. 신윤무도 마찬가지로 박영문이 "이달에 한 번도 오지 않았다"고 부인했다. 두 공신이 부인하자 둘의 종들을 불러 곤장을 치면서 물었는데, 종들은 주인들을 보호하기 위해서 형장을 참으며 혐의를 부인했다. 이장곤을 불러 심문했는데, 이장곤은 자신이 술에 취해서 "인생사 백년인데 해 지는 것을 보네(人事百年看落日)"라고 시를 짓자 신용개가 "산과 강은 만고 전에는 다만 티끌이었네(山川萬古只行塵)"라는 대구를 지었다고 답했다. 이 밖에도 여러 연구(聯句)와 절구(絶句)를 지었는데, 박영문이 "두 사람은 학문에 연원이 있으니 문사(文詞)를 잘 사용하는구려"라고 말했다고 답했다. 이장곤, 신용개와 박영문이 시를 두고 대화한 것을 역모의 증거로 쓸 수는 없었지만, 의정부의 종인 정막개가 이 사실을 안 것 자체가 적어도 고변이 거짓말만은 아님을 말해 주는 것이었다.

신윤무는 고변자와 대질을 요구했다. 중종이 정막개를 불러다 서쪽 뜰에 앉히고 박영문에게 "시를 지은 일을 고변자가 어떻게 알았겠느냐?"고 묻자 박영문은 "그가 알게 된 연유는 알 수 없습니다"라고 답했다. 의정부 종인 정막개가 어떻게 1등 공신 신윤무를 알고 있느냐는 점도 논란거리였다. 정막개는 처음에 신윤무의 공신노(功臣奴)가 되려고 했으나 박원종이 의정부의 종은 공신노가 될 수 없다고 해서 못 됐지만, 이때 신윤무를 만났기 때문에 그의 집에 드나들었다고 대답했다. 확실한 물증은 나오지 않은 채 신문은 다음 날 계속되었다. 다음 날에는 박영문에게도 형장이 가해졌다. 신윤무가 정막개를 모른다고 부인하자 신윤무에게도 형장이 가해졌다. 숱한 형장이 가해지자 신윤무가 외쳤다.

"차라리 거짓 자복하고자 합니다."

중종이 신윤무를 일으켜 앉혀서 문자 혐의를 부인했고, 다시 형장이 가해졌다. 매를 견디지 못한 신윤무가 다시 자복하겠다고 토로했고, 다시 일으켜 앉히자 다시 부인했다. 그러자 박영문, 신윤무에 대한 옹호론이 등장했다. 좌찬성 이손이었다.

"신이 추관으로서 이런 말을 아룀은 부당할 듯하나, 신윤무와 박영문 등이 만약 거짓으로 자복했는데 죄를 준다면 옳지 못합니다. 겨울에 천둥의 변이 있는 것은 반드시 까닭이 있는 것인데, 1등 공신의 모반 또한 작은 일이 아닙니다. 가령 상인(常人, 일반 평민)이 공신을 무함하면 재변이 없지 않을 것입니다. 신이 생각하기에 박영문 등이 홍경주를 수상(首相, 영의정)으로 삼기로 했다는 말은 빈말인 듯합니다. 비록 홍경주에게 수상이 되게 하더라도 어떻게 감당하겠습니까? 중원(中原)이라면 모르겠지만 우리나라에서는 홍경주가 수상이 되지 못할 것입니다."

일반 평민이 공신을 무함해도 재변이 있는 것인데, 일개 종이 공신을 무함하니 겨울에 천둥이 쳤다는 것이었다. 사실 이 사건의 물증이라고는 정막개의 고변 하나뿐이었다. 일개 종이 1등 공신 두 사람을 고변했다가 무고로 밝혀지면 목이 열 개라도 살아남을 수 없다는 사실을 모르지는 않았을 것이라는 점도 무시할 수는 없었다. 그러나 정막개의 말이 사실이라고 해도 이는 두 무신이 문신이 우대받는 풍조를 한탄한 것에 불과한 일일 수도 있었다. 두 공신이 끝까지 부인하자 곤란해진 것은 중종이었다. 박영문은 이렇게 항변했다.

"고변자가 비록 총명하더라도 이처럼 책문보다 많은 말을 한 번 듣고 어떻게 다 전할 수 있겠습니까? 지금 승전색에게 한 번 물어서 말을 전하게 해도 하지 못할 것입니다. …또 13일에 들었다면서 22일에야 아뢰었다고 하니, 그 사이에 황당한 일을 반드시 꾸며서 한 것입니다."《중종실록》 8년 10월 23일)

박영문의 말은 일리가 있었다. 정막개가 두 사람의 대화를 들었다는 날과 고변 날 사이에는 열흘의 틈이 있었다. 고변은 듣는 즉시 해야 하는 것인데 들은 지 열흘 후에야 고변했다는 것은 의혹의 소지가 있었다. 그래서 중종도 "이치는 그럴 듯하다"고 시인할 수밖에 없었다. 그러나 중종은 이제 와서 그만둘 수는 없었다. 그러면 일개 종의 무함을 근거로 권력투쟁 공신을 두 사람이나 죽이려 했다는 혐의를 살 수밖에 없었다. 계속된 문초 끝에 신윤무가 "박영문이 일은 할 만한 때에 해야 한다고 했습니다"라고 자백했다. 중종이 신윤무에게 "너는 정국공신이 되어 위계가 1품에 이르렀으니 만족하지 않은 것이 아닐 터인데, 다시 무슨 짓을 하려고 감히 이런 마음을 먹었느냐?"라고 묻자 신윤무가 답했다.

"신의 지금 직위가 종1품이므로 극품(極品, 정1품)을 바라서 그랬습니다."

신윤무가 자백했다는 말을 듣고 박영문도 자백했다.

"출궁할 때나 환궁할 때는 옹위하는 군사가 많기 때문에 어렵지만, 사냥터(射場)에서는 시위하는 자가 모두 잡류장(雜類將) 및 관군장(冠軍將)에 속하기 때문에 일이 쉽소. 일이 이루어지면 동류(同類, 무반)가 육조의 판서가 되어야 하고, 자네와 홍경주가 정승이 되어야 한다고 했습니다."

잡류장은 문반이나 무반이 아닌 잡과(雜科) 출신을 거느리고 시위하던 장수이고, 관군장도 사냥 등이 있을 때 군사를 거느리고 시위하던 장수였다. 이 자백으로 두 공신의 모반은 사실로 인정되었다.

형은 다음 날인 10월 24일 바로 집행되었다. 박영문과 신윤무는 능지처참되고 박영문의 아들 박공과 박검은 교수형에 처했다. 신윤무는 아들이 없었다.

고변자 정막개는 서반(西班)의 정3품 상계(上階) 당상관인 절충장군(折衝將軍) 상호군(上護軍)을 제수받았다. 집 한 채와 노비 15구와 전지 15결 등을 상으로 받았다. 이날 《중종실록》의 사관은 이 옥사에 대해 이렇게 말했다.

"옥사는 다른 증거 없이 오로지 정막개의 고장(告狀)에 의하여 두 사람을 복문(覆問, 반복해서 묻다)하였는데, 박영문은 연달아 두 차례를 받았고, 신윤무는 본디 병약하여 큰 곤장을 견디지 못하고 문득 '그렇습니다, 그렇습니다'라고 하였다. 대저 즉위 초에 녹공(錄功)이 너무 넓어서 사람마다 화를 만들기를 좋아하여 밀고하는 문이 열리기 시작하였다."

또한 사관은 신윤무가 처형당할 즈음에 사헌부 집의 김협(金協)을 부르면서, "국가가 간사한 사람의 말을 듣고 공신을 억울하게 죽이는

데 그대는 어찌하여 간하지 않는가?"라고 말했는데, 김협이 밤새도록 잠을 이루지 못했다고 말하고 있다.

이 사건으로 정국공신들은 중종에게 불만을 갖게 되었다. 아무런 물증도 없이 의정부 종의 고변 하나를 근거로 형벌을 써서 정국 1등 공신을 죽음으로 몬 것이기 때문이다. 박영문과 신윤무는 연산군을 내쫓은 자신들보다 문신들이 더 높은 자위를 차지하고 있는 현상에 불만을 품은 것뿐이라는 생각이었다. 박영문이 신윤무의 집에 찾아가 문신 우대 풍조에 대해 불평을 늘어놓은 것이 물증의 전부였다. 중종을 쫓아내고 영산군을 추대하기 위해 움직였다는 구체적 정황은 아무 것도 없었다. 이 사건은 정국공신과 중종 사이에 깊은 골이 생기게 했다. 중종은 이 사건을 계기로 자신이 허수아비 임금이 아니라는 사실을 과시하려 했다. 1등 공신들도 죽일 수 있는 절대권자라는 사실을 내외에 선포한 것으로 생각했다. 중종은 내친 김에 정국공신을 더욱 약화시키려 했다. 그래서 사림을 주목했다.

사림의 재등장과 조광조

사림의 대표는 조광조였다. 그는 살아생전 김종직을 만나지 못했지만 사실상 김종직의 문하였다. 조광조의 스승 김굉필이 김종직의 문인이었기 때문이다. 김굉필은 김종직에게 《소학》을 소개받은 후 스스

조광조의 초상

로 '소학동자(小學童子)'라고 불렸을 만큼《소학》에 심취했다. 김굉필이
《논어》,《맹자》,《중용》,《대학》 같은 주자학의 4서를 모르지는 않았겠
지만 주자학 입문서인《소학》을 더 중시했다. 다음의 시가 이를 말해
준다.

　글을 업으로 삼았어도 천기(天機)를 몰랐는데
　소학을 읽던 중 이전의 잘못을 깨달았네
　〔業文猶未識天機/小學書中悟昨非〕.

《소학》은 주희와 그 제자 유청지(劉淸之)가 지었고 〈내편〉과 〈외편〉

으로 나뉘어 있다. 내편은 '입교(立教)', '명륜(明倫)', '경신(敬身)', '계고 (稽古)'로 구성되어 있고, 〈외편〉은 '가언(嘉言)', '선행(善行)'으로 구성되 어 있다. 교육을 세운다는 뜻의 '입교'는 주희의 서문으로 시작한다.

자사(子思) 선생이 말씀하셨다.
"하늘이 내린 명령이 성(性)이고, 그 성을 거느리는 것이 도(道)이고, 그 도를 닦는 것이 교(教)이다."
즉 천명을 밝히고, 성스런 법을 좇아서 이 편을 지었으니 스승 된 사람은 가르칠 바를 알게 될 것이고, 제자는 배워야 할 바를 알게 될 것이다〔子 思子曰 天命之謂性 率性之謂道 脩道之謂教 則天明 遵聖法 述此篇 俾爲師者知所 以教 而弟子知所以學〕.

"하늘이 내린 명령이 성이고… 그 도를 닦는 것이 교이다"라는 말은 공자의 손자인 자사가 지은 《중용》에 나온다. 하늘이 인간에게 내린 명령이 성(性)이고, 그 성을 거느리는 것이 도(道)이고, 이 도를 닦는 것 이 교(教), 곧 가르침이라는 것으로 성리학 핵심 교리 중 하나다.
'입교' 1장은 이렇게 시작한다.

《열녀전》에 이르기를 "옛날에는 부인들이 아이를 가지면 잘 때는 옆으 로 눕지 않았고, 앉을 때는 구석에 앉지 않았고, 설 때는 한 발로 서지 않 았고, 삿된 음식은 먹지 않았고, 바르게 썰지 않은 것은 먹지 않았고, 바 르지 못한 자리에는 앉지 않았고, 삿된 색은 보지 않았고, 음란한 소리는 듣지 않았으며, 밤에는 소경에게 시를 읊게 했고, 바른 일만 말하게 했다

〔列女傳曰 古者婦人妊子寢不側 坐不邊 立不蹕 不食邪味 割不正不食 席不正不坐
目不視邪色 耳不聽淫聲 夜則令瞽誦詩 道正事〕.

하늘이 사람에게 성을 내린 귀한 존재이므로 임신한 부인들이 모든
것에 극도로 삼갔다는 것이다.《소학》〈외편〉은 아름다운 말이란 뜻의
'가언'과 착한 행동이라는 뜻의 '선행'으로 구성되어 있다. '가언'의 서
문은 이렇게 말한다.

《시경》에 말하기를 "하늘이 사람을 내실 때 사물이 있으면 법칙이 있다.
백성이 변하지 않는 선한 본성이 있기에 이 아름다운 덕을 좋아하는 것
이다"라고 했다. 공자께서는 "이 시를 지은 자는 그 도를 알았을 것이다.
그래서 사물이 있으면 반드시 법칙이 있고, 백성이 변하지 않는 선한 본
성이 있기에 이 아름다운 덕을 좋아한다고 한 것이다"라고 말씀하셨다.
그래서 〈전(傳)〉과 〈기(記)〉를 살펴보고 견문을 접해서 '가언'을 서술하고
'선행'을 기록해서《소학》〈외편〉을 만들었다〔詩曰 天生烝民 有物有則 民之
秉彝 好是懿德 孔子曰 爲此詩者 其知道乎 故有物必有則 民之秉彝也 故好是懿德
歷傳記 接見聞 述嘉言 紀善行 爲小學外篇〕.

서문 다음에 나오는 '가언' 첫머리는 "장횡거(張橫渠) 선생이 말하기
를 '어린아이를 가르칠 때는 먼저 안정되고 상세하며 공손하고 공경함
이 긴요하다'〔橫渠張先生曰 敎小兒 先要安詳恭敬〕"라고 쓰여 있다.
사실《소학》은 책 제목이 작은 것이지 그 내용까지 작은 것이 아니
다. 어떤 측면에서는 유학자들이《소학》의 아름다운 말과 착한 행동

을 버린 결과 위선적인 존재로 전락했다고 말할 수도 있을 것이다.

이런《소학》을 높였던 김굉필은 벼슬보다는 학문에 뜻이 있었으므로 출사가 늦었다. 만 40세 때인 성종 25년(1494) 경상도 관찰사 이극균의 천거로 종9품 미관말직인 남부참봉(南部參奉)이 제수된 것이 벼슬살이의 시작이었다. 신진 사림으로 이름이 있었으므로 연산군 초년에는 정6품인 사헌부 감찰을 거쳐 요직인 형조좌랑으로 승진했다. 그러나 무오사화 때 김종직의 제자란 이유로 장 80대를 맞고 평안도 희천에 유배되었다가 갑자사화 때 사형당하고 말았다.

《연산군일기》에는 김굉필이 철물 저자에서 효수당한 것으로 기록되어 있다. 권별(權鼈, 1589~1671)이 쓴《해동잡록(海東雜錄)》에는 김굉필이 유배지에서 수염을 손질해 입에 물면서, "신체발부(身體髮膚)는 부모에게서 받은 것인데, 이것까지 해를 받는 것은 옳지 않다"라고 말하고 죽음을 받았다고 달리 적고 있다. 만 50세 때였다.

박하게 평가하면 김굉필은 잠시 관직에 나섰다가 김종직의 문인이란 이유로 죄 없이 사형당한 성리학자에 지나지 않는다. 연산군 때 죽은 성리학자는 많지만 김굉필은 유배지에서 한 소년에게 성리학을 가르친 공으로 역사에 이름을 남길 수 있었다. 김굉필의 평안도 희천 유배 시절 근처에 찰방(察訪)으로 부임한 아버지를 따라왔던 17세의 소년 조광조가 그였다.

무오사화 이후 많은 사람들은 성리학을 멀리했다. 김굉필에게 성리학을 배우는 조광조를 보고 화를 안고 있는 존재란 뜻의 '화태(禍胎)'라고 부르며 멀리했다고 한다. 2년 후 김굉필의 귀양지가 순천으로 바뀌는 바람에 둘은 헤어졌으나 조광조는 김굉필의 가르침을 가슴에 담고 계속 성리학에 정진했다.

　조광조는 중종 5년(1510) 소과(小科)인 사마시(司馬試)에 장원급제하여 성균관에 들어가 대과(大科) 준비를 했다. 중종 5년 11월 중종은 사정전에 나가서 성균관의 교수진과 학생들에게 강을 시켰는데, 성균관 사성(司成) 김안국(金安國)이 《논어》를, 성균관 사예(司藝) 김윤온(金允溫)이 《시경》을 강했다. 유생으로는 조광조가 뽑혀 《중용》을 강했다. 이처럼 임금 앞에서 직접 경전을 강할 정도로 실력을 인정받았지만 조광조의 급제는 늦었다. 그 이유에 대해 《중종실록》은 "옛것을 좋아하고 세상일을 개탄하면서 과거 보기 위한 글을 일삼지 않았다"고 말하고 있다. 또한 "자기가 한 말을 실행하고 행동은 예법을 준수하니, 한때의 유사(儒士)들이 애모하여 종유(從遊)하지 않는 자가 없었다. … 성균관이 학행이 있는 자를 천거할 때 조광조가 첫째로 뽑혔다"라고도 전하고 있다.

　조광조는 대과에 급제하지 못했지만 학행으로 천거되었다. 그러나 이때 조광조의 서용에 반대하는 의견이 있었다. 사간원 헌납 이언호(李彦浩)는 이렇게 반대했다.

　"성균관에서 천거한 유생 중 조광조는 조행(操行, 조신스런 행실)이 있으나 나이 서른이 못 되어 한창 학업에 큰 뜻을 두고 있습니다. 지금만일 그의 뜻을 갑자기 빼앗아 미관(微官, 낮은 관직)에 서용한다면 그 학업을 폐지하게 되고, 그 또한 나와서 벼슬하는 것을 즐겨 하지 않을 것이니, 국가에서 인재를 배양하는 도리에 결함이 되겠습니다. 갑자기 서용하지 말고, 평생의 뜻을 펴게 해서 입신성명(立身成名)한 후에 쓰더라도 늦지 않습니다."《중종실록》6년 4월 11일)

이때 대간과 시종이 이렇게 말했다.

"아직 서용하지 말자는 것은 그 덕을 쌓아서 다른 날 크게 쓰일 인물로 삼으려는 것입니다."

훗날 크게 쓰기 위해서 지금 서용하지 말자는 것이었다. 이런 와중에 조광조는 계속 과거 급제에 실패했고, 드디어 중종 10년(1515) 6월 이조판서 안당(安瑭)의 추천으로 종이를 만드는 조지서(造紙署)의 종6품 사지(司紙)가 되었다. 조광조는 과거가 아닌 천거로 벼슬에 제수된 것에 불만을 품고 그해 8월 실시된 문과에 응시했는데 실제로 급제했다. 조광조는 정6품 성균관 전적(典籍)에 임명되었다가 그해 11월에 사간원 정언으로 이직되었다. 정언도 정6품이지만 사간원은 대간으로서 임금에 대한 간쟁권과 백관에 대한 탄핵권을 갖고 있었으므로 비중이 달랐다.

조광조가 처음 벼슬길에 나온 이 무렵 조정은 중종의 쫓겨난 첫 부인 신씨를 다시 세우는 복립 문제로 시끄러웠다. 중종의 계비 장경왕후 윤씨가 세자(인종)를 낳다가 세상을 떠나서 새로 왕비를 세워야 하는데, 사림 계열의 박상(朴祥)과 김정(金淨)이 신씨를 복립하자고 주장하는 상소문을 올려 큰 파란을 일으킨 것이다.

중종의 첫 부인 신씨 복위를 주장하다

이 무렵 재변이 있어서 중종이 내외의 의견을 묻는 구언(求言)을 했다. 담양 부사 박상과 순창 군수 김정이 함께 봉사(封事, 밀봉하여 왕에게 올리는 의견서)를 올렸는데, 이 상소에 폐비 신씨 복립을 주장했다.

"신 등이 삼가 보건대 옛 왕비 신씨가 밖에 있은 지 거의 일기(一紀, 12년)가 됩니다. 신은 그 당초의 연유는 상세히 모르겠지만 무슨 큰 까닭과 무슨 큰 명분으로 이런 비상한 놀랄 만한 일을 하였는지를 모르겠습니다. … 정국 당초에 박원종, 유순정, 성희안 등이 신수근을 제거하고는 왕비가 그 소출이므로 그 아비를 죽인 그 조정에 서면 뒷날 후환이 있을까 염려하여 폐위시켜 내보내자는 모의를 꾸몄으니 이는 진실로 까닭도 없고 명분도 없는 것입니다. … 옛말에 '빈천할 때 사귄 벗은 잊어서는 안 되고 조강지처는 버리지 않는다'라고 하였는데, 신씨가 대저(代邸, 왕이 되기 전에 살던 곳)에서 술과 장을 담그고 쇄소(灑掃, 청소함)를 받든 지 무릇 몇 해였습니까? … 지금 내정(內政)의 주인이 비었으니 마땅히 이때를 계기로 쾌히 결단하셔서 신씨를 곤후(坤后, 왕비)의 자리에 앉히시면, 천지의 마음이 흠향할 것이요 조종의 신령이 윤허할 것이고, 신민의 희망에 부응할 것입니다. … 신 등이 가슴에 울분을 품은 지 오래면서도 전에 말을 내지 못하였던 것은, 장경왕후께서 중전으로 계시므로 신씨를 복위시키면 장경왕후의 입장이 곤란하기 때문이었습니다. 이제 장경왕후께서 돌아가시고 곤위(壼位)가 다시 비었으니 다시 바로잡을 기회입니다. … 신 등의 구구한 회포와 답답한 생각이 아직도 많으나 모두 다 말씀드리지 못하니 삼가 전하께서 굽어살피소서."《중종실록》10년 8월 8일)

중종은 이 상소에 당황했다. 구언에 의한 응지 상소는 어떤 말을 해도 처벌하지 않는 것이 관례이기는 하지만 신씨 복위 문제를 들고 나올 줄은 몰랐던 것이다. 왕비 문제에 대해 신하들이 언급하는 자체가 왕권을 흔드는 일이었다. 중종은 승정원에 전교를 내려 꾸짖었다.

"이는 큰일이다. 어찌 소신(小臣)의 말을 듣고서 할 수 있겠는가? 비록 해조(該曹, 예조)에 내리더라도 또한 시행하기 어려울 것이니, 이 소는 정원에 머물러 두는 것이 좋겠다. … 만일 구언에 의하여 올린 봉사가 첫 면에 '임금 앞에서 개탁(開拆)하소서'라고 적혔어도, 아주 굳게 봉하지 않았으면 뜯어 보고 아뢰어야 한다."《중종실록》10년 8월 8일)

이런 상소를 승정원에서 왜 미리 뜯어 보지 않고 올렸냐는 꾸짖음이었다. 그러나 밀봉 상소는 뜯어 보지 않고 보고하는 것이 역시 승정원의 관례였다. 중종은 신씨 복위 문제가 공론화되는 것을 꺼려서 해당 부서인 예조에 내리지 않고 승정원에 그대로 두게 했다. 박상과 김정은 봉사에서 연산군을 쫓아낸 것을 명나라에 사실대로 보고하지 않은 사실도 문제 삼았다.

"반정 당초에 마땅히 대비의 명을 받들어 연산군이 천지와 조종과 신민에게 거절된 죄를 낱낱이 세어 종묘사직에 폭로한 뒤에 위로 천자에게 고하고 명을 청하여 대위(大位)에 오르심을 밝혀야 하였습니다. … 어찌하여 박원종 등은 대의에 어두워서, 전하께서 광명정대하게 대통을 이으신 것을 짐짓 선위를 교대하는 듯이 글을 지어 명나라 조정을 속였는지 애석합니다."《중종실록》10년 8월 8일)

중종은 이 봉사를 승정원에 묻어 두려 했지만 신씨 복립이라는 민감한 내용이 담긴 상소가 묻힐 수는 없었다. 대사간 이행(李荇)이 대사헌 권민수(權敏手)에게 문제를 제기했다.

"만약 신씨를 세웠다가 왕자가 태어나 가례(嘉禮)의 선후를 따지게 되면, 전하께서 잠저에 계실 때 혼인한 신씨가 먼저가 되니 이 경우 원자의 처지는 어떻게 되겠습니까?"

즉 신씨를 복위시켜 아이를 낳을 경우 장경왕후 윤씨가 낳은 원자는 어떻게 되느냐는 물음이었다. 대사헌 권민수도 이 의견에 동의하여 박상과 김정의 상소를 사론(邪論)으로 지목했다.

"박상과 김정의 상소는 심히 간사합니다. 의금부에 잡아다가 문초하여 그 사유를 캐내야 하며 또한 상소문도 승정원에 둘 것이 아니라 속히 대신들에게 보여 주어 임금의 뜻을 명백히 해야 합니다."

사헌부와 사간원의 대간들이 처벌을 주장했지만, 대신들은 박상과 김정을 꾸짖으면서도 처벌에는 반대했다. 영의정 유순, 좌의정 정광필 등이 포진한 의정부에서 박상 등의 말은 그르지만 죄를 주어서는 안 된다고 반대한 것이다.

"박상 등이 말한 바는 광패하기가 막심하여, 지금 죄주지 않으면 뒤에 반드시 분분한 의논이 있을 것이니 대간이 말한 바가 옳습니다. 그러나 구언하고서 그 말한 바의 실수를 추문하면 언로에 큰 방해가 되니, 모름지기 지성으로 구언했을 때는 비록 망령된 말이 있더라도 죄를 주지 않아서 언로를 크게 열어야 합니다."(《중종실록》 10년 8월 11일)

대간은 박상 등의 처벌을 주장했다. 사헌부 지평 채침(蔡忱)과 사간원 정언 표빙(表憑)은 처벌을 요구했다.

"언로에 방해가 된다는 것은 오히려 작은 일입니다. 이는 실로 사특한 의논으로 종묘사직의 안위와 크게 관계되는 것이니 언로에 방해가 된다고 하여 추문하지 않아서는 안 됩니다."《중종실록》 10년 8월 12일)

언로를 맡은 대간에서는 처벌을 주장하고 의정부 등에 포진한 대신들은 처벌 불가를 주장하는 뒤바뀐 상황이 전개된 것이다. 중종은 박상과 김정에게 비망기(備忘記, 왕명을 기록하여 승지에게 전하는 문서)를 내려 질책했다.

"신씨는 반정한 뒤에 조정에서 대의를 들어 모두 폐출하기를 청하였으니 국론이 일정되었으며, 장경왕후는 이미 왕비로 책봉하여 명나라 조정에 고하였고 온 나라 신민이 국모로 추대하여 끝까지 이간하는 말이 없었는데, 너희들이 '… 장경왕후께서 돌아가셨기 때문에 급급히 개진합니다'라고 말했으니, 장경왕후가 만약 돌아가지 않았다면 장경왕후를 어떠한 처지에 두겠다는 말이냐? 너희들은 신하로 장경왕후를 섬겼고 희릉(禧陵, 장경왕후의 릉)의 흙이 아직 마르지 않았으니 애훼(哀毁, 부모의 죽음을 슬퍼함)하는 정의(情義)가 마땅히 아직 없어지지 않았어야 하는데, 이러는 것은 너희들이 일찍이 왕후를 무시하는 마음을 두었던 것이 분명하다."《중종실록》 10년 8월 13일)

이는 이른바 중종반정에 대한 사림들의 모순된 속마음이 드러난 것이었다. 중종반정 자체를 반대할 수는 없지만 반정 세력들이 신씨를 내쫓은 것은 그르다는 것이었다. 큰 부분은 부정하지 못하고 그로써 파생한 작은 부분을 문제 삼는 것으로 선명성을 과시하는 것처럼 보이는 행태였다. 중종의 질책도 이 부분에 집중되었다.

"너희들은 또 이르기를 '반정하던 처음에 연산군의 죄를 들어 명나라 임금에게 고하는 것이 옳거늘 박원종 등이 대의에 어두워 명나라 임금을 속였다'고 하여 박원종의 죄를 청하였으나, 이는 박원종 등의 단독 의사가 아니요 조정의 의사였는데 박원종을 척론(斥論, 의논으로 배척함)하니 조정을 어떠한 처지에 두고자 함인가? 이는 또 무슨 뜻이냐? 너희들의 의논이 만약 올바르다면 너희들은 일찍이 대간, 시종으로서 경악(經幄, 경연 자리)을 출입하였으니 너희들의 뜻을 말하기가 어렵지 않았을 것이다. 장경왕후가 세상에 살아 있고 삼훈(三勳, 3대신)이 조정에 있을 때 개진해서 의논했어야 했거늘 위(중종)에서 반드시 신씨를 복위하고자 할 것이라고 생각하여 위의 의사를 엿보아 여럿의 마음을 요동시키니, 이는 무슨 뜻이냐?"(《중종실록》 10년 8월 13일)

중종은 이 문제는 그냥 넘어갈 수 없다고 판단했다. 왕비 문제는 나중에 큰 화로 돌아올 수 있기 때문이었다. 중종은 연산군의 모친 윤씨 사건을 빗대는 전교를 내려 박상 등을 꾸짖었다.

"성종조에 폐비 윤씨가 종사에 죄를 얻어서 그 죄를 밝게 바로잡아 폐출시킨 것은 나라 사람들이 다 아는 것이다. 폐조 갑자년에 임사홍이 틈을 타서 비밀히 상서하기를 '성종이 어두운 일로써 국모를 폐하였습니다'라고 하였다. 그 말이 단서가 많게 되어서 당시 조정 대신들이 모두 극죄(極罪)를 입었으니, 화란의 참혹함을 어찌 이루 다 말할 수 있겠는가?"(《중종실록》 10년 8월 13일)

임사홍이 모친 윤씨의 폐모 문제를 연산군에게 몰래 제보했기 때문에 갑자사화가 일어났다는 것이다. 박상 등의 상소를 갑자사화에까지 비교하는 것은 중종이 이 사태를 그만큼 무겁게 보고 있다는 뜻이었다.

"그 글이 마침 대내에 남아 있기에 반정한 뒤 조정이 정돈되지 못한 사이에 다른 글을 찾다가 내가 얻어 보고 놀랐다. 조정에 보이려고 했으나 소인이 이미 그 죄를 받았으니 보여도 쓸데가 없으므로 곧 불사르고 말았다. 이것이 임사홍이 폐주(연산군)를 격노시켜 큰 화를 일으킨 것이다. 박상 등은 뒤에 난 사람으로 어둡다는 뜻을 모르면서 경솔히 이 일을 의논한 것은 평소에 반드시 '성종께서 어두운 일로 왕비를 폐위했다'고 여겼기 때문이다. 박상 등은 모두 유명하니 이 사람들이 말로 선동하면 누가 이를 믿지 않겠는가? 이를 버려 두고 묻지 않는다면 이는 곧 조종을 무함하는 것이니 누가 능히 판단하겠는가?"(《중종실록》 10년 8월 13일)

임금의 구언에 응해서 올린 응지 상소는 처벌하지 않는 것이 관례였지만, 중종은 관례를 깨고 의금부의 낭관에게 박상과 김정을 체포해 오게 했다.

판을 바꾸는 조광조

의금부에서 심문하자 박상과 김정은 이렇게 답변했다.

"신 등은 구언하는 교지를 받들어 망령되이 말을 다하여 숨기지 않겠다는 것이었지 다른 뜻은 없었습니다."

구언에 응해서 속에 있는 말을 다 하려는 것이었지 폐비 문제를 계기로 3대신 등이 주도한 반정을 문제 삼으려는 뜻은 아니라는 변명이었다. 이 문제는 언로와 밀접하게 관련되어 있었다. 조선은 아래에서 위로 뜻을 전달하는 언로를 대단히 중시한 나라였다. 언로가 막혔기 때문에 연산군 때의 비극이 발생했다는 것이 모든 사대부들의 공통 인식이었다. 그래서 부제학 김근사(金謹思)를 비롯한 홍문관 관원 대다수가 "박상 등의 의논은 망령된 것이지만 언로를 넓히고 사기를 기르기 위해서 용서해야 합니다"라고 주청했다. 그러나 중종은 박상 등을 처벌하는 것은 언로를 꺾는 것이 아니라고 반박했다. 의금부에서 박상과 김정은 곤장 100대에 도(徒) 3년에 고신을 모두 추탈해야 한다고 아뢰었다. 중종은 곤장만 속해서 면제하고 다른 형벌은 그대로 시행하라고 명했다. 8월 24일 박상은 전라도 남평(南平, 나주)에, 김정은 충청도 보은에 유배되었다. 응지 상소를 처벌한다는 비판이 있었지만 중종은 양보할 생각이 없었다.

그런데 이조판서 안당이 8월 26일 박상과 김정의 방면을 요청하면서 중종에게 한 말이 논란이 되었다. 안당은 이렇게 말했다.

"대간은 잘못을 바로잡고 재상은 국시(國是)를 유지하는 것인데, 당초 아래의 의견을 물었을 때 의정부와 육조는 모두 박상과 김정을 추국하지 말아야 한다고 했으니 이것이 바로 국시입니다. 대간이 시비를 논할 때 착오가 있을 수 있으니 국시는 늘 조정에 있도록 하는 것이 옳습니다."

안당의 말은 박상과 김정을 벌주지 말아야 한다는 의정부와 육조 말이 국시이고 처벌해야 한다는 대간의 말이 국시가 아니라는 뜻이니, 대간의 반발을 부를 수밖에 없었다. 대간에서 일제히 안당을 비판하고 나섰다. 안당의 말에 대한 의견이 분분하자 중종은 9월 3일 승정원에 안당을 불러 '국시 운운한 말뜻을 물으라'고 지시했다. 안당은 승정원에 나와서 말뜻을 설명했다.

"'국시는 조정에 있다'고 한 것은 신의 생각에 온 조정이 박상, 김정을 죄주어서는 안 된다고 말하므로 상께서 조정의 중론을 따르시도록 하려고 아뢴 것이지, 대간을 조정 밖의 사람이라고 해서 그 말을 들어서는 안 된다는 뜻이 아니었습니다. … 대간이 공론으로 신이 아뢴 바가 그르다고 하니 신은 구태여 스스로 옳다고 하지 않겠습니다. 못내 황공하여 물러가 죄를 기다리겠습니다."《중종실록》 10년 9월 3일)

대간에서는 일제히 안당을 처벌해야 한다고 주청했다. 중종은 "잘못 말했다고 해서 어찌 대신을 죄주겠느냐"면서 처벌에 동의하지 않았다. 박상과 김정의 상소 문제는 이제 대신과 대간 사이의 기싸움으로 변질되었다. 이 사태에 대해 9월 5일 자 사신은 이렇게 평했다.

사신은 논한다. 이때 나라의 권력이 모두 대간에 있어서 대신은 잠자코 조심하면서 눈앞의 죄만을 벗어나려 했다. … 그래서 체통이 엄하지 못하고 조정이 존중받지 못하므로 안당이 늘 그때의 폐단에 울분을 품어오다가 개연히 재상의 길을 되살리려고 가까운 이에게 말했다. … 대간이 이를 논박하여 나라를 그르치는 소인이라고 지목까지 했는데 … 위(임금)에서도 옳고 그름을 가리지 못하고 안당을 의심하여 사람이 이를 근심하였다. … (대간이) 박상 등을 잡아 오도록 청하여 임금에게 직언하는 사람을 죄주게 하는 시초를 열어서 사기(士氣)를 꺾고 또 안당을 논박해서 대신으로 하여금 입을 다물고 말하지 않게 했는데, 이는 다 대간이

열어 놓은 일이다.(《중종실록》 10년 9월 5일)

이 사신은 사림과 대간을 구분해서 대간을 비판하고 있는 것이다. 대간이 큰 판세를 보지 못하고 작은 것에 집착해서 일을 그르친다는 비판이었다. 이때만 해도 사림은 대간을 완전히 장악하지 못하고 있었다. 조정 대신들이 박상 등을 옹호하고 대간이 박상 등을 논박하는 뒤바뀐 형국이었다. 이런 형국을 뒤바꾼 것이 대간이었던 사간원 정언 조광조였다.

"언로가 통하고 막히는 것은 국가에 가장 중요한 일로서, 통하면 다스려지고 평안하지만 막히면 어지러워지고 망하므로 임금이 언로를 넓히기에 힘써서 위로 공경, 백집사(百執事)로부터 아래로 여항(閭巷), 시정의 백성에 이르기까지 다 말할 수 있게 했습니다. … 그 말이 혹 지나치더라도 다 마음을 비워 놓고 너그러이 받아들이는 것은 언로가 혹 막힐까 염려하기 때문입니다. 근자에 박상, 김정 등이 구언에 따라 진언하였는데 그 말이 지나친 듯하더라도 쓰지 않으면 그만이지 어찌하여 다시 죄줍니까? 대간이 그것을 그르다 하여 죄주기를 청하여 금부의 낭관을 보내어 잡아 오기까지 하였습니다. 대간이 된 자로서는 언로를 잘 열어 놓은 뒤에야 그 직분을 다해 낸다고 할 수 있습니다. 김정 등에 대하여 재상이 죄주기를 청하더라도 대간은 풀어 주어서 언로를 넓혀야 하는데 도리어 스스로 언로를 훼손하여 먼저 그 직분을 잃었으니, 신이 이제 정언이 되어 어찌 구태여 직분을 잃은 대간과 일을 같이 하겠습니까? 서로 용납할 수 없으니 양사(兩司, 사헌부, 사간원)를 파직하여 다시 언로를 여소서."《중종실록》 10년 11월 22일)

같은 대간인 조광조가 양사를 모두 파직해서 언로를 열라고 주청한 것이었다. 대간이 대간을 공격했으니 그 여파가 클 것은 불문가지였다. 조광조의 주장은 전혀 새로운 문제 제기였으므로 중종이 전교했다.

"언로가 통하고 막히는 데에 대한 말은 마땅하다. 그러나 김정, 박상 등은 아랫사람으로서 말할 수 없는 일을 갑자기 논했으므로 대간이 죄주기를 청한 것이다. 이제 대간을 죄다 간다면 지나칠 듯한데 어찌 이 때문에 서로 용납하지 못하겠는가?"

조광조도 대간인데 어찌 모두 갈겠느냐는 뜻이었다. 조광조는 물러서지 않았다.

"김정, 박상 등이 말한 일은 마땅하지 않지만 그 상소는 버려 두고 따지지 않아야 납언(納言, 말을 받아들임)하는 덕이 드러납니다. 재상도 상께서 그 말을 쓰지 않으시는 줄 알고 시비를 논하지 않았는데, 대간이 굳이 죄주기를 청하여 임금을 불의에 빠뜨려 간쟁을 거절하는 조짐을 만들어서 만세에 성덕의 누가 되게 하였으니, 이렇게 한 뒤에 국가에 큰일이 있더라도 어찌 감히 구언할 수 있겠으며 구언하더라도 누가 감히 말하겠습니까? 먼 바깥의 초야에 있는 사람이 말하고자 하는 바가 있더라도 김정, 박상 등의 일을 길에서 듣고 그만둘 것이니 치세(治世, 잘 다스려지는 세상)에 어찌 이런 일이 있겠으며, 그때의 대간이 아직도 다 관직에 있는데 어찌 신과 서로 용납되겠습니까?"

중종이 다시 전교해서 서로 용납하라고 권했지만 조광조는 다시 거부했다.

"신의 말에는 다른 뜻이 없습니다. … 신이 아뢴 것은 언로를 위하여 그러는 것인데 어찌 구차하게 그들과 함께하겠습니까?"

중종은 한발 물러날 수밖에 없었다.

"대신들과 의논하겠다."

중종이 정원에 전교해 물었다.

"대간도 언로인데, 정언(조광조)이 언로를 위하여 박상 등을 구제하되 도리어 대간의 언로를 막는 듯하다. 언로를 구제하기 위하여 대간을 가는 것이 어떠한가? 이 뜻을 삼공에게 물으라."

삼정승은 모두 조광조의 말이 맞다고 옹호했다. 중종은 할 수 없이 대간 전부를 교체했다. 비록 신씨는 복위되지 못했으나, 이 사건으로 조광조는 일거에 조정의 주목 대상이 되었다. 언로를 보장한다는 유학의 원칙을 고수하는 것으로 단번에 정국을 뒤집는 실력을 보여 준 것이었다. 자신이 속한 대간의 기득권을 부정하는 승부수가 성공한 것이었다. 대신들뿐만 아니라 중종도 조광조를 주목했다. 그러나 이 무렵 조광조는 개인이 아니라 사림의 대표로 대접받고 있었다. 연산군 때 초토화되었던 사림이 조광조를 필두로 다시 기지개를 펴고 있었다.

중종과 사림의 동상이몽

목적지가 달랐던 중종과 사림

조광조가 승리한 이유는 삼정승뿐만 아니라 새로 임명된 대간들 중에서 조광조에 동조하는 인물들이 나왔기 때문이었다. 박상과 김정의 처벌을 주장하는 대간과 용서를 주장하는 대신들이 갈라졌을 때, 조광조는 대간 소속이었지만 도리어 대간을 비판해 파란을 일으켰다. 그는 8월 22일 문과에 급제하고 같은 달 29일 성균관 전적이 되었다가 11월 20일 사간원 정언으로 자리를 옮겼다. 사간원 정언이 된 지 불과 이틀 만에 대간들을 공격하고 나섰던 것이다. 언로를 보장해야 할 대간이 도리어 언로를 막는다는 이유였다. 대간은 언로를 보장해야 한다는 이 논리는 사림 전반의 지지를 받았고, 대간 중에서 조광조를 지지하는 벼슬아치들이 나타났다.

사간원 헌납 이우가 11월 28일 "신은 조광조와 뜻이 같으니 피혐(避嫌)하겠습니다"라고 나선 것이 단초였다. 피혐이란 대간에서 논박하는 사건과 관련이 있는 관원들은 더 이상 벼슬에 있기 어렵다는 이유로 피하는 것을 뜻한다. 조광조와 뜻이 같으니 더 이상 대간에 있을 수 없다는 뜻이었다.

사간원 정언 장옥(張玉)도 피혐을 청했다.

"근래 박상 등의 상소는 비록 온당치 못하지만 구언한 뒤에 있었던 일인데, 대간이 언로를 생각하지 않고서 죄주기를 청하였습니다. 재상이 죄주기를 청하더라도 대간은 언로를 받들게 도와주고 구해 주어야 하는데 도리어 죄주기를 청했으니, 조광조가 언로를 위하여 논한 것이지 박상 등이 옳다는 것은 아닙니다. 그 전에는 항간의 의논이 들끓었지만 대신들의 말 중에 여기에 미친 것이 없었으나, 조광조가 홀로 전 대간을 논박하자 사론(士論)이 다 통쾌하게 여깁니다. 신이 듣건대 상께서도 '조광조가 전 대간을 논박하여 갈게 한 것은 온당치 못하다'고 분부하셨다 합니다. 신도 광조의 뜻을 같이하는 자이니 피혐을 청합니다."(《중종실록》 10년 11월 28일)

대간들이 조광조의 견해에 잇따라 동조하면서 상황은 급변했고, 조광조는 급제 석 달 만에 정국의 핵으로 부상했다. 대신들은 물론 모든 사림이 조광조를 주목했다. 중종도 마찬가지였다. 그러나 조광조와 중종의 목적은 서로 달랐다. 중종의 목적은 사림을 이용해 공신들의 권력을 제어하자는 것이었다. 반정 3대장이 죽고 박영문, 신윤무 등이 제거됨으로써 공신들의 세력은 약화되었지만, 중종은 여전히 공신 집단에 업힌 임금이었다. 중종은 부친 성종이 그랬던 것처럼 사림을 중용해서 공신 세력을 약화시키고 싶었다.

그러나 조광조의 생각은 달랐다. 조광조와 사림은 조선 사회 자체를 성리학적 질서로 바꾸고 싶었다. 유학에서 태평성대라고 칭송하는 요순시대를 조선에 다시 복원하는 것이 목적이었다. 사림들은 그러기 위해서는 대궐부터 성리학적 생활 방식으로 바뀌어야 한다고 믿었다. 사림은 조선을 성리학 사회로 바꾸기 위해 전방위적 공세를 취했다.

사림은 먼저 왕실과 벼슬아치들이 시범을 보여야 한다는 생각에서 궁중에 남아 있는 비성리학적 제도를 폐지하려고 시도했다. 사림의 공세는 조광조가 급제한 중종 10년(1515)부터 본격화되지만, 그 전에도 기회가 있으면 비성리학적 제도들을 제거하려고 시도했다. 그중 하나가 아악(雅樂) 연주자 중 여악을 남악으로 교체하려 한 것이다. 이 주장은 일찍이 중종 1년(1506) 12월 17일 김세필(金世弼)이 주장했던 바였다. 이날 중종이 조강에 들어서 《서경》을 강했는데 그중 이런 구절이 있었다.

"소소(簫韶)가 아홉 번 연주되자 봉황이 와서 춤추었다〔簫韶九成 鳳凰來儀〕."

소소는 순임금의 음악인데, 이를 아홉 번 연주하자 봉황이 와서 춤을 추었다는 것으로 《서경》〈익직(益稷)〉에 나온다. 이 앞 구절은 순임금 때 악관(樂官)인 기(夔)가 '생(笙)과 용(鏞)을 번갈아 올리자 새와 짐승들이 너울너울 춤을 추었다〔笙鏞以間 鳥獸蹌蹌〕'는 내용이다. 순임금의 음악을 소악(韶樂)이라고 하는데, 이를 연주하면 새와 짐승들까지 춤을 춘다는 것이었다. 그래서 공자가 소악을 듣고 석 달 동안 고기

맛을 잃었다고 할 정도로 심취했던 음악이었다. 시독관 김세필이 주장했다.

"소소의 음악에는 봉황과 짐승이 춤을 추었을 뿐만 아니라, 1,000여 년이 지나서 공자가 제(齊)나라에 있을 때 소소를 듣고 말하기를 '음악이 이렇게까지 아름다울 줄은 생각하지 못하였다'라고 하였으니, 그 아악이 진선(盡善)하고 진미(盡美)한 것입니다. 세종조에 이르러 아악이 또한 바로잡혀 이를 종묘에 쓰고 문묘(文廟, 공자 사당)에까지 썼는데, 근래에는 위로 궁궐로부터 아래로 사대부의 집에 이르기까지 오로지 여악만을 숭상하므로 여악이 극성하여 무례하고 바르지 못합니다. 원하건대 여악을 폐지하고 아악을 바로잡으소서."《중종실록》 1년 12월 17일)

'진선진미'라는 말도 공자가 순임금의 소악을 칭찬한 말에서 나온 사자성어다. 순임금의 음악은 극도로 착하고 극도로 아름답다는 뜻이다. 반면 주나라 무 임금의 무악(武樂)은 극도로 아름답지만 극도로 착하지는 않다고 평가했다. 무 임금은 임금으로 섬겼던 은나라 주왕을 정벌했으므로 그 음악이 극도로 착하지는 않다는 평이었다.

김세필의 여악 폐지 주장에 대해 특진관 박안성(朴安性)이 "이 말이 매우 합당합니다"라고 찬동했다. 영사 유순은 이렇게 말했다.

"예로부터 여악을 파하고자 하였지만 국초부터 써 온 것이기 때문에 갑자기 혁파하지 못했습니다. 근래 그 폐단의 흐름이 막심하니 혁파해도 무방할 것입니다."

중종은 "여악을 혁폐하는 것이 합당한지 여부를 대신의 뜻을 의논해서 모으라"라고 명했다. 여악 혁폐는 겉으로는 모두 찬성하는 듯했지만 실제 혁파는 쉽지 않았다. 고려 때부터 오랜 관례였기 때문이다. 이 논의는 무려 14년간이나 끌다가, 서울의 여악은 혁파할 수 없으나 지방은 폐지한다는 절충안으로 처리되었다.

사림은 불교적 성격의 기신재(忌晨齋)와 도교적 성격의 소격서(昭格署)도 혁파하자고 주장했다. 기신재는 고려 왕조부터 시행되어 온 궁중의 불교 행사로서, 궁중에서 부처를 공양한 후 선왕의 제사를 모시는 것이었다. 조선에서는 봉선전(奉先殿)에서 지내는데 제사 전날 저녁 승려가 사망한 선왕과 선후의 영혼을 불러들이는 의식을 먼저 거행하고 신주를 모셔서 제사 지내는 것이었다. 부처를 공양할 때 선왕과 선후의 신주를 먼저 욕실에 보내어 목욕시킨 후 뜰에 꿇어앉아 예불하는데, 부처와 승려에게 먼저 공양한 다음 선왕에게 제사하는 것이다. 부처에게 먼저 예를 올리는 것이니 왕이 부처보다 더 하위의 존재가 되는 것이다. 조선의 사대부들은 '불교 배척과 유학 숭상'의 배불숭유(排佛崇儒)를 국가의 기본 정책으로 삼았기 때문에 기신재에 불만이 많아서 없애려고 한 것이다.

하지만 민간에서는 여전히 불교를 신봉했고 왕실도 마찬가지였다. 태조 자신이 독실한 불교 신자였다. 태종은 불교 신자였다고 말할 수 없지만 세종과 세조는 태조 못지않은 독실한 불교 신자였다. 세종이 석가의 공덕을 찬양하는 〈월인천강지곡(月印千江之曲)〉을 편찬하고, 세조 때 〈월인천강지곡〉과 〈석보상절(釋譜詳節)〉을 합편한 〈월인석보(月印釋譜)〉를 펴낸 것은 조선 왕실의 종교가 불교였기 때문이다. 조선 사대부들의 종교가 유교였다면 왕실의 종교는 불교였다.

태조, 세종, 세조 같은 임금들은 말할 것도 없고 왕비와 후궁들을 비롯한 궁중 여인들은 모두가 불교 신자라고 해도 과언이 아니었다. 그런데 사림이 기신재 혁파를 주장한 이유는 단지 불교 행사이기 때문만은 아니었다. 궁중의 비빈들이 기신재를 매개로 훈구 세력과 결탁하는 경우도 많았다. 또한 기신재는 왕실의 재정을 맡은 내수사의 장리(長利, 이자 놀이) 문제와 연관되는 경우도 있었다. 왕실 재정을 담당하는 내수사에서 전국 각지의 농장에서 나오는 소출을 가지고 백성들에게 고리(高利)의 이자 놀이를 해서 원성을 샀는데, 그 명목 중 하나가 기신재 비용 충당이었다. 사림은 기신재를 혁파하여 왕실의 비용을 줄임으로써 가난한 백성들을 상대로 한 왕실의 이자 놀이에 제한을 가하려 한 의도도 있었다. 조광조는 중종 11년(1516) 기신재와 내수사의 이자 놀이를 혁파하는 데 성공했다.

기신재와 내수사 장리를 혁파하는 데 성공한 조광조는 이제 소격서를 겨냥했다. 소격서는 하늘과 노자(老子)에게 제사 지내는 도교(道敎) 관청으로서 종5품 영(令)을 필두로 정6품의 별제(別提) 두 명 등 모두 15명이 근무했다. 소격서에 근무하는 관원들을 도사(道士)라고 했는데, 소격서 폐지는 간단한 일이 아니었다. 소격서에서는 하늘과 산천에 복을 비는데, 특히 왕실에 병이 있을 때 완쾌를 빌고 가뭄이 들었을 때 비를 기원하는 기복의 기능이 강했기 때문이다. 그래서 중종도 소격서 혁파는 쉽게 들어주지 않고 재위 13년까지 끌었다. 조광조도 물러서지 않았다.

"소격서를 설치한 것은 도교를 펴서 백성에게 사도를 가르치는 것인데…이는 실로 임금 마음의 사(邪)와 정(正)의 갈림길이요, 정치 교화의 순수하고 잡스러움의 원인이요, 상제(上帝)의 기뻐하고 성냄의 기

미이니, 왕정으로서는 끊고 막아야 할 것입니다."《중종실록》13년 8월 1일)

조광조는 소격서 문제를 옳은 정과 그른 사의 구도로 바라보았다. 성리학만이 정이고 다른 모든 사상은 사라는 치우친 사고였다. 소격서가 왕실과 국가의 안녕을 비는 기능을 갖고 있는 문제는 도외시하고 정사(正邪)의 문제로 바라보니 왕실과 충돌할 수밖에 없었다. 중종이 난색을 표하는데도 조광조가 계속 혁파를 주장하자 중종은 조광조가 부제학으로 있는 홍문관에 전교했다.

"소격서는 그 유래가 오래되었다. 아조(我朝)의 세종과 성종께서 태평의 정치를 이룬 것은 본디 우연한 것이 아닌데도 오히려 혁파하지 않으셨으며, 이는 지금 창설한 것이 아니니 혁파하는 것은 마땅하지 않다."《중종실록》13년 8월 28일)

지금 만든 것이 아니니 혁파할 수 없다는 주장이었지만 조광조는 물러서지 않았다.

"가령 세종, 성종께서 대성(大聖)이라 하더라도 이 소격서를 혁파하지 않으신 것은 큰 잘못입니다. 지금 만약 세종, 성종께서 혁파하지 않으신 것이라 하여 끝내 혁파하지 못하시면, 뒤를 잇는 자손도 반드시 성상을 핑계하여 말할 것이니 유행하는 폐단이 오늘날보다 더 심할 것입니다."《중종실록》13년 8월 28일)

중종이 소격서 혁파에 반대하자 이 문제는 중종과 사림의 힘겨루기 양상으로 변해 갔다. 중종이 소격서 혁파를 거부하자 사림이 장악한 대간은 전원 사직으로 맞섰다. 중종이 새 대간을 임명했으나 역시 거부하고 모두 나오지 않았다. 소격서 혁파 문제가 정국의 최대 현안이 된 것이다.

조광조를 비롯한 사림은 과거까지 볼모로 잡았다. 과거 급제자들에게 관직을 제수할 경우 대간에서 적결 여부를 가리는 서경(署經)을 진행해야 했다. 서경이 없으면 임금도 관직을 제수할 수 없었다. 이는 결국 과거를 치르지 못하는 결과로 이어질 것이었다. 중종은 홍문관, 예문관에 전교를 내렸다.

"이 일을 내가 어찌 헤아리지 못하였겠는가? 다만 그 유래가 오래되었기 때문에 어렵게 여길 뿐이다. 지금 군정(群情, 여러 사람들의 심정)을 보니 다 혁파하려고 한다. 내가 전 대간을 체직한 것은 국시(國試, 과거)를 물리지 않으려 하였기 때문이다. 지금 국시가 임박했는데 새 대간이 또한 취직하지 않으니, 어찌 이런 작은 일 때문에 국시를 물려서야 되겠는가? 대신이 입궐하게 되면 내가 물어서 처리하겠다."《중종실록》
13년 9월 2일)

대신에게 묻겠다는 것은 양보하겠다는 뜻이었다. 삼공은 모두 조광조의 뜻에 동조하고 있었다. 중종은 삼공을 인견하고 소격서 혁파의 어려움을 토로했다. 대신들이 자신의 뜻을 따라 줄 것을 호소한 것이다. 중종의 설득에 대해 사림에 동조적인 우의정 안당은 이렇게 답했다.

"즉위하신 이후로 불교를 통렬히 배척하여 양종을 혁파하시고, 소릉을 복구하고, 기신재와 내수사 장리를 혁파하신 일 등은 모두 전일 사림들이 혁파하기를 바랐으나 되지 못했던 것인데, 지금 다 혁파하고 이 소격서만 남아 있으므로 사림들은 아뢰면 반드시 소청을 들어주실 것으로 여겼기 때문에 아뢰었을 뿐입니다. 더구나 이제 마침 시험 날짜가 임박하였고 사도는 또 혁파하지 않을 수 없는 것이니, 속히

들어주시면 성덕에 빛이 더 날 것이고 국사도 잘될 것입니다."《중종실록》13년 8월 29일)

삼공마저 끝내 조광조의 편을 들자 중종도 양보하지 않을 수 없었다.

"소격서가 좌도(左道)임을 모르는 것이 아니지만 그 유래가 오래되었으므로 혁파할 수 없다고 여겼다. 지금 여정(輿情, 다수의 여론)을 보면 모두 혁파하고자 하니 여정을 따르겠다."《중종실록》13년 9월 3일)

중종은 이어서 대사간 신광한(申光漢), 집의 김희수(金希壽), 사간 민수천(閔壽千), 장령 임추(任樞) 등을 불렀다.

"이미 대신과 의논하여 소격서를 혁파하도록 하였으니 빨리 나와서 서경(署經)하라."

조광조로 대표되는 사림이 다시 승리를 거둔 것이었다.

그러나 이념적인 문제로 국왕을 압박해서 원하는 것을 쟁취하는 사림의 정국 운용 방식에 대해서 중종은 의문을 품기 시작했다. 소격서 혁파는 중종의 말대로 '이런 작은 일'에 불과한 것이었다. 소격서 혁파 문제로 조정을 마비시킬 일은 아니었다. 사림이 정도(正道)라고 믿는 성리학의 자리에서 소격서 혁파는 사도를 조정에서 쫓아낸 것이지만, 소격서가 조정에 있고 없고는 나라 운명이나 백성들의 민생과 아무런 관계가 없는 이념 문제였다. 한마디로 국사의 우선순위에 놓아야 할 일은 아니었다. 그러나 사림은 여악 폐지, 기신재 폐지, 소격서 혁파 등을 조선을 성리학적 질서가 지배하는 사회로 만들어가는 중요한 길목으로 여겼다. 그만큼 중종과 사이가 멀어지는 것은 눈치채지 못했다.

조광조는 사림이 추구하는 이념이 명실공히 조선의 지배 이념이 되어야 한다고 믿었다. 그래서 추구한 것 중 하나가 사림에서 스승으로 여기는 유학자들을 문묘에 종사해야 한다고 여겼다. 문묘는 유학에서 성인으로 모시는 공자의 사당이었다. 당나라 때 공자가 문선왕(文宣王)으로 추봉되어서 문선왕묘라고 부르다가 원나라 때 이후로 문묘라고 불렀다. 문묘는 정전인 대성전(大成殿)에 공자를 정위(正位)에 놓고 안자(顏子), 증자, 자사자(子思子), 맹자의 사성(四聖)과 공자의 제자들인 공문 10철과 송나라 유학자들인 송조 6현을 모시고 있었다. 여기에 조선의 유학자들도 종사해서 제사를 받들어야 한다는 것이다. 문묘는 임금이 직접 거둥해 제사 지내는 곳이므로 이곳에 조선 성리학자들을 종사한다면 곧 이들의 이념이 조선의 국시가 되는 것이었다.

중종 12년(1517) 조광조는 정5품 교리로서 경연시독관(經筵侍讀官)과 춘추관기주관(春秋館記注官)을 겸임하였다. 그해 8월 성균관 유생 권전(權磌) 등이 상소를 올려 조선 유학자들의 문묘 종사를 주장했다.

"정몽주와 김굉필을 문묘에 종사하여 선비들의 풍습을 개신해야 합니다."

조선 사림들이 스승으로 여기는 정몽주와 김굉필을 문묘에 종사해야 한다는 주장이었다. 정몽주와 김굉필이 문묘에 종사된다면 사림의 사상이 국가 이념으로 채택되는 것을 뜻했다. 중종은 처음 이 상소에 긍정적이었다.

"너희 소의 뜻을 보건대 정몽주, 김굉필을 문묘에 종사하여 우리나라에 만세토록 이어 갈 도학을 밝히고자 하는 것이니 너희 뜻이 가상하다. 너희들의 상소를 조정에서 의논하라."(《중종실록》 12년 8월 7일)

임금까지 정몽주와 김굉필의 문묘 종사에 긍정적이었으므로 걸림돌은 없는 듯했다. 그러나 정몽주는 문묘에 종사되었지만 김굉필은 실패했다. 중종과 달리 훈구 세력들은 사림들이 정몽주와 김굉필을 묶어서 문묘 종사를 주장하고 나온 이유를 간파했기 때문이다. 당시 사신은 이렇게 평가했다.

> 이들이 문묘 종사를 주장한 뜻은 김굉필을 종사하고 그것을 빙자하여 당(黨)을 세우자는 데에 있었지 처음부터 정몽주를 위하여 계책을 세운 것은 아니다.(《중종실록》 12년 8월 7일)

정몽주는 학문적으로나 정치적으로 저명한 유학자였다. 그러나 김굉필은 달랐다. 김굉필은 정치적인 측면은 말할 것도 없고 학문적으로도 뚜렷한 족적을 찾기 힘들었다. 유배지에서 조광조를 가르쳤다는 것 외에 학문적 업적이 별로 없었다. 훈구 공신들은 김굉필의 문묘 종사 주장이 사림이 국시를 장악하기 위한 정치 공세임을 알고 있었다. 그래서 그들은 정몽주와 김굉필을 분리해 대응했다. 정몽주의 문묘 종사는 찬성하되 김굉필은 반대했던 것이다. 그래서 권전이 문제 제기를 한 다음 달 정몽주만 문묘에 종사되었다.

이것은 조광조가 조정에 등장한 이후 겪은 최초의 패배였다. 조광조는 세 불리를 실감했다. 그래서 자파를 일거에 조정에 등장시킬 수 있는 방안을 생각했다. 그것이 바로 '현량과(賢良科)'였다. 힘들게 조정에 진출했던 사림들은 무오사화, 갑자사화로 대거 제거되었다. 기존의 과거 제도만으로는 세력을 확장하는 데 한계가 있었다. 조광조가 성균관에 들어간 지 5년 만에야 과거에 급제했듯이 과거를 통해 자파 세력을 충원하는 것에는 시간이 너무 많이 걸렸다. 그래서 과거를 거치지 않고 한꺼번에 자파를 대거 등용할 수 있는 방법을 강구했는데 그것이 현량과였다. 현량과는 시험이 아니라 추천으로 관료를 선발하는 제도였다. 중종 13년(1518) 3월 홍문관 부제학 조광조는 추천제로 인재를 뽑자고 주장했다.

"지방의 경우는 감사와 수령이, 도성의 경우는 홍문관과 육경, 대간이 사람을 천거하여, 대정(大庭, 대궐)에 모아 놓고 직접 대책을 짓게 한다면 인물을 많이 얻을 수 있을 것입니다."《중종실록》 13년 3월 11일)

이때만 해도 현량과를 통해 신진 인재를 대거 등용시키자는 조광조의 구상은 중종의 생각과도 배치되지 않았다. 중종 또한 사림이 훈구에 맞설 정도의 정치 세력으로 성장하기를 바랐기 때문이다. 실제로 사림이 득세하고 난 후에 공신들의 발언은 눈에 띄게 약해졌다. 중종은 반정 3대장이 죽고 난 후 친정 체제 강화를 꿈꾸었다. 조광조의 눈부신 승진에는 중종의 이런 계산이 있었다. 조광조는 조지서 사지로 관직에 발을 들여놓은 지 불과 2년 7개월 만인 중종 13년에 정3품 홍문관 부제학으로 뛰어올랐고 정권의 핵심 실세가 되었다.

조선의 과거는 크게 소과와 대과로 나뉘어 있었다. 소과에는 생원시와 진사시가 있었는데, 다 같이 초시(初試), 복시(覆試) 두 단계의 시험을 치러 생원과 진사의 칭호를 주고 성균관 입학 자격을 주었다. 대과는 문과(文科)라고도 했는데, 원칙적으로 생원과 진사가 응시하게 되어 있었다. 그러나 일반 유생인 유학(幼學)에게도 대과 응시 자격을 주어 특별한 제한을 두지는 않았다. 그러나 성균관에서 과거 공부에 전념하는 생원과 진사들이 유리할 것은 말할 것이 없었다.

대과의 정기시(定期試)는 간지에 자(子), 묘(卯), 오(午), 유(酉) 자가 들어가는 해에 치르는 식년 문과로서 3년마다 치렀다. 그 외에 증광시(增廣試)나 알성시(謁聖試)처럼 나라에 경사가 있을 때 치르는 부정기시가 있었다.

식년 문과에는 초시, 복시, 전시(殿試)의 3단계 시험을 거쳐야 했다. 초시, 복시는 초장, 중장, 종장으로 나누어 고시했는데 이를 동당삼장(東堂三場)이라고 했다. 고시 과목은 초장에서 사서와 오경을 얼마나 이해하는지 사서의(四書疑)와 오경의(五經義) 등을 시험 쳤고, 중장에서 부(賦), 송(頌), 명(銘), 잠(箴) 등을 시험 쳤다. 마지막으로 종장에서 각종 시국 현안에 대한 의견을 묻는 책(策), 곧 대책을 시험 쳤다. 사림에서 주장하는 현량과는 추천으로 후보자를 선발한 후 이런 복잡한 시험을 모두 생략하고 마지막 대책만으로 급제 여부를 결정하자는 것이었다.

사림에 호의적인 좌의정 신용개와 우의정 안당, 좌참찬 유담년(柳耼

조선 시대 과거 시험장의 모습을 그린 풍속화

年) 등은 현량과 실시에 찬동했으나 영의정 정광필과 남곤(南袞) 등은 반대했다. 그러나 국왕 중종이 현량과 실시를 지지하면서 현량과 실시에 대한 구체적인 절차가 의정부와 예조에서 논의되었다. 그 결과 조광조의 주장대로 서울과 지방에서 천거된 인물들만을 대상으로 대책을 짓게 하는 것으로 결정되었다.

드디어 중종 14년(1519) 4월 13일 개국 이후 최초로 현량과가 실시되었다. 중앙과 지방에서 천거된 120명 중에서 28명이 급제하였으니 높은 합격률이었다. 28인 중 전직 관료 2명을 포함한 12명이 이미 관직 진출의 경험이 있었고 나머지 16명은 생원, 진사, 유학이었다.

급제 당시 서울 거주자는 17명이었는데, 그중 일곱 명은 이미 벼슬을 살고 있었고 나머지 열 명은 성균관에 재학 중이거나 벼슬살이 중인 아버지를 따라 서울에서 거주하던 인물들이었다. 즉 은자(隱者)가 아니라 이미 벼슬 경험이 있거나 과거 준비 중인 사대부들이 대부분이었다. 추천 시 7개 항목에 걸친 구체적인 추천 사유를 들어야 했는데 성품, 그릇, 재능, 학식, 행실, 지조, 현실 대응 능력이었다. 이중 유일하게 7개 항목에 모두 추천되어 장원한 인물은 전 장령 김식(金湜)이었다.

중종은 현량과 결과에 대해 아주 만족했다.

"금년에 인재를 다수 배출하니 조정의 모든 직을 맡기기에 넉넉하다. 28인에 들지 못한 사람 중에도 쓸 만한 인재가 많이 있을 터인데 더 많은 인재를 뽑지 못한 것이 한이 된다."

이때만 해도 중종은 더 많은 사람을 등용하지 못한 것을 아쉬워했고, 현량과로 자파 인사를 한꺼번에 28명이나 등용시킨 조광조의 기세는 하늘을 찔렀다. 온 나라의 권력이 그의 양손에 있는 것처럼 보였다.

그러나 이는 훈구 공신들의 큰 반발을 낳았다. 중종 14년 3월 정국 공신인 신평군(信平君) 강윤희(康允禧)가 김우증(金友曾)이 난언을 했다고 신고했다. 이때 김우증이 한 난언은 "이제 현량과 출신이 진출하여 포진하게 되면 구신(舊臣)을 배척하여 점차로 방축(放逐)할 것이며 정국공신도 제거하려 할 것이니, 우리가 먼저 쳐 없애야 한다"고 말했다는 것이었다. 김우증은 국문 끝에 난언율로 사형당했지만 이는 훈구 공신들이 사림의 기세에 어떤 생각을 갖고 있는지를 잘 보여 준 사례였다.

훈구 세력들이 사림에 불만을 갖고 있었음에도 조광조를 비롯한 사림은 다급하게 세력 확대를 서둘렀다. 이에 부응하듯 중종은 현량과에서 장원한 김식을 종3품인 성균관 사성으로 임명했다가 불과 10여 일 후에는 정3품 홍문관 직제학(直提學)으로 승진시켰다. 그의 전직인 사헌부 장령이 정4품이었으므로 보름 만에 2계급 승진한 것으로서 이례적인 일이었다.

그러나 사림은 직제학에서 곧바로 부제학으로 승진한 김식을 성균관 대사성(大司成)에 임명시켜 달라고 졸랐다. 같은 정3품이지만 성균관 대사성에 기용해 달라고 조른 것은 성균관 학생들을 장악하기 위한 포석이었다. 김식을 홍문관 부제학으로 영전시킨 것에 만족하지 않고 성균관 대사성에 보임해야 한다고 계속 주장했다. 이조판서 신상(申鏛)은 이렇게 주장했다.

"홍문관 부제학으로서 경연관을 겸임하는 것도 비록 중하지만 이는 다른 적임자도 있습니다. 하지만 성균관 대사성은 김식 외에는 할 사람이 없습니다."

중종은 타협안을 제시했다.

"홍문관 부제학의 적임자를 기다린 후에 김식을 대사성에 임명하면 어떤가?"

그러나 타협을 모르는 사림은 중종을 압박해 김식을 대사성에 임명하고 직제학 김구(金絿)를 부제학으로 승진시켰다.

사림은 미래의 관료들인 성균관 유생들을 성리학으로 무장시키기 위해서 성균관 대사성 자리가 필요했다. 그러나 성균관 대사성은 국왕을 압박해 얻어 낼 수 있는 자리가 아니었다. 현량과로 진출시킨 인물들에게 특정 자리까지 요구하는 사림의 행태에 중종은 의구심을 갖게 되었다. 그렇지 않아도 기신재나 소격서 혁파 때 밀어붙이기 방식으로 원하는 것을 쟁취하는 사림의 행태에 의구심을 갖고 있던 상황이었다. 이런 중종의 의구심을 아는지 모르는지 조선을 성리학 사회로 바꾸겠다는 사림의 목표는 흔들림이 없었다. 그들에게 이상은 눈앞에 있는데 현실은 너무 더뎌 보였다. 그래서 서둘렀다.

토지개혁

개창 100년이 넘어가면서 여러 사회 문제가 불거졌다. 왕조의 존속까지 거론될 정도로 불거지는 사회 문제는 크게 두 가지로 요약된다.

신분제 문제와 토지 문제이다. 신분제 문제의 핵심은 노비제의 존속 여부로 귀결된다. 그중에서도 부모의 신분이 다를 때 자식의 신분은 누구를 따를 것인가 하는 것이 문제의 핵심이었다. 부모의 신분이 다를 경우 부친의 신분이 자유민인 양인(良人)인 반면 모친의 신분이 여종일 가능성이 높았다. 조선의 양인은 부인인 처(妻) 외에도 첩(妾) 한 명을 둘 수 있었는데, 대부분의 첩은 여종일 경우가 많았다. 이 경우 모친의 신분을 따르면 자식은 종이 되는 반면 부친의 신분을 따르면 양인이 되는 것이었다. 조선은 고려의 신분제를 계승해서 모친의 신분을 따르는 종모법(從母法)을 실시했는데, 태종이 부친의 신분을 따르는 종부법(從父法)으로 개정하려 하자 양반 사대부들이 격렬하게 반대했다. 종부법으로 개정되면 개인 소유의 노비 숫자가 크게 줄어들기 때문이었다. 노비를 다수 소유한 양반 사대부들이 강하게 반대했지만 태종은 종부법 개정을 강행해 노비로 전락할 뻔한 수많은 사람들을 양인으로 만들었다. 그러나 세종은 양반 사대부들의 집중적인 요구를 받고 종모법으로 환원했다. 이후 양인 숫자는 대폭 줄어들고, 양반 사대부들의 개인 재산인 노비 숫자는 대폭 늘어났다. 수많은 노비들이 나라를 원망했으므로 체제의 큰 불안 요인이었다.

토지 문제는 대토지 소유자가 크게 증가한 만큼 송곳 꽂을 땅 한 평 없는 가난한 전호(佃戶, 소작농)들이 대폭 늘어난 점이었다. 이는 조선 개국 이념의 배신이기도 했다. 조선은 공사(公私)의 전적(田籍, 토지 문서)을 불태우고 과전법(科田法)을 제정하는 토지개혁으로 개창한 왕조였다. 그러나 세월이 흐르고, 또 이른바 계유정난을 비롯한 정변으로 거대한 공신 집단이 형성되면서 토지의 부익부 빈익빈 현상이 심해졌다. 고려 말처럼 가진 자는 광대한 토지를 갖고 못 가진 자는 땅 한 평 없는 극심한 토지 편중이 진행되었다. 사림은 이런 토지 문제를 해결하지 못하면 나라가 유지되기 어렵다고 판단했다. 조광조가 등장하기 전인 중종 10년(1515) 2월 신분제와 토지 문제 해결을 동시에 주장한 사림은 지사 신용개(1463~1519)였다.

"함경도의 군비가 지극히 허술하고 소홀한 데다가 저축한 양곡 또한 모자라니 만일 급변이 있으면 어떻게 하겠습니까? 대저 공사천(公私賤, 공노비와 사노비)의 남녀가 혼인하여 낳은 자식은 모두 천인(賤人)이 되니 이로 인하여 양민이 점점 적어집니다. 앞으로는 아버지를 따르든지 어머니를 따르든지 모름지기 일정한 법을 제정하여, 양인 남녀의 자식은 다 천인이 되지 않게 하는 것이 어떻겠습니까? 또 우리나라 사람들의 전토(田土)는 고르지 않아 부자는 많을 경우 100여 결에 이르지만 가난한 자는 1무(畝)의 밭도 없습니다. 옛날과 같은 정전법(井田法)을 후세에 시행할 수는 없지만, 수를 제한하여 나누어 주어서 균등하게 함이 어떠하겠습니까?"《중종실록》 10년 2월 12일)

세종이 종모법으로 환원한 이후 양인 숫자는 대폭 줄고 노비 숫자가 대폭 늘었다. 신용개는 종부법으로 다시 개정하자는 주장보다도 한발 더 나가서 부모 중에서 한 명이 양인이면 그 자식은 무조건 양인이 되게 하자고 주장한 것이었다. 신용개의 주장대로 법을 개정한다면 몇 세대 지나지 않아서 노비는 거의 자취를 감추고 양인들만의 사회가 될 것이었다.

신용개는 또 정전법을 시행할 수는 없지만 일부 토지라도 백성들에게 나누어 주어서 토지 소유를 균등하게 하자고 주장했다. 정전법

조선 시대 벼를 타작하는 노비들과 구경하는 양반의 모습을 담은 김홍도의 풍속화. 국립중앙박물관 소장

은 중국 고대 주나라에서 시행했던 토지제도로서 동양 유학 사회에서 이상으로 삼는 토지제도였다. 900무의 토지를 '우물 정(井)' 자 형태로 나누어 여덟 가구가 각자 100무씩 경작하고 가운데 100무는 공동으로 경작해서 세금으로 내는 제도였다.

신용개는 대표적인 훈구 공신 가문의 후예였다. 그의 조부가 저 유명한 보한재 신숙주였고 아버지는 관찰사를 역임한 신면(申㴐)이었다. 그러나 신용개는 김종직의 문인이 되면서 사림 성향의 벼슬아치가 되었다. 성종 19년(1488) 문과에 급제해 사헌부 지평 등의 벼슬을 역임했는데 연산군 때 무오사화를 맞아 김종직의 문인이라는 이유로 투옥되었던 것이다. 곧 석방되어 직제학 등의 요직을 거쳤지만 다시 갑자사화 때 전라도 영광에 유배되었다.

중종반정 이후 형조참판에 서용되었고, 성희안과 함께 명나라에 가서 중종의 등극 사실을 알리고 고명을 받아 와 원종공신이 되었다. 공신 집안의 후예이자 신용개 자신도 원종공신이었지만 신분제와 토지 문제 해결을 주창하고 나선 것이었다. 신용개의 주장에 중종은 이렇게 답했다.

"근래 양민은 그 숫자가 점점 적어지고 군액(軍額, 군역을 지는 백성의 숫자)이 날마다 줄어드니, 아버지를 따르든가 어머니를 따르든가 하는 법을 훗날 의논해야 하겠다."

그러나 이는 훗날 의논할 문제가 아니라 지금 당장 시행해야 할 문제였다. 이때 참찬관(參贊官) 허굉(許硡)이 아뢴 것은 조선이 큰 문제에 봉착했음을 말해 주고 있었다.

"양계(兩界, 평안도와 함경도)에 양민이 점점 줄어들고 사천이 날로 많아집니다. 당초 오진(五鎭)을 설치할 때에는 모두 양민을 뽑아 입거하게 했으니 어찌 사천이 있었겠습니까? 본도의 양민들이 고역을 싫어하여 사천 되기를 기뻐해서 조상 때부터 노비였다고 칭하면서 불법으로 전해 오는 자가 매우 많으니 군액이 날로 줄어듭니다. 금후에는 오래전부터 전해 오는 노비 외에 근년에 노비라고 하는 자는 자세히 상고해서 도로 양민에 속하게 하고 또 엄히 금령을 세워서 이 폐단을 없애는 것이 어떻겠습니까?"

북방 오진의 백성들은 모두 양민을 뽑아 입거하게 했으므로 원래 노비가 없었는데, 양민들이 병역의 의무를 피하기 위해 스스로 노비로 떨어진다는 말이었다. 양인이 자유를 포기하고 조상 대대로 노비라고 주장할 만큼 병역은 힘든 고역이었다. 그러면 조정은 이 문제 해결에 중지를 모아야 했지만, 그 대책은 근래 노비라고 주장하는 자의 출신을 조사해서 양인으로 환원시켜 병역 의무를 부과하자는 것이었다.

신용개는 중종 12년(1517) 7월 29일에도 토지 문제 해결을 주장했다. 이때 주장한 토지 문제 해결책이 한전법(限田法)이었다.

"겸병(兼幷, 남의 토지를 합치는 것)이 다스림을 해치는 것이 심한데 지금 겸병하는 자가 많습니다. 무릇 한전(限田)은 바꾸지 못하게 하기 위한 것인데, 전조(고려)에서 시행하려 하였으나 논의가 일치하지 못해서 끝내 하지 못하였습니다. 우리 태조께서도 시행하려 하셨지만 하지 못하셨으니 지금 시행한다면 거의 옳을 것입니다."《중종실록》 12년 7월 29일)

한전법은 토지 소유를 제한하자는 것이었다. 중국 고대 한(漢)나라 애제(哀帝)가 서기전 7년 관료는 물론 개인들도 30경(頃) 이상의 토지를 소유하지 못하게 했던 한전법을 공포한 적이 있었다. 경은 100무에 해당하는 토지를 뜻하는데 당시 농가 1호가 소유한 농지의 크기가 1경이었으니 한 사람이 30농가 이상의 토지를 갖지 못하게 한 것이었다. 그러나 농지 소유를 제한하는 법은 명의 신탁 등 여러 우회로가 있기 때문에 유명무실하게 돼서 실패하고 말았다. 송나라 인종(仁宗)도 서기 1022년 일정 정도 이상의 토지를 소유하면 그 이상의 토지에는 요역(徭役)을 부과하는 한전법을 실시한 적이 있었다. 한전법을 시행해야 한다는 신용개의 주장에 사림 계열인 김구(金絿)가 동조했다.

"지극한 정치를 하려면 한전을 불가불 해야 합니다."

참찬관 이행은 중재안을 내놓았다.

"한전은 용이하게 할 수 없으니 먼저 겸병하지 못하게 하는 것이 좋습니다."

한전법은 쉽게 실시할 수 없으니 먼저 남의 땅을 겸병하지 못하게 막는 것이 좋겠다는 주장이었다. 김구가 다시 나섰다.

"한전법을 실시한 연후에야 겸병을 없앨 수 있습니다. 그러지 않으면 어떻게 겸병을 금할 수 있겠습니까? 그러나 마땅히 조용히 상의하여 점차 실시하여야 합니다."

이때 사림에서 한전제와 함께 실시를 주장한 것이 균전제(均田制)였다. 균전제는 동이족의 일원인 선비족(鮮卑族)이 세운 북위(北魏)에서 시행했던 제도였다. 기마민족인 선비족이 북중국을 장악하면서 농경 사

송나라 인종의 초상

회화 했으므로 그 대책으로 국가에서 토지를 나누어 주어 경제생활을 균등하게 하려 한 것이었다. 균전제는 북방 유목 민족들이 세웠던 북제(北齊)와 북주(北周)를 거쳐 역시 선비족 계열이었던 수(隋), 당(唐)까지 300여 년간 실제로 시행했던 제도였다. 북위의 균전제는 15세 이상의 남녀에게 모두 택지와 농지 등을 지급했는데, 여성에게는 남성의 절반을 지급했다가 70세에 국가에 다시 반납하게 한 제도였다. 또한 남자에게는 국가에 반납하지 않아도 되는 영업전(永業田)을 지급해 경제적으로 몰락하지 않게 만들었다. 이 제도를 조선에 실시하자는 것이었다.

중종 12년(1517) 9월 개혁 정치가였던 우의정 신용개가 다시 토지 문제 해결을 주장했다.

"겸병하는 폐단이 지극하지만 균전의 일은 경솔히 할 수 없으니, 금법(禁法)을 엄하게 세워서 부자가 값을 깎아서 억지로 사지 못하게 하면 자연히 아주 심하게 되지는 않을 것입니다."

흉년이 들어서 먹을 것이 없을 경우 부자들이 토지를 싸게 사들이는 경우가 있었는데 이를 못 하게 막자는 것이었다. 신용개는 토지 문제 해결에 관심이 많았다. 그래서 정승의 지위를 활용해 중종 13년(1518) 5월 27일 사림에서 천거한 사섬시 주부 박수량(朴遂良)이 토지 문제에 대한 대책을 중종에게 직접 아뢸 기회를 주었다. 이날 좌의정 신용개는 박수량에게 물었다.

"나라를 다스리는 데는 교화(敎化)가 으뜸인데 교화의 근본은 무엇인가?"

"옛말에 '임금이 어질면 어질지 않은 사람이 없게 된다' 하였습니다."

박수량은 인(仁)이 중요하다고 답했다. 신용개가 다시 "오직 인 하나면 되는 것인가?"라고 묻자 박수량은 인과 의가 모두 중요하다면서 이렇게 말했다.

"또 신이 평생에 상께 아뢰고자 한 일이 있습니다."

신용개가 그 소회를 임금에게 아뢰라고 권하자 박수량이 중종에게 말했다.

"우리나라는 백성의 빈부 차이가 너무도 심합니다. 부자는 그 땅이 끝없이 연달아 있지만 가난한 자는 송곳을 세울 땅도 없습니다. 비록 정전법이 훌륭하다 하더라도 지금은 시행할 수가 없으니, 균전법을 시행하면 백성이 실질적인 혜택을 입을 것입니다."(《중종실록》 13년 5월 27일)

백성들에게 토지를 나누어 주는 균전제를 실시하자는 말이었다. 우의정 신용개가 박수량에게 말했다.

"균전법은 과연 훌륭한 것이므로 전에도 의논이 있었지만, 지금 부자의 땅을 떼어서 가난한 자에게 준다 해도 그 부자의 자손이 가난하게 되었을 때 이것을 도로 뺏을 수는 없으니 이 점이 큰 폐이다."

박수량은 주장을 굽히지 않았다.

"어진 정사는 반드시 경계(經界)를 바로잡는 일부터 시작해야 합니다. 한 읍 안에 수백 결씩 땅을 가지고 있는 자가 있으니, 이대로 5~6년만 지나면 한 읍의 땅은 모두 5~6인의 수중으로 들어갈 것입니다. 이것이 어찌 옳은 일이겠습니까? 지금 이 땅들을 고르게 분배하면 이야말로 선왕이 남긴 정전법의 뜻이 될 것입니다."

'어진 정사는 반드시 경계를 바로잡는 일부터 시작한다'는 말은 위화도 회군 후 조준(趙浚)이 토지개혁을 주장하면서 한 말이었다. 조선이 개창 100여 년을 지나면서 다시 고려 말과 비슷한 상황으로 되돌아갔음을 말하는 것이었다. 이런 상황을 해결하고자 나선 세력이 사림이었다.

신용개가 중종에게 아뢰었다.

"박수량의 말을 지금 비록 시행할 수는 없어도 이 또한 지극히 옳은 말입니다."

중종도 맞장구쳤다.

"균전이 과연 훌륭하기는 하지만 시행하기 어려운 형편이다."(《중종실록》 13년 5월 27일)

균전제의 타당성에 대해서는 합의된 셈이다. 그러나 중종은 이를 적극 추진할 수가 없었다. 농토를 많이 가진 자들은 모두 훈구 공신이거나 그들의 수하들이었기 때문이다. 그들의 땅을 빼앗아 빈민들에게 나누어 준다는 이상은 좋지만 당시의 정치 구조 아래서는 불가능한 일이었다.

그날 석강 자리에서 사림 계열의 기사관 유성춘(柳成春)이 박수량을 거들고 나섰다.

"박수량이 아뢴 균전법에 관한 말은 오늘날의 병폐를 깊숙이 지적한 것입니다. 그는 초야에 있을 때 반드시 거듭거듭 생각을 해 본 사람일 것입니다. 신이 외방에 있을 때 역시 보았습니다만, 순천 같은 곳은 호부(豪富)한 백성은 한 집에 쌓인 곡식이 1만 석도 되고 5,000~6,000석도 되었으며 파종하는 씨앗만도 200여 석이나 되었습니다. 천지간의 온갖 재화와 물건들은 반드시 가 있어야 할 곳이 있는데 어찌

한 사람에게만 모여 있을 수가 있겠습니까? 한 읍 안에서 2~3인이 갈아먹고 나면 나머지는 경작할 땅이 없습니다. 서울에서 자라난 조정 신하들이야 어찌 이러한 폐를 알겠습니까? 지금 균전법을 실시하면 자기의 소유를 갈라서 남에게 주는 것이 되니 원망이 비록 없지는 않겠지마는 백성은 혜택을 입을 것입니다."《중종실록》 13년 5월 27일)

박수량이나 유성춘의 주장은 고려 말 이성계를 추대했던 조준, 정도전 등의 사대부들이 주장한 것과 같은 말이었다. 다만 이성계는 이들의 추대로 나라를 개창했지만 중종은 공신들의 추대로 왕이 된 것이 달랐다. 그래서 중종은 신중할 수밖에 없었다.

"균전은 지금 시행할 수 없는 형편이다. 자기의 소유를 갈라서 남에게 주는 것은 원망스러울 뿐만 아니라, 가난한 백성은 씨를 뿌릴 수가 없어서 부호들에게 도로 팔아넘기게 될 것이니 이익이 없다."

참찬관 권벌(權橃)이 중종의 말을 반박했다.

"고금의 법은 오래되면 반드시 폐가 생기는 것입니다. 어찌 해 보지도 않고서 미리부터 말류(末流)의 폐만을 생각하십니까? 박수량은 강릉 사람입니다. 강원도는 땅이 척박하고 백성이 가난한데도 그가 목도한 것이 이러하거늘 하물며 전라도나 경상도이겠습니까? 호부(豪富)한 자들이 집에다 농막들을 지어 놓으면 도망치는 자들이 이곳으로 모여들게 되는데, 이런 일들을 금하게 되면 토지를 겸병하는 폐를 조금은 막을 수가 있을 것이며 백성도 고루 은혜를 입게 될 것입니다."

중종은 "대신에게 의논하겠다"고 한발 물러섰다.

다음 날 대신들이 이 문제를 논의했다. 영의정 정광필은 이렇게 말했다.

중종, 공신들과 사림 사이를 배회한 군주

"토지를 겸병하는 무리들의 땅은 그 밭둑이 한없이 연이었고, 가난한 자들은 송곳 세울 땅도 없습니다. 백성들의 곤궁은 바로 여기에 연유되는 것이니 이 또한 금지하고 눌러야 합니다. 앞으로는 원래의 토지가 50결 이상인데도 다시 더 차지하는 자가 있으면 그 지방 수령으로 하여금 규찰하여 금하게 하고, 몰래 타인의 이름으로 바꿔 놓은 자역시 법에 따라 엄격히 규제해야 합니다. 이후로는 도망해서 상속할 사람이 없는 자의 땅을 갈아먹는 자가 있으면, 그가 경작하고 있는 땅에 대한 세금과 역(役)만을 부과하고 도망한 자의 밀린 세금은 징수하지 마소서. 그리고 그 땅을 갈아먹는 자가 없으면 백성에게 갈아먹기를 권고하여 가는 대로 세금을 받으면, 백성들은 즐겨 땅을 갈아서 땅 없는 백성도 업(業)을 갖게 될 것입니다."《중종실록》 13년 5월 28일)

이때의 토지 문제 논란은 두 가지 정책으로 귀결되었다. 하나는 50결로 토지 소유를 제한하자는 한전제, 즉 토지 소유 상한제였다. 다른하나는 미경작지에 대한 경작을 권유하는 권농책이었다. 그러나 실효성은 떨어지는 대책들이었다. 한전제를 실시해도 형제나 일가친척 등의 명의로 얼마든지 그 이상의 토지를 소유할 수 있었다. 가난한 농민들이 미경작지를 농지로 바꿀 만한 경제력이 있을 수 없었다. 결국 조선 개창 때처럼 토지 문서를 불태우고 과전법을 실시하는 방식의 혁명적 토지개혁이 아닌 한 결국 도루묵이 될 정책들이었다.

한전제가 시행된 1년 후인 중종 14년(1519) 7월 2일 경연에서 《근사록(近思錄)》을 진강하다가 정전제에 관한 말이 나오자 시강관 기준(奇遵)이 다시 토지제도 개혁을 제기했다.

"정전법은 실시하기 어렵지만 균전법은 쉽사리 할 수 있습니다. 전토가 균등하지 못하기 때문에 부유한 사람은 더욱 부유해지고 가난한 사람은 송곳 하나 꽂을 땅도 없어 이리저리 떠도는 것이 제도가 공평하지 못하기 때문입니다."

참찬관 정순붕(鄭順朋)이 반대했다.

"정전제는 지극히 방대하여 쉽사리 할 수 없으니, 모름지기 한전법을 세워 과도하게 겸병하는 사람이 있으면 억제함이 가할 듯합니다."

기준이 반박했다.

"근자에 50결로 한도를 정했다가 이미 되지 못했습니다. 어찌 50결이나 가지는 백성이 있겠습니까?"

정순붕이 아뢰었다.

"경상도는 토지가 비옥하고 인가가 촘촘하여, 만일 50결로 한다면 다 갈아먹지도 못하면서 더욱 균등하지 못한 폐단만 있을 것입니다. 그러므로 10결씩으로도 살아갈 수 있을 것이나, 가난한 백성이 어떻게 10결의 땅을 구득하겠습니까? 경기 백성도 또한 10결의 땅이 있으면 넉넉해질 것이지만 10결을 가진 사람이 얼마나 됩니까? 이래서 빈부가 균등하지 못한 것입니다."(《중종실록》 14년 7월 2일)

정순붕의 말은 궤변이었다. 가난한 백성이 10결의 땅을 구득할 수 없기 때문에 균전제를 실시해 나누어 주자는 것인데, '가난한 백성이 어떻게 10결의 땅을 구득하겠습니까?'라고 논리에 맞지 않는 말을 하는 것이었다. 그만큼 토지제도의 개혁은 어려웠다. 대토지 소유자들은 대부분 훈구 공신들이기 때문이었다. 또한 사림은 토지와 더불어 노비의 숫자도 제한해야 한다고 주장했다.

"노비를 많이 가진 자는 5,000~6,000구씩이나 되니 노비 소유 숫자도 제한해야 합니다. 노비 숫자를 제한하면 양민들이 많이 늘어날 것입니다."

그러나 노비를 많이 소유한 자들 역시 공신들이었다. 공신 문제를 해결하지 못하면 백약이 무효인 상황이었다. 그래서 조광조를 비롯한 사림들은 훈구 공신들에게 직접 칼을 대기로 결심했다. 위훈 삭제가 등장한 것이었다.

돌아올 수 없는 강, 위훈 삭제

위훈 삭제란 가짜 공훈을 삭제하자는 말이다. 정국공신 중 반정에 아무런 공도 없이 공신에 책봉된 자의 작위를 삭탈하자는 주장이었다. 중종반정에서 실제로 공을 세운 인물은 반정 3대장과 신윤무, 박영문, 장정, 홍경주 등 소수에 불과했으나 공신 책봉 과정에서 그 숫자가 크게 늘어나 117명이나 되었다. 뇌물이 오갔다는 소문까지 무성할 정도로 책봉 자체에 문제가 있었다.

특히 반정 주도 세력들이 자신들의 친인척을 대거 포함시키면서 물의가 확산되었다. 반정 3공신 중 박원종 일가에서는 사촌인 박이검(朴而儉)과 박이온(朴而溫), 생질인 한세창(韓世昌), 한숙창(韓叔昌), 이맹우(李孟友), 처남 윤여필까지 여섯 명이 공신에 책봉되었으며, 유순정 일가에서는 아들 유홍(柳泓)을 필두로 조카인 유영(柳濚)과 생질, 이종사촌, 외숙과 사돈 등 무려 일곱 명이 공신에 책봉되었다. 성희안 일가에서도 아들과 동생, 조카와 매부, 이종사촌, 사돈 등 여섯 명이 공신에 책봉되었다. 이들 세 명과 관계된 공신만 20여 명에 가까웠다. 정국공신 117명 중 대다수는 이렇게 책봉된 가짜 공신이었다.

토지개혁에 실패한 사림은 정국공신들의 세력을 약화시키지 않고는 실제적인 개혁이 불가능하다는 사실을 깨달았다. 그래서 사림들은 위훈 삭제를 통해 정국공신들의 세를 약화시키고 정국의 주도권을 완전히 쥐기로 결심했다. 중종 14년(1519) 10월 25일, 대사헌 조광조와 대사간 이성동(李成童)이 정국공신을 향한 칼을 뽑았다.

"정국공신은 세월이 오래 지나기는 했지만 공신이 된 자 중에는 폐주(연산군)의 총신(寵臣)이 많습니다. 이들의 죄를 논하자면 용서되지 않는 것입니다. 폐주의 총신이라도 반정 때에 공이 있었다면 공신이 될 수 있지만 이들은 그다지 공도 없었습니다. … 성희안은 그때에도 그렇게 하지 않으려 했으나 유자광이 자신의 자제, 인아(姻婭, 사돈)를 참여시키기 위해 그렇게 하였으니 대저 이것은 소인이 모의에 참여하여 만든 일입니다. 지금 상하가 잘 다스려지기를 바라는 때에 이 일을 개정하지 않는다면 국가를 유지할 수 없을까 걱정스럽습니다. 2등, 3등 중에서 개정할 만한 자는 아래에 서계합니다. 4등은 50여 인인데, 다 공이 없이 함부로 기록된 자입니다. 면대를 허가하시면 하정(下情)을 죄다 아뢸 수 있습니다."《중종실록》 14년 10월 25일)

조광조 등은 정국공신이 크게 늘어난 원인을 유자광 때문으로 돌렸다. 서자라는 편견이 깔려 있었다. 조광조와 이성동은 2등 공신 중 유순과 구수영, 김수동 등 일곱 명, 3등 공신 중에서는 강혼, 송일 등 아홉 명, 그리고 4등 공신은 전원을 삭제해야 한다고 주장했다. 공신 한 두 명이 아니라 수십 명의 공신들의 훈적을 삭제해야 한다고 주장한 것이니 보통 일이 아니었다. 중종은 곧 면대를 허락하고 경복궁 사정전에서 만났다. 대간 전원이 이 자리에 나왔다. 정국공신을 향한 대결전의 막이 오른 것이었다.

먼저 조광조가 입을 열었다.

"정국공신은 이미 10년이 지난 오래된 일이지만 허위가 많았습니다. 성희안은 큰 공이 있기는 하나 그 인물은 칭찬할 것이 없습니다. 박원종은 순직(純直)한 사람입니다. 이 사람들은 그러지 않았으나 공신 기록을 유자광이 혼자 맡아서 했으므로 이렇게까지 외람되게 했습니다."

정언 김익(金釴)이 가세했다.

"유자광이 제 자제를 기록하려고 먼저 성희안, 유순정의 자제를 기록하였습니다."

공격의 초점이 유자광에게 맞춰져 있었다. 무오사화 때문이기도 했고, 서자이기 때문이기도 했다.

대사간 이성동이 아뢰었다.

"사류가 이 공신들 때문에 마음이 불쾌하여 늘 울분을 품습니다. 인아의 무리까지 다 공신이 되었으니 이것은 매우 마음 아픕니다."

사간원 사간 유여림(兪汝霖)이 아뢰었다.

"조종조의 논공은 이러하지 않았습니다."

조광조가 아뢰었다.

"스스로 공신이라 하여 삽혈동맹(歃血同盟, 피를 나누어 마심)하고 천지

신명에게 고하였으니, 무엇인들 그 기망(欺罔, 속이는 것)이 이보다 심하겠습니까? 강혼은 지극히 간사한 사람인데 문장으로 세상에 빌붙었습니다. 유순은 반정 때에 어쩔 줄 몰라 했던 꼴 때문에 이제껏 사람들이 다 웃습니다. 구수영은 죽어도 남는 죄가 있는데도 오히려 공을 누릴 수 있었으니 무슨 까닭입니까? 권균 등은 다 도성 문밖에 있으면서 공을 얻었습니다. 이제 쾌히 결단을 내리지 못하시면 어떻게 중지할 수 있겠습니까?"

사헌부 집의(執義) 박수문(朴守紋)이 아뢰었다.

"지금은 성학(聖學)이 고명하시니 이와 같은 허위의 일은 본디 쾌히 결단하실 수 있습니다. 태조조의 개국 공신은 10여 인에 지나지 않았는데, 지금의 공신은 어찌하여 이토록 많습니까?"

사헌부 장령 김인손(金麟孫)이 아뢰었다.

"이는 되지 못한 소인 유자광이 한 일입니다. 성상께서 이미 환히 아셨으니 잘못된 것을 그대로 두셔서는 안 됩니다."

사헌부 지평(持平) 조광좌(趙廣佐)가 아뢰었다.

"이때에 용단하지 않으면 훗날에 폐단이 많아질 것입니다."

모든 대간들이 한목소리로 공이 없이 공신에 책봉된 자들의 삭훈을 주장했다. 드디어 중종이 입을 열었다.

"공이 있는지 없는지는 모르겠으나, 작은 공이라도 이미 공을 정하고서 뒤에 개정하는 것은 매우 옳지 않다. 이(利)의 근원을 막아야 한다는데 그 뜻은 매우 착하나 이의 근원은 차차 막아 가야 한다. 어찌하여 갑자기 이것으로 이의 근원을 막을 수 있겠는가?"

그러나 사림은 물러나지 않았다. 송호지(宋好智)가 재촉했다.

"일에 잘못이 있다면 열 번 고치더라도 안 될 것이 없습니다."

중종도 물러서지 않았다.

"이제 다시 고칠 수 없다."

이성동이 다시 아뢰었다.

"노간(老奸, 늙은 간신) 유자광이 한 일에 대해 인심이 울분하여 온 지이미 10년이 되었습니다."

이부(李阜)가 아뢰었다.

"그때 뇌물을 쓰거나 울면서 청하여 된 자가 많으니, 이것은 매우 부끄러운 일입니다."

조광조가 아뢰었다.

"조정에 물어서 처리해야 합니다. 또 김감, 유순, 강혼, 구수영으로 말하면 다들 임금(연산군)을 음란한 데로 인도하고 아첨하여 총애를 얻은 자입니다. 민효증은 사람이 못되고 간사하므로 중벌에 처해져야 할 터인데 도리어 대훈(大勳)을 주었으니 지극히 마음 아픕니다. 유홍은 유순정의 아들로 향시에 응시하러 가 있었는데 녹공에 참여되었고, 성율(成㻑)은 겨우 17세인데 원훈에 참여되었으니, 이것은 더욱 통탄할 일입니다."

이날의 《중종실록》은 "임금이 답하지 않았다"라고 적고 있다. 답하지 않는 것으로 거부했던 것이다. 위훈 삭제는 결국 자신을 임금으로 만들어 준 세력에게 칼을 들이대는 것이었다. 중종이 박영문과 신윤무를 제거한 적은 있지만 이는 역모 혐의였지 노골적으로 공신 집단 해체를 겨냥한 것은 아니었다.

같은 날 부제학 김구 등이 대간의 말을 따르도록 청하였으나 중종은 받아들이지 않았다. 다음 날 대간이 다시 위훈 삭제를 아뢰었으나 중종은 거부했다.

"공신을 개정하는 일은 매우 어렵다. 한 사람을 개정하는 것도 어려운데 이 많은 사람이겠는가! 이제 어찌 뽑아내어 개정할 수 있겠는가?"

대간에서 일곱 번이나 아뢰었으나 윤허하지 않았다. 홍문관에서도 여러 번 주청했으나 역시 거절했다. 그다음 날인 10월 27일. 대간과 홍문관에서 거듭 주장하자 중종은 대사헌과 대사간, 대제학 등 삼사의 장관(長官)을 인견해 윤허하지 않는 뜻을 설명했다. 대간은 전원 사직으로 맞섰다. 중종은 28일 이들을 명소(命召)해서 다시 자리에 나오게 했으나 또 사직했다. 10월 29일 중종은 경연에 나가서 홍문관 관원 전원을 입대해 개정이 어렵다고 설득했으나 물러서지 않았다.

> 사헌부, 사간원의 장관을 불러 입대하게 하자 조광조, 이성동이 공신에 관한 일을 극진히 논하여 반복해 마지않았으나 받아들이지 않았다. 그때 이미 밤 3고(鼓, 한밤중)였다.(《중종실록》 14년 10월 29일)

중종은 사림이 무리한 요구를 한다고 생각했다. 자신을 임금으로 만든 세력은 사림이 아니라 공신들이었다. 공신들 덕분에 자신이 임금이 되었지만 그것은 사림도 마찬가지였다. 공신들 덕분에 사림도 조정에 나올 수 있었던 것이다. 그럼에도 정국공신을 직접 공격하는 의도에 대해 의문을 갖게 되었다. 정국공신을 공격하는 것이 결국 자신의 즉위 정당성에 의문을 표하는 것이 아닌가 생각하기 시작했다.

이날 대간이 또 사직했는데 중종이 다시 명소했으나 거부하고 물러갔다. 10월의 마지막 날인 30일 태백성이 낮에 나타났다.

11월 1일 사림들은 대신들도 참석한 가운데 중종을 만났다. 먼저 대사성 김식이 시기를 놓치지 말고 위훈을 삭제하자고 주장했고 대사헌 조광조가 말을 받았다.

"생사 간에 신은 마음에 달게 여기는 바입니다. 극형이나 찬축(竄逐, 먼 곳으로 귀양 감)을 당하더라도 달게 여기겠습니다. … 유순, 김감 같은 자는 그 죄를 밝게 바루어야 할 터인데 도리어 공신이 되었습니다."

대신들이 선뜻 동조하지 않자 조광조는 우의정 안당을 꾸짖었다.

"안당은 사림 중의 사람인데 어찌하여 바른 대로 아뢰지 않습니까?"

그러자 안당이 입을 열었다.

"빨리 결단해야 합니다."

중종이 일렀다.

"지금 방방(放榜, 과거 급제자의 명단을 발표하는 것)하려 하니, 지금 들어주더라도 부득이한 형편에 몰려서 하는 것 같다. 근래 이러한 일들을 반드시 조정에 대례(大禮)가 있을 때에 발의하니 들어주더라도 성의(誠意)가 아닌 듯하다."

예전에 소격서 혁파를 주장할 때도 과거에 임박해서 할 수 없이 들어주었는데 이번에도 급제자 명단 발표에 맞춰서 발의한 것이 아니냐는 말이었다. 대사를 앞두고 협박하는 형태로 일을 한다는 꾸짖음이었다. 조광조가 부복(俯伏)하여 아뢰었다.

"상교가 지당하십니다. 신은 본디 조용히 논계하려고 생각하였는데 일이 마침 이렇게 되었습니다. 그러나 핍박하는 마음은 만무합니다."

조광조와 사림은 위훈 삭제에 모든 것을 걸었다. 조광조는 다시 "신은 귀양 가거나 죽더라도 참으로 마음에 달게 여기겠습니다. 빨리 들어주소서"라고 요청했다. 중종은 "개정할 수 없다"라고 못을 박았다. 이에 대간이 다시 사직했다.

11월 2일 영의정 정광필, 우의정 안당, 좌찬성 이장곤 등이 중재안을 내놓았다.

"정국공신은 이미 삽혈동맹하였으니 이제 다시 고칠 수는 없습니다. 그러나 이제 대간이 논한 지 이미 오래고 사직하기에 이르렀으니, 4등 중에서 물론(物論)이 시끄러운 자만을 특별히 재량하여 줄이게 하소서. 그러면 공론이 진정되고 조정이 안정될 것입니다."《중종실록》14년 11월 2일)

4등 공신 중 일부를 줄이자는 중재안이었다. 이 문제로 계속 시끄럽던 11월 11일 중종은 드디어 전지를 내렸다.

초창(草創) 때에 일이 황급하여 원대한 계책에 어두웠으므로 바르게 결단하지 못하고 녹공을 분수에 넘치게 하여 현저한 공신까지 흐리게 하였으니 이것이 어찌 거의 나라를 탐욕으로 향하는 길로 이끌어 가는 것이 아니겠는가? … 예전부터 대업을 세우고 대통을 잇는 임금은 모두가 하늘이 살피고 뭇사람이 보는 바이니, 내가 어질지 못하더라도 감히 하늘을 속이고 백성을 속일 수 없다. 내 어찌 공훈 없이 헛되이 기록된 것을 국시로 결단하지 않을 수 있겠는가?(《중종실록》14년 11월 11일)

중종이 물러났다. 사림이 또다시 승리한 것이었다. 유순, 김수동, 김감, 구수영 등 2, 3등 공신 일부와 4등 공신 전원을 포함한 총 76명에 이르는 공신들의 녹훈(錄勳)이 삭제되었다. 전체 공신 117명 중 무려 65퍼센트에 달하는 숫자였다. 위훈 삭제는 사림이 조직적으로 조정에 나온 후 거둔 가장 큰 승리였다. 사림은 이제 조선을 성리학적 사회로 만들 수 있겠다고 생각했다. 유학의 지극한 정치인 지치(至治)가 조선에서 이룩될 수 있겠다고 믿었다. 그러나 그런 믿음이 경악으로 바뀌는 데는 그리 오랜 시간이 걸리지 않았다. 공신들에게 업혀서 왕이 된 중종에게 공신들을 해체하라는 요구는 과한 것이었다. 중종이 성리학 나라를 만드는 데 목숨을 걸 수 있는 존재이면 모르겠지만, 중종은 본질적으로 기회주의적이고 편의주의적인 군주였다. 그는 자신에 대한 유불리로 모든 일을 선택했다. 달면 삼키고 쓰면 뱉었다. 공신들의 세력을 약화시키고 왕권을 강화하는 것은 달았지만 공신 집단을 해체시키는 것은 썼다. 중종은 사림들을 제거할 때가 되었다고 판단했다.

기묘사화, 훈구들의 반격과 중종의 돌변

조씨가 왕이 된다?

정국공신 일부를 삭제한 지 이틀 후인 재위 14년 11월 13일 중종은 승정원에 전교했다.

"공신 등이 삭적(削籍)되기는 하였으나, 내려 준 모든 잡물(雜物), 가사(家舍), 가가(家價)는 다 도로 거두어들이지 말라."

공훈이 삭제되었으면 공신으로 책봉될 때 받은 전답과 노비 등 많은 재물도 반납해야 했다. 그러나 중종은 재물은 거두어들이지 말라고 전교를 내렸다. 이 기사의 말미에 사관은 이렇게 부기하고 있다.

그때의 말에 따라 그 훈권(勳券)을 삭제하기는 하였으나 임금의 마음이 만족스럽지 않아서 그 물건을 그대로 주어 두었으니, 식자는 오래지 않아 공신들이 추복(追復, 빼앗은 것을 돌려줌)되리라는 것을 알았다.

다음 날인 14일 중종은 조강에 나가 《자치통감강목(資治通鑑綱目)》을 읽으면서 이렇게 말했다.

"조종의 법은 가벼이 변경해서는 안 되는 것이니 100배나 편리해야만 고칠 수 있다. 왕안석(王安石)이 주나라의 제도라는 핑계로 조종의 구법을 변경하여 백성에게 해를 끼쳤으니, 혹 경장(更張, 개혁)할 일이 있더라도 그 이해를 깊이 헤아려야 하며 가볍게 해서는 안 된다."《중종실록》 14년 11월 14일)

왕안석(1021~1086)은 북송(北宋) 때의 개혁 정치가였다. 그는 북송의 신종(神宗, 재위 1067~1085)에게 발탁되어 신법(新法)이라고 불리는 여러 개혁 정책들을 실시했는데, 그 대부분이 대지주와 대상인, 고리대 업자들과 고위 벼슬아치들의 이익을 제한하는 것이었으므로 큰 논란을 불렀다. 왕안석은 1069년 지방에서 공물을 바칠 때 중간 상인들의 농간을 배제하는 균수법(均輸法)을 시작으로 농민들에게 낮은 이자로 농자금을 빌려주어 지주들의 고리대를 무력화시킨 청묘법(靑苗法), 자본이 적은 상인들에게 장사 대금을 빌려주어 대상인으로부터 독립하게 한 시역법(市易法) 등의 신법을 잇달아 실시했다. 왕안석의 개혁 정치로 북송은 둘로 갈라졌다. 왕안석의 개혁 입법들을 지지하는 무리를 신법당이라고 했고, 반대하는 사마광과 한기(韓琦) 등의 무리를 구법당(舊法黨)이라고 했다. 신법은 가난한 농민들과 소상인들은 물론 국가에도 이익이 되었지만 대지주, 대상인, 벼슬아치 등은 극심하게 반

북송의 정치가 왕안석의 초상

발했다. 1074년 하북에 큰 가뭄이 발생하자 구법당은 신법당의 개혁 정책에 대한 하늘의 분노 때문이라고 상소해서 왕안석을 실각시켰다.

조선의 사대부들은 구법당 사마광을 극도로 칭송하고 신법당 왕안석을 극도로 비난했는데, 중종의 왕안석 비난도 그 궤를 같이하는 것이었다. 중종이 왕안석의 신법을 비판한 것은 정국공신의 훈적을 박탈한 조광조 등의 행위를 비판한 것이었으나 사림은 눈치채지 못했다.

다음 날 밤 2고(鼓).

갑자기 궁궐 안이 소란스러웠다. 승정원에서 직숙(直宿)하던 승지 윤자임(尹自任)과 공서린(孔瑞麟), 주서(注書) 안정(安珽) 등이 급하게 나가 보니, 영추문(迎秋門, 경복궁 서문)이 활짝 열려 있었고 청의의 군졸들이 계단 아래에 좌우로 서 있었다. 윤자임 등이 밀어젖히고 들어가니 합문 밖에 병조판서 이장곤, 호조판서 고형산(高荊山), 화천군(花川君) 심정 등이 앉아 있었다. 윤자임이 크게 외쳐 물었다.

"공들은 어찌하여 여기에 오셨습니까?"

이장곤 등이 대답했다.

"대내에서 표신(標信, 야간 통행 허가증)으로 부르셨기 때문에 왔소."

사림은 이것이 훈구 공신들의 대반격, 곧 기묘사화의 시작이란 사실을 상상도 하지 못했다. 중종이 조광조 등 사림에게 마음이 떠났음을 훈구 공신들은 간과하지 않았다. 남곤과 심정은 이런 기미를 놓치지 않았다. 심정은 정국공신 3등으로 녹훈되었다가 삭훈된 처지였다. 남곤과 심정은 정국공신 1등 중에 유일한 생존자인 홍경주와 모의했다. 홍경주의 딸이 중종의 후궁인 희빈 홍씨였기 때문에 중종에게 직접 의사를 전달할 수 있기 때문이었다.

남곤은 계보를 따지면 김종직의 문인이었는데, 조광조 등에게 교류를 청했다가 허락하지 않자 정적으로 변했다고 전하는 인물이다. 남곤은 꿀로 나뭇잎에다 '주초위왕(走肖爲王)'이라고 써서 벌레가 파먹게 했다. '주초(走肖)'는 합치면 조(趙)이니 조광조가 왕이 된다는 뜻이었다. 남곤의 집이 경복궁 뒤 백악산(白岳山) 아래 있었는데 벌레가 갉아먹은 나뭇잎을 물에 띄워 대궐 안의 어구(御溝)에 흘려보내 중종을 놀라게 했다는 것이다.

남곤이 살던 대은암

심정은 중종의 다른 후궁인 경빈(敬嬪) 박씨의 여종을 꾀어 경빈에게 전하게 했다.

"조씨가 나라 일을 마음대로 하는데 사람들이 모두 칭찬합니다."

며칠 전 자신을 윽박질러 위훈을

경복궁의 북문인 신무문 전경 ©Tom@HK

삭제하던 조광조의 모습 위에 후궁들의 참소가 덧붙여지자 중종의 의
구심은 확신으로 바뀌어 갔다. 남곤, 심정은 위훈 삭제가 단행된 지 나
흘 후인 11월 15일 밤에 홍경주를 보내어 중종에게 청했다.

 "전하의 주변 인물들은 모두 조광조의 심복입니다. 사세가 절박하
니 신무문(神武門)을 열어 입대(入對)하게 하소서."

 신무문을 열라는 것은 사림이 장악한 승지와 사관들 몰래 일을 꾸
미기 위함이었다. 신무문은 경복궁의 북문인데, 다른 궐문의 열쇠는
승정원에 있었으나 북문인 신무문 열쇠만은 환관들의 부서인 액정서
에 소속된 사약방(司鑰房)에 있어서 환관들이 열 수 있었다. 중종은 환

관들에게 신무문을 열라고 명령했다. 심정과 남곤이 신무문으로 몰래 들어와 임금을 면대했다. 홍경주는 충훈부(忠勳府)의 숙직방에 입직하고 있었으므로 중종을 면대할 수 있었다. 중종은 홍경주에게 밀지를 주어 대신들에게 보이게 했다.

"조광조 등이 정국공신을 삭제한 것은 공신들을 '신하가 임금을 폐하지 못한다'는 강상(綱常)의 죄를 어긴 것으로 몰아가려 함이다. 먼저 많은 공신을 삭제한 후에 나머지 소수의 공신들에게 연산을 폐한 죄를 물으면 경 등은 어육(魚肉)이 될 것이요, 그다음에는 내게 미칠 것이다. 주초(走肖)의 무리가 간사하기가 왕망(王莽), 동탁(董卓)과 같아서 온 나라 인심을 얻어 가지고 모두가 우러러보는 바가 되었도다. 하루 아침에 송 태조에게 임금의 옷인 황포(黃布)를 몸에 입히는 변이 있으면 그들이 임금 되기를 사양하고자 하겠는가? … 요즘에는 과인이 먹어도 맛을 알지 못하고 잠을 자도 자리가 편치 못하여 파리한 뼈가 드러났도다. 내가 이름은 인군(人君)이나 실상을 아무것도 알지 못하는도다."

밀지를 받은 홍경주와 남곤, 심정, 성운(成雲) 등이 신무문을 통해 궁중에 들어와 합문 밖에 촛불을 밝히고 서 있었다. 근정전 서쪽 뜰에 군사들이 죽 늘어서 있어 계엄령을 방불케 했다. 이때 승지 윤자임과 공서린, 주서 안정 등이 달려왔다.

내관 신순강(辛順強)이 나와서 성운에게 말했다.

"그대를 승지로 임명했으니 속히 입대하시오."

성운이 칼을 찬 채 들어가려 하자 사림 승지 윤자임이 앞으로 나와 막았다.

"승정원에 미리 알리지도 않고 일개 내시의 말을 듣고 함부로 들어가려 하시오?"

성운은 윤자임을 뿌리치고 안으로 들어갔다. 이때 역시 사림인 기주관(記注官, 역사를 기록하는 관리) 안정이 나섰다.

"아무리 급한 일이라도 사관은 함께 들어가지 않을 수 없소. 잠시만 기다리시오."

안정이 합문까지 쫓아가 성운의 옷 띠를 붙들고 같이 들어가려 했지만 성운은 뿌리치며 홀로 들어갔다. 환관이 문을 지키는 군사에게 호통을 쳤다.

"왜 잡인을 금지시키지 못하느냐?"

안정은 쫓겨 나왔다. 심정이 나서서 안정을 위협했다.

"임금께서 노하셨으니 함부로 들어가지 마시오."

정원에서 당직을 서던 사림들이 다투는 동안 사건은 점점 확대되고 있었다. 중종은 특명을 내려 남곤을 이조판서로 삼고 김근사와 성운을 임시 대리 승지인 가승지(假承旨)로 삼았으며 봉상직장(奉常直長) 심사순(沈思順)을 임시 대리 주서인 가주서(假注書)로 삼았다.

사림을 모두 갈아치우고 훈구 공신 계열의 인물들로 임명한 것이었다. 이들이 첫 번째로 한 일은 조광조를 비롯한 사림을 처벌하는 일이었다. 성운이 나와서 종이쪽지를 내보이며 말했다.

"이 사람들을 다 의금부에 내리라."

쪽지에는 승정원에서 숙직하던 승지 윤자임, 공서린, 주서 안정, 한림 이구(李構)와 홍문관에서 숙직하던 응교 기준과 부수찬 심달원(沈達源)의 이름이 적혀 있었다. 승정원 등 해당 부서에서 숙직하던 이들이 졸지에 의금부에 갇혔다. 조광조의 우익을 잡아 가둔 다음 조광조를 벌하는 교지를 쓰려고 하자 검열 채세영(蔡世英)이 붓을 빼앗으며 항의했다.

"이 사람들의 죄명이 밝혀지지 않았으니 죽일 수 없습니다. 이들의 죄가 무엇입니까?"

성운이 다시 붓을 빼앗으려 하자 채세영은 소리쳤다.

"이것은 역사를 쓰는 붓이다. 아무나 함부로 잡을 수 있는 것이 아니다."

이미 이성을 잃은 임금과 훈구 공신들 앞에서 이는 목숨을 건 행위였다. 좌우의 대신들이 모두 목을 움츠렸다. 채세영은 다행히 목숨은 부지한 채 쫓겨나는 것으로 끝났다. 훗날 늙은 채세영이 길을 가면 사람들이 "저 사람이 임금 앞에서 붓을 뺏은 사람이다"라고 칭찬했다 한다.

그러나 끝내 교지는 내려졌다. 우참찬 이자(李耔), 형조판서 김정(金淨), 대사헌 조광조, 부제학 김구, 대사성 김식, 도승지 유인숙(柳仁淑), 좌부승지 박세희(朴世熹), 우부승지 홍언필(洪彦弼), 동부승지 박훈(朴薰) 등을 체포해 의금부에 가두게 했다. 이날 일을 기록한 사관은 이 기록 뒤에 "이후로는 사관이 참여하지 않았다"라고 부기하고 있다. 홍경주와 남곤 등이 청했다.

"국문할 것도 없이 때려죽여야 합니다."

중종이 이에 동의해 형기(刑器)를 근정전 밑에 급히 갖추게 했다.

국문하지 않으려는 것은 추궁할 죄목이 없었기 때문이다. 조광조가 누구를 추대해 임금으로 삼으려 한 것도 아니고 국법을 어긴 것도 아니었다. 말하자면 이들에게 적용할 원율(元律), 즉 법 조항이 없었다.

중종과 홍경주, 남곤, 심정 등의 계획은 그날 밤 안으로 조광조 등을 때려죽이는 것이었다. 조광조 등의 목숨이 경각에 달렸을 때 사림에 동정적이던 병조판서 이장곤이 나섰다.

"임금이 도적의 행동을 할 수는 없습니다. 또 영상에게도 알리지 않고 죽일 수는 없습니다. 대신들과 상의한 후에 죄를 주더라도 늦지 않습니다."

홍경주가 "빨리 죽여야 합니다"라고 재촉하자 이장곤이 꾸짖었다.

"그대는 왜 이렇게까지 하려 하는가?"

이장곤의 극간이 없었으면 조광조는 그날 밤 안으로 죽임을 당했을지 모른다. '임금이 도적과 같은 행동을 할 수 없다'는 말에 절차를 밟기로 한 중종이 영상 정광필과 우상 안당을 불렀다. 좌상 자리는 신용개가 죽은 후 비어 있었다.

정광필과 안당이 급히 입궐했다. 사림파로 지목되어 사헌부 지평에서 쫓겨난 이희민(李希閔)과 이연경(李延慶)이 영상과 우상에게 울며 말했다.

"나랏일이 이 지경에 이르렀으니 오직 정승만 믿을 뿐입니다."

영상 정광필은 타일렀다.

"너희들은 물러가 있어라. 임금의 노여움이 심하면 조광조들을 죄주겠지만 우리야 어찌 선비를 죽이겠느냐. 극력 주선하여 건지겠다."

조광조가 하옥되었다는 소식을 들은 성균관과 사학의 유생들이 대궐로 달려왔다. 순식간에 1,000여 명의 유생들이 광화문 밖에 모여 웅성댔다.

유생 신명인(申命仁)이 앞장서서 주창했다.

"지방의 향도들도 상소를 올려 대사헌의 원통함을 풀어 주려 하는데 우리 유생들이 해 뜰 때부터 여기 모여서 낮이 되도록 상소문 초안을 작성하지 않는 것은 무슨 까닭인가?"

그는 붓을 잡고 바람보다 빨리 문안을 작성했다. 대궐을 지키는 금위군이 상소 봉입을 거절하자 분노한 유생들은 군사를 밀쳐 내고 대궐 안으로 들어갔다. 군사들이 휘두른 곤봉에 생원 박광우(朴光佑)의 머리가 터져 피가 흘렀다. 망건이 부서지고 머리가 풀어진 유생들은 대궐 뜰에 모여 앉아 통곡했다. 1,000여 명이 울부짖는 소리가 중종의 귀에 들리지 않을 리 없었다.

"무슨 소리인가?"

중종이 묻자 승정원에서 사실대로 대답했다. 이에 중종이 명했다.

"놀라운 일이다. 궐문을 밀치고 들어와 호곡한다는 것은 천고에 없던 일이다. 주동자를 잡아 옥에 가두라."

상소문의 대표격인 소두(疏頭) 몇 사람을 체포하자 나머지 유생들이 서로 다투어 갇히려 하였다. 옥이 가득 찼을 뿐만 아니라 오라도 모자라 짚으로 목을 엮어 종로에 모여 있게 하였다. 의금부에서 "사람은 많고 옥은 좁아서 다 가둘 수가 없습니다"라고 보고했고, 대신들도 "유생들을 죄줄 수는 없습니다"라고 간해 사흘 만에 모두 석방하였다.

임금 앞에 나아간 정광필은 중종에게 조광조 등을 죽여서는 안 된다고 간언했다.

"이 사람들을 어찌 다 죄주겠습니까? 붙잡힌 사람들 중에 승지들은 바른 의논을 따르기를 좋아했을 뿐입니다. 이자는 나중에 나라에서 크게 써야 할 사람이니 파직만으로 마땅할 것 같고, 또 조광조 등도 무슨 사심이 있었겠습니까? 다만 옛 사람의 글을 보아서 지극히 좋은 정치를 해 보려는 뜻에서 한 일이 간혹 과격한 적이 있었으나 이로써 심하게 치죄할 수는 없습니다. 성대(聖代)에 선비를 죽였다는[殺士] 이름을 받으면 반드시 사책(史册)에 오점을 남길 것입니다. 금부를 시켜 취조하여 죄의 무거움과 가벼움을 가려야 하겠습니다."

국청이 열린 것 자체가 정광필과 안당의 공이었으니 사세가 얼마나 급박했는지 짐작할 수 있다. 갑작스럽게 옥에 갇힌 조광조 등은 죽음을 각오했다. 그들이 갇힌 날 하늘에는 구름 한 점 없고 밝은 달은 뜰을 환하게 비추었다. 아직 국문도 하지 않아 오라를 지우지 않았지만 곧 죽음이 닥쳐오리라는 사실은 예감할 수 있었다. 사림들은 술잔을 기울이며 영결(永訣)하였다.

김정이 시 한 수를 읊었다.

오늘 밤 저승으로 갈 사람들
속절없이 밝은 달만 남아 인간을 비추네
〔重泉此夜長歸客/空照明月照人間〕.

김구가 화답했다.

흰 구름에 백골을 묻으면 영원히 그만인데
공연히 흐르는 물만 남아 인간을 향하네
〔埋骨白雲長已矣/空餘流水向人間〕.

그는 다시 한 구절을 지었다.

밝은 달 긴 하늘 밤〔明月長天夜〕

차운(次韻)은 김정이 이었다.

추운 겨울 작별을 아쉬워하는 때〔嚴冬惜別時〕

억울함이 북받친 조광조가 통곡했다.
"꼭 우리 임금을 만나 뵙고 싶소."
다른 이들이 권면했다.
"조용히 의로써 죽어야지 어찌 눈물을 보이시오."
조광조가 대답했다.
"조용히 의롭게 죽어야 하는 것을 내가 모르겠는가? 하지만 우리 임금을 만나 보고 싶소. 우리 임금이 우리에게 어찌 이렇게까지 하신단 말이오."
조광조는 아직까지 중종에 대한 미련이 남아 있었다. 그러는 사이 국청이 열려 조광조 등에 대한 취조가 시작되었다.

국문이 시작되자 조광조의 자세는 당당했다.

"신은 38세의 선비로 이 세상에 믿은 것은 전하의 마음뿐이었습니다. 국가의 병통이 가짜로 공신이 된 신료들이 사욕을 추구하는 데 있다고 생각했으므로 이를 막아 국가의 명맥을 길이 새롭게 하고자 했을 뿐 조금도 사심이 없었습니다."

김정도 마찬가지였다.

"신은 34세의 젊은 나이로 과람하게 판서의 지위에 올라 항상 송구해하며, 국가의 은혜를 갚는 길은 바른 정사를 펴는 것이라고 생각해 밤낮 근심했을 뿐 조정의 정사를 어지럽힌 일은 없습니다."

김식도 굽히지 않았다.

"지나치게 전하의 은혜를 입어 대관(臺官, 사헌부)에 뽑힌 이후 여러 번 벼슬이 올라 대사성까지 되어 전하를 조금이라도 더 잘 보필하려고 했을 뿐 권력의 자리를 차지하지도 아니하였습니다. 또 사정으로 사람을 쓰거나 내친 일도 없습니다. 하물며 붕당을 지었다는 말은 신이 전혀 알지 못하는 바입니다."

몇 달 전 중종 앞에서 균전법 시행을 주장한 30세의 홍문관 응교 기준도 당당했다.

"신은 뜻을 같이하는 선비와 함께 옛 도리를 강구하여 우리 임금을 요순과 같은 임금이 되게 하고 세상이 잘 다스려지게 하려고 정성을 다했습니다. 남이 착하면 착하다 하고 착하지 않으면 착하지 않다고 말했을 뿐입니다. 조광조와는 뜻이 같고 도가 같아 함께하였을 뿐 부화뇌동하지 않았고 과격한 줄도 몰랐습니다."

부제학 김구도 물러서지 않았다.

"신은 나이 32세로 옛 사람들이 사우(師友) 간에 서로 도왔던 일을 사모하여 동지들과 함께 어울렸을 뿐입니다. 착한 사람을 좋아하고 악한 사람을 싫어했습니다. 공론으로써 서로 옳고 그름을 따졌을 뿐 붕당을 지어 과격한 짓을 했다는 혐의는 신이 받아야 할 죄가 아닙니다."

국문을 담당한 추관 김전, 이장곤, 홍숙(洪淑)이 조광조 등의 죄를 조율해서 아뢰었다.

"조광조, 김정, 김식, 김구 등은 서로 붕비(朋比)를 맺어, 자신들에게 붙는 자는 천거하고 자신들과 뜻이 다른 자는 배척하여 권세롭고 중요한 자리를 차지하고, 후진을 유인하여 궤변과 과격함이 버릇이 되게 하여 국론이 전도되고 조정이 날로 잘못되어 갔습니다. 조정의 신하들이 그 세력이 치열한 것을 두려워하여 아무도 입을 열지 못하였으니, 그 죄는 다 참(斬, 목을 벰)하고 처자를 종으로 삼고 재산을 관에 몰수하는 데에 해당합니다. 윤자임, 기준, 박세희, 박훈 등은 조광조 등의 궤격한 논의에 부화하였으니, 죄는 수종(隨從)이므로 1등을 감하여 각각 장 100대, 유배 3,000리에 처하고 고신을 빼앗는 데 해당합니다."(《중종실록》 14년 11월 16일)

김전 등의 추관들이 조광조 등의 죄를 의논할 때 법전으로 삼은 것은 《대명률(大明律)》의 〈간당(奸黨)〉조였다. 《대명률》 〈간당〉조의 형률은 셋인데, 간사한 무리가 참소하는 말을 올려 그릇 사람을 죽게 한 자는 참한다는 것이고, 범죄가 사형에 해당하는데 그 대신과 소관(小

官)이 교묘한 말로 면해 줄 것을 간해서 몰래 인심을 얻는 자는 참하고, 조정에 있는 관원이 붕당을 서로 맺어 조정을 문란케 한 자는 모두 참한다는 것이었다. 추관인 김전, 이장곤, 홍숙은 〈간당〉조를 적용하면 참형에 해당한다고 보고하면서 자신들의 견해를 덧붙였다.

"원율(元律)이 없으므로 비율(比律)로 맞추었으나 지극히 과중합니다. 든건대 조광조 등이 국문 때 다들 통곡하며 '성명(聖明)만 믿고 국사를 위하고자 하였을 뿐인데 무슨 다른 뜻이 있겠습니까?'라고 했다기에 신 등이 이 말을 듣고 매우 측은하였습니다. 이 율로 죄주면 만세에 관계될 것입니다."《중종실록》11월 16일)

그러면서 김전 등은 조광조 등이 옥중에서 지은 옥중소(獄中疏)를 함께 보고했다.

"… 임금이 있는 것만 알고 다른 것을 헤아리지 않아서 우리 임금이 요순 같은 임금이 되게 하고자 한 것인데, 이것이 어찌 제 몸을 위한 꾀이겠습니까? 천일(天日)이 비추는 아래에 다른 사심(邪心)이 없었습니다. 신 등의 죄는 만 번 죽어도 마땅하나 사류(士類)의 화가 한번 시작되면 뒷날의 국가의 명맥이 염려되지 않겠습니까? 천문(天門)이 멀어서 생각을 아뢸 길이 없으나 잠자코 죽는 것도 참으로 견딜 수 없으니, 다행히 친히 한번 국문해 주시면 만 번 죽더라도 한이 없겠습니다. 뜻은 넘치고 말은 막혀서 아뢸 바를 모르겠습니다."《중종실록》14년 11월 16일)

임금을 한번 만나서 직접 국문받겠다는 요청이었다. 그러나 중종은 조광조 등을 만날 생각이 없었다. 조광조 등이 국문 때 이치로 따지면 답변할 말도 없었다. 경각에 달린 이들의 목숨을 구하기 위해 눈물로써 간한 사람은 영상 정광필이었다. 영상의 눈물을 외면할 수 없었던 중종은 형을 한 등급 낮추었다.

"조광조 등 4인은 사형에서 한 등급 내려 고신을 뺏은 후 곤장 100대를 치고 귀양 보낼 것이며, 윤자임 등 나머지 4인은 고신을 뺏고 곤장 100대를 때린 후 지방에 유배 보내라."

문제는 이들의 죄목을 무엇이라 적느냐 하는 것이었다. 이들이 받은 혐의는 이랬다.

"붕당을 지어 자기 편은 진출시키고 다른 편은 배척하며, 주상을 모함하여 사사로이 행동하고, 젊은 것이 늙은 것을 능멸하며, 천한 것이 귀한 것을 몰라보게 했다."

조광조는 능주(綾州), 김정은 금산(錦山), 김구는 개녕(開寧), 김식은 선산(善山), 박세희는 상주(尙州), 박훈은 성주(星州), 윤자임은 온양(溫陽), 기준은 아산(牙山)으로 귀양 갔고, 나머지 사람들도 관직 삭탈 등을 당했다. 현량과는 폐지되었고 소격서는 부활했다. 위훈 삭제된 공신들도 다시 복훈되었다.

조광조 등 사림은 세월을 기다릴 줄 몰랐고 또 언론만으로는 무력을 이길 수 없음을 몰랐다. 이들이 장악한 언론은 말 그대로 언론일 뿐이다. 권력자가 명예와 언론을 중히 여길 때는 힘이 되지만 명예 따위를 던져 버리고 목을 자르고자 하면 당할 수밖에 없었다.

영의정 정광필의 간쟁 덕분에 사형을 면하고 유배형에 처해졌으나 조광조 등의 남은 생은 그리 길지 않았다. 중종은 이들을 살려 두고 싶지 않았다. 한 달 후인 12월 16일 조광조에게 사약이 내려졌다.

의금부 도사 유엄(柳渰)이 능주로 내려갔다.

"사사하라는 명이오."

사약이 내려졌다는 말에 조광조가 "나는 참으로 죄인이오" 하고는 땅에 앉아서 물었다.

"사사의 명만 있고 사사의 글은 없소?"

사사하라는 말만 있고 죄명을 적은 문서는 없느냐는 뜻이었다. 유엄이 글이 적힌 작은 문서를 보여 주자 조광조가 말했다.

"내가 일찍이 대부의 반열에 있다가 이제 사약을 받고 죽게 되었는데 어찌 다만 작은 쪽지를 만들어 도사에게 보내서 믿게 해서 죽이게 하겠소? 도사의 말이 아니었다면 믿을 수 없을 뻔하였소."《중종실록》14년 12월 16일)

조광조는 중종에게 마지막 미련을 거두지 않았다. 중종 모르게 훈구 공신들이 중간에서 사사의 명을 내린 것이 아닌가 의심이 든 것이다. 조광조는 계속 물었다.

"누가 정승이 되었소?"

"심정은 지금 어느 벼슬에 있소?"

유엄의 대답을 들은 조광조가 태연을 가장해 말했다.

"그렇다면 내 죽음은 틀림없소."

자신의 목숨을 구하려던 정광필이 파직된 반면 자신을 미워하던 사람들이 모두 주요 관직에 있었던 것이다. 조광조가 또 물었다.

"조정에서 우리에 대해 어떻게 말하오?"

"왕망에 비유해서 말하는 것 같습니다."

조광조가 웃으며 말했다.

"왕망은 사사로운 일을 위해서 한 자요."

조광조가 덧붙였다.

"죽으라는 명이 계신데도 한참 동안 지체하는 것은 옳지 않은 일이 아니겠소? 그러나 오늘 안으로만 죽으면 되지 않겠소? 내가 글을 써서 집에 보내려 하고 분부해서 조처할 일도 있으니, 처치가 끝나고 나서 죽는 것이 어떻겠소?"

유엄이 허락했다. 조광조는 곧 방 안으로 들어가 글을 썼다. 또 회포를 썼다.

정암 조광조 적로유허비 탁본. 국립중앙박물관 소장

임금을 어버이처럼 사랑했고
나라를 내 집처럼 근심했네
해가 아래 세상을 굽어보니
충정을 밝게 비추리
[愛君如愛父/憂國如憂家/白日臨下土/昭昭照丹衷].

조광조는 주위 사람들에게 일렀다.

"내가 죽거든 관을 얇게 만들고 두껍게 하지 말라. 먼 길을 가기 어렵다."

사관은 이때 조광조가 "자주 창문 틈으로 밖을 엿보았는데 아마도 형편을 살폈을 것이다"라고 쓰고 있다. 혹시라도 사약을 거두라는 명이 뒤따르지 않을까 기대한 것이다. 조광조는 끝내 중종에 대한 미련을 버리지 못했다. 중종이 주범이라는 사실을 믿지 못했다. 그러나 이제 죽을 때였다.

조광조는 능성의 고을 현감이 보내 준 관동(官僮, 관아에서 일하는 아이)을 불렀다. 현감이 아이를 보내 준 것은 중종이 조광조를 다시 불러들일 것으로 생각했기 때문이다. 조광조는 아이에게 '그동안 수고했다'고 위로했다. 조광조는 또 집주인을 불렀다.

"내가 네 집에 묵었으므로 마침내 보답하려 했으나, 보답은 못 하고 도리어 너에게 흉변(凶變)을 보이고 네 집을 더럽히니 죽어도 한이 남는다."

아이와 집주인의 눈물이 옷깃을 적셨다. 조광조가 죽는 날 사관은 이렇게 덧붙였다.

임금이 즉위한 뒤로는 대간이 사람의 죄를 논하여 혹 가혹하게 벌주려 하여도 임금은 반드시 평번(平反, 죄를 감해 줌)하였으며 임금의 뜻으로 죽인 자가 없었는데, 이번에는 대간도 조광조를 더 죄주자는 청을 하지 않았는데 문득 이런 분부를 하였으니, 시의(時議)의 실재가 무엇인지를 짐작해서 이렇게 분부하게 된 것이 아니겠는가? 전일에 좌우에서 가까이 모시고 하루에 세 번씩 뵈었으니 정이 부자처럼 아주 가까울 터인데, 하루아침에 변이 일어나자 용서 없이 엄하게 다스렸고 이제 죽인 것도 임금의 결단에서 나왔다. 조금도 가엾고 불쌍히 여기는 마음이 없으니, 전일 도타이 사랑하던 일에 비하면 마치 두 임금에게서 나온 일 같다.(《중종실록》 14년 12월 16일)

사관은 중종의 이중 처신을 지적했다. 어떻게 보면 이것이 중종의

율곡 이이의 글씨

성격이자 본질이었다. 기회주의가 중종의 속성이었다. 대간에서 죽이 자고 청하면 완화하는 척해서 인자한 이미지를 만들다가 막상 자신의 의도에 조금만 어긋나면 잔인한 속성이 그대로 드러나 사람 죽이기를 파리 목숨처럼 하는 인물이 중종이었다. 박영문, 신윤무를 죽인 것과 조광조를 죽인 것은 근본적으로 같았다. 모두 자신의 지위에 위협이 되기 때문이었다. 조광조가 죽은 것은 공신 집단을 해체하려 한 것과 백성들에게 중종 이상의 신임을 얻었기 때문이었다.

율곡 이이(李珥)는《석담일기(石潭日記)》에 조광조에 대해서 이렇게 썼다.

조광조가 대사헌이 되어 법을 다스리기를 공정하게 하니, 사람들이 모두 감동하고 복종하여 매양 저자에 나가면 사람들이 모여들어 말 앞에 엎드려 "우리 상전(上典. 속담에 자기 주인을 상전이라 부른다)이 오셨다"라고 말했다. 남곤 등이 그가 인심을 얻었다고 은근히 유언비어를 만들어 냈다.《석담일기》

이이는 조광조가 너무 일찍이 세상에 나와 일을 성취하지 못했다고
적고 있다.

> 조문정(趙文正, 조광조)은 현철한 자질과 경세제민의 재질을 가지고서 학
> 문이 미처 대성되기도 전에 갑작스레 요로(要路)에 올라 위로는 임금 마
> 음의 잘못됨을 바로잡지 못하고 아래로는 권력 대가(大家)들의 비방을
> 막지 못하여 겨우 충성을 들이려 하자 참소하는 입이 벌써 열려, 몸은 죽
> 고 나라는 어지러워지게 되어 도리어 뒷사람들로 하여금 이것을 징계 삼
> 아 감히 일을 해 보지 못하게 만들었다. 하늘이 이 도(斯道, 유교)를 행해
> 지지 못하도록 하였던가. 어째서 이 사람(조광조)을 낳기만 하고 도를 성
> 취하게는 하지 않았는가.(《석담일기》)

이이는 조광조에 대해 '학문이 미처 대성되기도 전에 갑작스레 요
로'에 오른 것을 실패의 근본으로 보았다. 아직 세상 이치를 깨닫기
전에 요직에 올라 개혁의 칼날을 휘두르다가 그 자신은 물론 뒷사람
들도 스스로 위축되게 만들었다는 것이다.

조광조 등의 사림들은 중종 정권의 구조를 보지 못했다. 중종은 공
신 집단이 만든 권력 구조의 머리를 차지하고 있는 인물이었다. 그 구
조의 일부 공신을 제거하고 사림으로 채우는 것은 왕권 강화로 보아
찬성했지만, 그 구조 자체를 해체하려고 하자 그 구조를 지지하는 것
으로 되돌아간 것이었다. 그리고 개혁의 이름으로 자신을 압박했던
조광조 등에 대한 사감까지 뒤섞여 빼앗지 않아도 좋은 목숨까지 빼
앗은 인물이었다. 곧 연산군과 크게 다름이 없는 인물이 중종이었다.

연산군은 사림은 물론 훈구까지 제거하려다가 쫓겨났지만, 중종은 사림을 버리고 훈구를 선택해서 왕위는 유지할 수 있었을 뿐이다. 이런 속성을 몰랐던 것이 조광조 등의 한계였다. 그러나 현실은 훈구 공신들의 것일지라도 내일은 사림의 것이었다. 조광조 등이 세상을 떠난 1년 후의 사회에 대한 아래 사신의 논평이 그 이유를 말해 준다.

사신은 논한다. 조광조 등이 일을 할 때는 탄핵과 논박이 크게 행해지므로 조정 안의 재집(宰執, 집정 대신들)이 주현(州縣)에 요구하지 못하고 주현의 관원도 각각 스스로 금지하였기 때문에 민간은 침탈당하는 걱정이 없었고 조정에도 뇌물을 보내는 사람이 없었는데, 이때에 와서 사류가 화를 입으며 청렴한 절조가 따라서 무너지니 조정이 부정한 재물을 탐내고 군현도 휩쓸리어 극심하였다.(《중종실록》 15년 10월 16일)

조광조가 세상을 떠나자 다시 훈구들의 천국, 백성들의 지옥이 되었던 것이다. 퇴계 이황은 조광조의 행장(行狀)에서 조광조와 사림에 대해 이렇게 평가했다.

그(조광조)로 말미암아 선비들의 학문이 지향해야 할 바를 알게 되었으며, 그로 말미암아 나라 정치의 근본이 더욱 드러나게 되었다. … 이런 의미에서 본다면 한때 사림들이 화를 입은 것은 애석한 일이지만, 선생(조광조)이 도를 드높이고 학문의 뜻을 확립한 공로는 후세에 큰 영향을 미쳤다고 할 수 있다.(《정암선생문집〔靜庵先生文集〕》)

퇴계 이황의 표준 영정

　조광조는 비록 억울한 죽임을 당했지만 그가 주창했던 개혁 정치까지 목을 베지는 못했다. 그의 죽음은 사림은 물론 일부 훈구들까지도 애석하게 받아들였다. 그래서 미래는 그의 것이 될 것이었다. 그러나 성리학이 이미 낡은 이념이라는 사실은 그의 후예를 자처하는 사림들이 져야 할 부채였다.

삼포왜란과 군적수포제

삼포왜란과 임신약조

조선의 외교정책은 '사대교린(事大交隣)'이었다. 대국인 명나라는 사대해서 전쟁을 방지하고 주위 이웃 국가들과는 평화롭게 지내는 것이었다. 그러나 사대부들이 명나라에 대한 사대에는 변함이 없었지만 이웃 국가들은 오랑캐로 바라보면서 여러 문제가 발생했다. 일본에 대한 문제도 그중 하나였다. 조선과 관계가 깊은 대마도의 왜인들은 자주 조선으로 건너왔는데, 조선은 이들에게 강온 양면책을 사용했다.

세종 1년(1419) 상왕 태종이 이종무(李從茂)에게 대마도를 정벌하게 한 이래 왜적은 상당 부분 근절되었다. 그러나 이런 강경책만으로 해

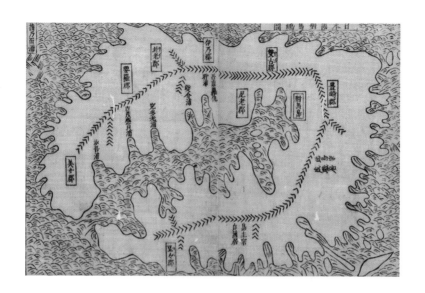

《해동제국기(海東諸國記)》에 실린 대마도

결될 수 있는 문제가 아니었다. 대마도는 원래 농토가 부족해서 어떤 형태로든 조선과 교역하지 않으면 생존하기 힘든 섬이었기 때문이다. 그래서 태종도 재위 7년(1407) 부산포(富山浦)와 내이포(乃而浦)를 왜인들에게 개방해서 무역을 허용했고, 세종도 재위 8년(1426) 염포(鹽浦)를 더 개방해 왜인들을 배려했다. 부산포는 지금의 동래이고, 내이포는 제포(薺浦)라고도 불리는데 웅천(熊川)을 뜻하며, 염포는 울산인데, 이들 모두를 삼포(三浦)라고 했다.

이 삼포에 왜관(倭館)을 설치해서 왜인들의 거주와 교역을 허용한 것이다. 왜관에 거주하는 왜인들을 항거왜인(恒居倭人)이라고 했는데, 원래 60호로 제한했지만 음성적으로 거주하는 왜인들이 계속 늘어나

중종, 공신들과 사림 사이를 배회한 군주

세조, 성종 때에는 400호가 넘었다. 조정은 이들을 심하게 단속하면 왜구로 변할 우려가 있었으므로 말썽을 부리지 않는 한 관대하게 처분했다. 이들이 사는 곳이 왜리(倭里)였는데 왜인들이 거주하게 묵인해 주었다. 3포에는 각 포소마다 일인들을 관장하는 우두머리가 있었는데, 이들은 조선으로부터 면세의 혜택을 받고 세금을 징수해 대마도로 보냈다.

왜리와 조선 백성들이 사는 마을 사이를 구분 짓는 성이나 목책(木柵) 등이 없었다. 그래서 세조 1년(1455) 8월 병조에서 우참찬 황수신(黃守身)의 단자(單子)에 의거해서 왜인이 거주하는 곳에 성자(城子)를 설치하고 물이 얕은 곳에는 목책을 설치하자고 건의했다. 또한 왜인들이 드나드는 것을 심사하는 관문(關門)을 설치하자고 제안했는데 세조는 거부했다.

"이곳에는 원래부터 성자를 설치하지 않았는데 이제 까닭 없이 군정을 일으켜서 성을 쌓으면, 저들이 놀라고 의심하여 혹시 변고가 생길 수도 있으므로 축성(築城)은 불가하다."

항거왜인들은 농사까지 지었다. 항거왜인들이 농사짓는 땅은 삼포와 가까운 해안 지역과 섬의 농토들이었다. 이 농토들은 조선인들이 섬에 들어가서 농사짓다가 혹시 왜구들에게 납치될까 두려워 묵혀 두었던 농토들이었다. 조정에서는 여러 번 이 문제를 논의했지만 엄하게 금하면 왜구로 변할 것을 우려해 강하게 대처하지 못했다. 차선책으로 이 농토에 대해 세금을 걷어야 한다는 논의가 있었지만 이 역시 마찬가지 문제 때문에 사실상 면세 혜택을 주었다.

때로 왜인들은 일본에서 온 왜인들을 머슴으로 삼을 정도로 꽤 넓

왜구의 모습을 그린 회화

은 농지에서 농사를 짓기도 했다. 연산군 3년(1497) 1월 하카다(博多) 섬에 살던 왜인 승려 설명(雪明)이 본토로 돌아가겠다고 청했는데 그의 말이 문제가 되었다. 승려 설명은 대마도의 왜인 이라시라(而羅時羅)가 '조선에 가면 옷과 먹을 것을 주고 벼슬도 준다'며 회유하는 말에 속아서 동료 여섯 명과 함께 제포로 왔는데, 이라시라가 그와 동료들을 항거왜인들에게 팔았다는 것이다. 설명은 기회를 타서 도주해서 머리를 깎고 승려가 되어서 전국 산천을 돌아다녔는데, 조선에서 승려에 대해 엄한 금령을 실시하자 일본으로 돌아가겠다고 요청한 것이었다. 예조에서는 설명이 8도를 돌아다니면서 산천의 험하고 평탄한 것과 민간의 사소한 일들을 모두 알기 때문에 돌려보낼 수 없다고 불허했다. 예조는 귀화한 이민족의 예에 따라서 서울에 살게 허용했다.

중종이 집권하면서 사대부들의 성리학적 색채가 강해졌다. 그래서 항거왜인들을 오랑캐로 보아 강경하게 대했으나 왜인들은 이미 조선의 군사력을 얕보고 있었다. 중종 5년(1510) 2월 14일 경상우도 병마절도사 김석철(金錫哲)이 급한 보고를 올렸다. 조선 수군과 항거왜인들이 충돌했다는 것이다. 항거왜인 신삼보라(信三甫羅)가 고기를 낚고 미역을 따다가 조라포(助羅浦) 수군 4명을 잡아갔다는 보고였다. 통역관을 시켜서 부르자 신삼보라는 이렇게 대꾸했다.

"조라포 만호가 내 아들과 시라여문(時羅汝文)의 아들 등 모두 4인을 잡아 성중에 구류했기 때문에 나도 선군(船軍) 네 명을 데려왔다. 만일 내 아들을 돌려주면 나도 곧 선군을 돌려주겠다."

신삼보라는 반복해서 달래도 말을 듣지 않았다. 김석철은 법에 의해 엄한 말로 타일러 수군을 돌려 달라고 말하고, 제포 첨사 김세균(金世鈞)에게 형세의 변화를 보아 신삼보라를 성내에 구류하고 군졸을 보내라고 독촉하라고 공문을 보냈다고 보고했다. 또한 조라포 만호가 수군이 끌려가는 것을 보고도 구경만 하고 있었다면서 처벌해야 한다고 건의했다.

이 사건은 삼포 왜인들이 조선의 군사력을 우습게 보고 있음을 말해 주는 것이었다. 조선군이 실제로 네 명의 왜인들을 구류했는지는 알 수 없지만, 설혹 이것이 사실이라고 해도 계통을 밟아 항의하는 것이 아니라 맞대응 차원에서 조선 수군 네 명을 잡아갔다는 것이니, 조선의 군사력을 우습게 보지 않으면 있을 수 없는 일이었다.

이런 와중에 발생한 사건이 중종 5년(1510) 4월의 삼포왜란이었다. 4월 18일 경상우도 병마절도사 김석철이 장계를 올렸다.

"제포의 항거 왜추(恒居倭酋) 대조마도(大趙馬道), 노고수장(奴古守長)

등이 왜인 4,000~5,000명을 거느리고, 갑옷에 활과 창검과 방패를 가지고 성을 포위하고 성 밑의 민가를 모두 불 질러 연기와 불꽃이 하늘에 가득 찼는데 장차 성을 함락시키고자 합니다."

이는 과거의 소규모 충돌과는 다른 것이었다. 4,000~5,000명의 왜인들이 성을 함락시키려 하는 것은 전쟁 수준이었다. 놀란 고성 현령 윤효빙(尹孝聘) 등이 통사(通事) 신자강(申自剛)을 보내 그 까닭을 묻자 대조마도 등은 이렇게 대답했다.

"부산포 첨사(僉使)는 소금을 만들고 기와를 구울 때 쓰는 토목(吐木, 불 때는 데 쓰는 잡목)을 바치라고 독촉하고, 웅천 현감은 왜인이 이익을 취하는 것은 일체 금하면서 왜료(倭料, 왜인들에게 주는 쌀)를 제때에 주지 않고, 제포 첨사는 바다에서 채취할 때에 사관(射官)을 배정해 주지 않고 또 왜인 네 명을 죽였기 때문에, 도주(島主)가 병선 수백 척을 나누어 보내어 이곳과 부산포 등의 변장(邊將)과 서로 싸우는 것이다."

삼포의 지방관이나 군사 지휘관들이 왜인들에게 줄 것은 주지 않으며 착취한다는 불만이었다. 나아가 왜인 네 명을 죽인 것에 대한 응징 차원에서 군사를 일으켰다는 것이다. 삼포 왜인들은 고기를 잡으려 할 때 도주가 여행 증명서인 노인(路引)을 발급하고, 조선도 활 잘 쏘는 선군을 가려서 함께 배에 타게 했는데 이들이 사관이었다. 왜인들이 조선 해역에서 고기를 낚는 것이 합법임을 증명하는 것이 이들 사관이 탑승하는 것이었다. 그런데 사관을 승선시키지 않고 왜인 네 명을 죽였다는 것이다.

왜인들이 삼포를 공격한 것은 4월 초나흘이었는데 이것이 조정에 보고된 것은 나흘 후인 8일이었다. 경상도 차원에서 막으려고 하다가

중종, 공신들과 사림 사이를 배회한 군주 **291**

역부족이어서 보고한 것이었다. 이미 부산포 첨사 이우증(李友曾)은 전사했고 제포 첨사 김세균은 포로로 잡혀간 상황이었다. 삼포에 사는 항거왜인들이 성 함락을 위협하고 지방관을 죽이거나 포로로 잡아갔으니 나라 국방력이 어느 수준으로 전락했는지 잘 말해 주는 사례였다.

조정에서는 전(前) 절도사 황형(黃衡)과 전 방어사(防禦使) 유담년(柳聃年)을 각각 경상좌·우도방어사로 삼포로 보내 진압하게 하였다. 조선은 무신 위에 문신 체찰사를 최고 사령관으로 삼아 군사를 지휘하게 하는 제도가 있었다. 문관이 무신을 통제하게 한 제도였다. 영의정 김수동이 좌의정 유순정을 체찰사로 삼아서 군사를 지휘하게 하자고 주청하자 유순정은 사양했다.

"신은 본래 병이 많고 혼미해서 일을 요량하지 못하는데, 이 큰일을 맡으면 책임을 다하지 못할까 두려우므로 면하기를 청합니다."

중종은 유순정의 사면 요청을 받아들이지 않아서 체찰사로 조선군을 총지휘하게 했다. 삼포왜란을 진압하는 와중에 여러 문제점이 드러났다. 4월 10일 승정원에서 이렇게 아뢰었다.

"신 등이 들으니 경상우도의 수졸(水卒)은 3여(旅)인데, 김안국(金安國)이 가둔 자가 360여 인이라 합니다. 김안국은 사변이 있는 것을 알면서도 지금까지 석방하지 않았으니 추문하소서."

김안국은 경상도에 임시로 파견한 경차관이고 1여는 500여 명으로 편성된다. 경상우도의 수군이 모두 1,500명에 불과한데 김안국이 구금한 자가 360명이나 된다는 것이었다.

같은 날 중종이 과거 합격자의 하례를 받게 예정되어 있었다. 대간에서 왜란이 일어났으니 진하(陳賀)를 하지 말게 하라고 아뢰자 중종은 의정부에 의견을 구했다. 의정부는 이렇게 건의했다.

"평시에 만일 재변이 있어서 피전(避殿)하고 감선(減膳)하신다면 하례를 행하기 어렵기 때문에 정지해야 합니다. 지금은 태평해서 하례를 받는 것이 아니고 어진 사람을 얻었으므로 행하는 것이니 행하여도 무방합니다."

나라에 재변이 발생하면 임금이 근신하는 뜻에서 궁전을 떠나서 행궁이나 별서(別墅, 별장)에 옮겨 거처하는 것이 피전이고, 감선은 임금이 반찬 가짓수를 줄이는 것을 뜻한다. 그런데 이때는 과거 합격자를 얻어서 하례하는 것이므로 진하해도 괜찮다는 것이다. 중종은 임금은 참석하지 않는 권정례(權停禮)로 행하라고 절충했다. 변방에서 장수와 군사들이 목숨 걸고 싸우는데 과거 합격자의 하례를 받을 것인지 받지 않을 것인지를 가지고 대간과 의정부가 다투는 조정이었다.

4월 10일 도체찰사 유순정은 사인(舍人) 한효원(韓效元)을 시켜서 이렇게 아뢰었다.

"관(館)에 머물러 있는 왜인을 예조에서 연회를 베풀어 준다고 유인하여 데리고 와서 역사(力士)에게 철퇴를 가지고 중로에서 쳐 죽이게 함이 어떠하겠습니까."

지금의 서울 인사동에는 일본의 사신들이 머물던 동평관(東平館)이 있었다. 여기에 머무는 왜인들을 때려죽이자는 것이 삼포왜란을 총지휘하는 좌의정 유순정의 전략이었다.

같은 날 대마도의 대관(代官) 종성친(宗盛親)이 서계(書契)를 조선에 보냈다. 종성친은 조선과 일본은 입술과 이빨이 서로 맞닿은 것과 같아서 뗄 수 없는 사이였는데 지난 10년 동안 매사가 변했다는 것이었다. 특히 지난해 4월 부산포 첨사 이우증이 부임한 후로 상황이 크게 악화되었다고 불평을 토로했다. 이우증이 대마도주가 사선(使船)을 보내면 작은 소선(小船)까지 모두 몇 사람이 탔는지 기록하고, 또 대마도주가 보낸 상관인(上官人)도 서울로 보내지 않고 포에서 되돌아가게 하고, 조선에서 매해 주는 양미(糧米)를 그해 주지 않고 2~3년분을 압류했는데 부산포의 군방장(郡房長)이 이우증에게 동조했으므로 난을 불렀다는 것이다. 종성친은 이렇게 말했다. 그래서 대마도 대주(代主) 종병부소보성친(宗兵部少輔盛親)이 대장이 되어 수많은 병선을 타고 부산포로 건너왔다는 것이다.

"영공의 부자 형제를 타살해서 목을 베어 문 앞에 달아매었고, 목을 끊어 버린 자도 한없이 많습니다. 영공의 목을 가지고 오늘 아침 배로 대마도로 건너갔습니다."

종성친은 '과거의 선례에 따라서 천하에 명을 선포하면 병선을 즉시 물릴 것'이라고 제안했다. 종성친은 이렇게 제안했다.

"제포, 염포, 다대포(多大浦), 가라(加羅), 이산(伊山)은 포마다 병화를 입고 배마다 불태웠으나, 동시에 동래 차사원(差使員)에게는 조금도 유한이 없으므로 활을 쏘지 말라고 내가 제지하였습니다. 즉시 회답을 구하거니와 오늘이라도 정지하고자 합니다."

동래 현령 윤인복(尹仁復)이 종성친에게 회답했는데, "조선은 조종조부터 귀방(貴邦)을 극진히 대접했는데 족하(足下)가 뜻밖에도 명분 없는 군사를 일으켰다"고 비판하면서, 자신이 군사를 거느리고 싸우는 것은 변방 장수의 직분이지 자신의 잘못이 아니라고 답하였다. 또한 군사를 해산하여 진(陣)을 돌리라면서, 종성친이 이른 말은 자신이 결정할 수 있는 일이 아니어서 조정에 진달했으니 곧 회답이 있을 것이라고 말했다.

이에 대해 《중종실록》의 사신은 이렇게 논했다.

> 변방 장수가 그 글을 아뢰니 조정에서는 윤인복이 문장에 능하다고 감탄했는데, 사건이 평정된 뒤에야 비로소 윤인복이 지은 것이 아니라 양산 군수 문경동(文敬仝)이 지은 글임을 알았다.

전란이 일어났는데 조정의 관심사는 종성친에게 보낸 문장을 누가 지었는가 하는 점이었다. 삼포왜란은 일본이 국가 차원에서 일으킨 전면전이 아니라 삼포의 왜인들이 대마도주의 지원 아래 일으킨 국지전이었으므로 15일 만에 진압되었다. 그러나 조선 측의 피살자가 272명이었으며 민가 800여 호가 불탔다. 왜인 측은 선박 5척과 300여 명이 참살되었다. 서로 비슷한 규모의 피해를 입었지만 거류민들이 일으킨 난이라는 데서 조선 군사력의 약화 현상이 두드러지는 것이었다.

왜란을 정벌한 후 조정은 대마도와의 통교를 중단했다. 그러나 이듬해인 중종 6년(1511) 4월 일본은 승려 붕중(弸中)을 사신으로 보내 일본국이 대마도를 벌했으니 화해를 청한다고 요청했다. 이에 대한 반대론도 많았으나 중종은 통교를 수락하기로 결정했다. 중종 6년 6월 26일 붕중을 접견하려고 했으나 비가 와서 직접 접견하지는 못하고 좌의정 유순정을 보내서 예조에서 붕중을 위한 잔치를 베풀었다.

조선은 강화 조건으로 대마도주가 난을 일으킨 자의 목을 베어 바치고 포로로 잡아간 조선인을 돌려보내라고 요구했다. 대마도에서 요구 조건을 이행하자 중종 7년(1512) 다시 교역의 재개를 허락했는데 이것이 임신약조(壬申約條)이다. 임신약조는 대체로 세종 25년(1443) 체결한 계해약조(癸亥約條)의 내용을 크게 후퇴시킨 것이었다. 계해약조는 세종 25년 일본에 통신사로 파견되었던 변효문(卞孝文)이 귀국길에 대마도주 종정성(宗貞盛)과 체결한 조약이었다.

계해약조의 내용은 첫째 대마도주가 보내는 일종의 무역선인 세견선(歲遣船)을 50척으로 한정한다는 것이었고, 둘째 삼포에 머무르는 왜인들의 체류 기간은 20일로 한정하고 상경한 자의 배를 지키는 간수인(看守人)의 체류 기간은 50일로 정하면서 이들에게 식량을 배급한다는 것이었고, 셋째 조선이 매년 대마도주에게 내리는 세사미두(歲賜米豆)는 200석으로 정한다는 것이었다. 넷째 특별한 사정이 있을 때 대마도주는 특송선(特送船)을 파송할 수 있다는 것 등이었다.

임신약조는 모두 9개 조로 되어 있는데, 첫째 삼포에 왜인 거주를 불허하고, 둘째 대마도주가 보내는 일종의 무역선인 세견선을 50척에서 25척으로 반감시킨다는 것이었다. 셋째 대마도주에게 매년 주는 세사미두를 200석에서 100석으로 반감시켰고, 넷째 대마도주가 보내는 특송선 제도를 폐지시켰고, 다섯째 대마도주 일족 등과 그 수하들이 보내는 세견선과 세사미두를 폐지시켰다.

임신약조는 기존 계해약조의 내용에서 대체로 절반 정도를 감한 것이었으니 삼포왜란 결과 조선과 무역을 독점하던 대마도는 큰 손해를 보게 되었다. 일본과 전쟁을 피하기 위해서 최소한의 교역을 허용한다는 것이었다. 명나라에 대한 사대 외교 못지않게 일본이나 여진족에 대한 교린 외교도 중요했지만, 조선의 유학자들은 명나라는 높여

본 반면 일본이나 여진족은 오랑캐로 낮추어 보았다.

　임신약조는 일본을 대하는 외교정책에서 근본적인 대책이 될 수 없었다. 조선의 유학자들은 명나라와의 사대 관계를 외교의 거의 전부로 간주하고 여진족이나 일본은 난을 일으키는 것을 방지하는 선에서 최소한의 관계만 유지하려 했다. 삼포왜란이 자칫하면 일본과 전면전으로 번질 수도 있다는 판단은 하지 않았다. 최소한의 교역만 재개하는 것으로 대마도의 왜인들이 왜구로 변질되는 것을 막으려고 하였다. 삼포왜란은 비록 진압했지만 조선의 국방 체제가 허약함을 자인한 셈이었다. 정권을 장악한 유학자들은 국방력 강화를 고민해야 했지만 국방은 자신들의 일이 아니라고 생각했다.

　무(武)를 천시하다 보니 외적이 침입하면 우왕좌왕할 수밖에 없었다. 의정부의 정승들과 주로 전직 정승들인 원상들과 병조 외에 국경지방의 군사 요직을 맡았던 인물들을 급히 불러 대책을 협의했는데, 이들을 지변사재상(知邊事宰相)이라고 하였다.

　중종 5년 삼포왜란이 발생하자 지변사재상을 소집해 방어책을 논의하는 한편 그동안 임시적으로 소집하던 지변사재상들의 협의체를 확대해서 비변사(備邊司)라는 거대 기구를 만들었다. 비변사는 도제조(都提調), 제조, 낭관 등의 관원으로 조직했는데 3정승을 비롯한 주요 관헌들이 모두 참여하는 대규모 조직이니 왕권을 능가할 지경이 되었다. 국방 전문가를 양성하는 대신 고위직 숫자만 많은 거대 기구를 만든 것이다. 원래는 도체찰사를 설치하고 병조 안에 1사(司)를 두어 종사관에게 그 사무를 맡기면서 비변사라 칭한 임시 관청이었지만, 명종 9년(1554)에 정식 관청이 되고 이듬해 청사까지 마련되어 상설 관청이 되었다. 대부분의 고위직이 다 포함된 거대 조직이었으나 실제 국방 전문가는 찾아보기 힘든 조직이 비변사였다. 이런 상태에서 임진왜란이 다가오고 있는 것이었다.

돈으로 병역을 대신하는 군적수포제

조선에 전란이 발생하면 우왕좌왕하는 이유가 있었다. 군사 체계가 무너져 내리고 있었기 때문이다. 조선은 16세 이상 60세까지 모든 양인이 병역의 의무를 지는 양인개병제(良人皆兵制) 국가였다. 그러나 이 연령에 해당하는 장정들이 모두 군역을 담당하면 농사지을 사람이 없었다. 그래서 직접 병역 의무를 수행하는 정군(正軍)과 이들을 경제적으로 지원하는 봉족(奉足)으로 나누었다. 정정(正丁)이라고도 하는 정군들이 병역을 직접 수행할 때 이들을 경제적으로 돕는 봉족들을 조정(助丁)이라고도 했다.

병역 수행이 면제되는 경우도 있었다. 현직 관리들은 벼슬 자체를 병역 의무 수행으로 인정했다. 국가의 다른 역을 부담하는 양인들과 2품 이상의 퇴직 관리와 성균관 및 4부 학당(學堂)의 학생들과 지방 향교의 학생들도 군역이 면제되었다. 현직은 물론 2품 이상의 퇴직 관리나 학생들은 대부분 양반 신분이었으므로 양반은 군역을 지지 않는다는 사고방식이 점차 퍼져 갔다. 2품 이하의 퇴직 관리들이 병역을 회피하는 수단이 학생 신분을 가탁하는 것이었다. 고관 자제들이나 부유한 가문의 자제들도 이런저런 방법으로 군역을 회피하는 현상이 늘어났다. 결국 군역은 힘없고 가난한 농민들만 지게 되는 현상이 발생했다.

이 문제의 해결에 적극 나섰던 임금은 세조였다. 세조는 재위 5년, 9년, 13년 세 차례에 걸쳐서 전국적으로 호적을 조사하고 호패(號牌) 제도를 실시해서 호적에서 빠진 백성들을 군역에 입적시키고 이를 토대로 군적(軍籍)을 재편성했다. 그간 음성적으로 군역에서 빠졌던 여러 인물들을 군역에 포함시켰다. 3품 이하의 퇴직 관리와 직책은 있으나 실제 근무하지는 않는 산관(散官)들, 마흔 살이 넘은 학생들과 각종

조선 시대에 쓰였던 호패. 국립중앙박물관 소장

시험에 불합격한 낙강(落講) 학생들과 군적에서 누락된 일반 양인들을 모두 군적에 편입시켰다.

세조는 재위 10년(1464)에는 군역 개혁 차원에서 보법(保法)을 제정했다. 그 이전에는 3정(丁)이 1호(戶)로 병역 의무를 수행했다. 1정은 정군(正軍)이 되고 나머지 2정은 정군을 재정적으로 뒷바라지하는 보인(保人), 즉 봉족이 되는 제도였다. 농지 5결을 1정으로 간주해서 병역 의무를 지게 했는데, 이는 농지를 많이 가진 부호들에게 병역 의무를 부과하는 효과를 가져왔다. 그리고 과거 군역 부과에서 제외되었던 노자(奴子)들도 봉족으로 간주해서 병역 의무를 지게 했다.

보법에 따라서 많은 토지를 갖고 있고 이를 경작하기 위한 많은 노자를 갖고 있으면서도 병역에서 면제되었던 부호들과 그 소유의 노자들도 병역 의무를 져야 했다. 보법에 따라 병역 의무자의 숫자인 군액이 크게 증가해서 종전의 두 배나 되는 60만에 달하게 되었다.

그러나 양반 신분제를 그대로 유지한 채 보법을 실시하면서 벼슬아치들과 부호들은 이런저런 편법으로 군역에서 빠져나가고 가난한 농민들만 과중한 부담을 지게 되었다. 정군을 보조하는 보인으로 편성된 농민들은 1년에 포(布) 두 필을 납부해야 했는데 이를 보포(保布)라고 했다. 가난한 농민들 처지에서는 1년에 두 필의 보포가 큰 부담이었다. 게다가 정군들은 보인들에게 1년에 두 필 이상의 보포를 요구해서 부담을 견딜 수 없는 보인들이 도주하는 경우도 크게 확산되었다. 보인들이 도주하면 정군은 아무런 대가를 받지 못하는 상태에서 군역 의무를 져야 하니 정군도 도주하는 현상이 발생했다.

그래서 대립(代立)이라는 편법이 발생했다. 다른 사람에게 일정한 대가를 주고 병역 의무를 대신 수행하게 하는 것이 대립이었다. 대립은 한 사람이 몇 사람의 군역을 대신하는 경우가 비일비재했는데, 이 경우 대부분 담당 관리와 짜고 대립가를 나누는 것이었다. 그래서 군역 장부에는 군사들이 복무하고 있지만 실제로는 군사들이 없는 경우가 광범위했다. 장부상으로는 군사들이 있지만 실제는 없는 경우였다.

지방 각 도의 병마절도사가 부임하는 병영(兵營)과 수군절도사가 부임하는 수영(水營)에 복무하는 군인들이 유방병(留防兵)이었다. 그러나 이 또한 장부상으로만 군사가 있는 경우가 많았다. 이는 각 군영과 병역 의무를 진 농민들의 이해가 맞아떨어졌기 때문이다. 각 군영에서는 농민들이 실제 복무하는 것보다 포를 받고 유방(留防)을 면제시키는 것을 더 선호했고, 농민들도 실제로 병역 의무를 수행하는 것보다 포를 납부하는 것으로 대신하고 농사를 짓는 것을 더 선호했다. 각 군영과 농민들의 이해가 맞아떨어졌기 때문에 각 군영에서는 포를 받고 병역을 대신하게 했는데 이것이 방군수포(放軍收布)였다. 군역에서 해방시켜 주는 대신 포를 받는다는 뜻이었다. 이렇게 거둬들인 포의 일부는 관아의 경비로 사용되었고, 나머지는 지방 수령이나 육군을 담당하는 병사(兵使), 수군을 담당하는 수사(水使), 첨사나 만호 등의 수입으로 변질되었다. 방군수포는 불법이었지만 관아와 백성들의 이해가 맞아떨어졌으므로 광범위하게 시행되었다. 관아에서 막기는커녕 권장했으므로 사실상 합법이 되어 갔다. 방군수포는 군역이 힘들었던 수군에서 시작해 육군으로 확산되었다.

대립과 방군수포는 성종 무렵에는 거의 전국적인 현상으로 확산되어 조정에서도 더 이상 모른 체할 수 없는 상황이 되었다. 조정의 벼슬아치들도 더 이상 이를 막을 수 없다는 사실을 잘 알고 있었다. 그래서 이를 합법화하는 방향으로 정책을 수립하기 시작했다. 포를 납부받고 병역을 면제시켜 주는 것을 합법화하려 한 것이다. 문제는 포납부를 전문적으로 담당하는 관청이 없는 것이었다. 농민 자신들이 사는 관아나 군영에 바치는데, 정식으로 정해진 가격이 없으므로 포의 가격이 들쑥날쑥이어서 수령이나 장수들, 아전들의 자의에 따르고 있었다. 당연히 함부로 징수해서 이들의 사욕을 채우는 데 쓰이는 비용도 상당했다.

중종 36년(1541) 2월 15일 동지사(同知事) 양연(梁淵)은 포를 납부받는 관청을 사섬시(司贍寺)로 정하자고 주장했다. 사섬시는 저화를 발행하고 노비를 관장하는 부서였다.

"보병(步兵)의 번가(番價, 병역 의무를 수행하는 대신에 바치는 돈)를 함부로 징수하는 폐단은 군역을 하는 곳의 관원과 수행원들에게 물어서 나누어 값을 정하기 때문에 발생합니다. 이를 받아들이는 관청이 없기 때문에 스스로 나누어 정한 곳에 바치는데, 색리(色吏), 사령(使令), 구사 등이 함부로 징수해서 쓰는데 혹 관원들이 이를 알아도 금지하지 않기 때문에 그 폐단이 이러합니다. 혹은 따로 이를 맡는 관청을 설치하거나 혹은 사섬시의 제조에게 맡겨 이 일을 전담하게 하여 … 외람되이 거두는 자가 있을 경우 적발하여 치죄한다면 함부로 징수하는 폐단은 없어질 것입니다."《중종실록》 36년 2월 15일)

담당 관청이 없기 때문에 번가를 함부로 징수하는 폐단이 있으니 사섬시에 그 징수를 맡기자는 건의였다. 양연의 건의에 따라서 병조와 사섬시에서 번가(대립가)를 받는 것으로 결정되었다. 병조와 사섬시에서 번가를 받아서 필요한 관청에 나누어 주자는 것이었다. 중종은 재위 36년 4월 4일 사정전에 나아가 의정부와 승정원 관리들을 만났는데, 영의정 윤은보(尹殷輔)가 병역을 대신하는 값에 대해서 이렇게 말했다.

"그 액수를 짐작해서 정병(正兵)은 한 달에 세 필 반을 받고, 선상(選上)은 두 필 반으로 정했는데, 그러나 대립하는 자가 그보다 배 이상 받으려고 다투어서 그 폐단이 그치지 않았습니다. 그래서 병조와 사섬시에서 그 값을 받아서 나누어 주기로 이미 의논해서 정했습니다."《중종실록》36년 4월 4일)

병역 수행 대신에 포로 납부할 경우 주로 농민들인 정병은 한 달에 세 필 반을 받고, 관노비가 병역 의무를 수행하는 선상은 두 필 반이라는 것이다. 이것이 병역 의무를 직접 수행하는 대신에 납부하는 병역세였다.

이런 논란과 과정을 거쳐 중종 36년(1541) 군적수포제가 시행되었다. 각 고을의 수령이 군역 의무자에게 일괄적으로 베로 징수해 중앙에 상납하면 병조에서 군인을 고용해서 군사를 맡기는 제도였다. 이제 군역 의무자들은 실제 군역에 종사하는 대신 1년에 두 필씩의 신포(身布), 즉 군포를 납부하면 되는 것이었다. 1년에 두 필의 군포는 가난한 농민들에게는 큰 부담이었지만 중농 이상의 농민들에게는 그리 큰 부담이라고 볼 수는 없었다.

문제는 양반 사대부들은 군포 징수 대상에서 면제되었다는 점이다. 온갖 신분적 특권을 다 누리는 사대부들은 병역 의무에서 면제되고 가난한 농민들만 병역 의무를 지게 된 것이다. 부유한 농민들도 이런

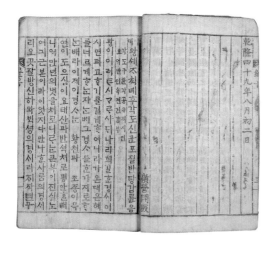

《어제왕세자책례후각도신군포절반탕감윤음〈御製王世子册禮後各道身軍布折半蕩減綸音〉》
1784년(정조 8) 8월 2일 정조가 세자 책봉을 기념하여 각 도의 신포와 군포 절반을 탕감해 주며 내린 윤음이다. 국립중앙박물관 소장

저런 명목으로 빠져나가니 가난한 농민들이 이중의 부담을 졌다. 군포를 납부할 능력이 없는 농민들은 도주하기 일쑤였다. 그러면 그 군포는 가족들에게 대신 부과했는데 이것이 족징(族徵)이었다. 한 가족이 다 도주하면 그 군포는 이웃에게 대신 부과했는데 이것이 인징(隣徵)이었다. 이웃이 다 도주하면 그 군포는 마을에 부과했는데 이것이 동징(洞徵)이었다. 그래서 한 마을이 다 도망가 텅 비는 경우도 드물지 않았다.

사대부들이 무를 천시하고 문(文)만 숭배하면서 공리공론을 일삼고 있을 때 정작 현장에서는 이런 문제들 때문에 사회체제가 무너지고 있었다. 이것이 임진왜란 발발 50여 년 전의 상황이었다.

외척들의 세상, 대윤과 소윤

혼란스러운 조정

조광조 등을 쫓아내고 죽인 기묘사화를 단행한 중종은 기본 방향을 상실했다. 조정은 사익을 탐하는 권력투쟁으로 날이 지고 샜다. 조광조 사후 조정은 남곤, 심정처럼 사림에서 소인으로 낮춰 보던 인물들이 장악했다. 조광조 등이 제거된 후 제 세상을 만난 인물 중에는 김안로(金安老)도 있었다. 김안로는 그의 아들 김희(金禧)가 중종 16년(1521) 중종과 장경왕후 윤씨 사이의 큰딸 효혜공주(孝惠公主)와 혼인해 연성위(延城尉)에 봉해지면서 왕실의 외척이 되어 출세 가도를 달리게 되었다. 이후 남곤, 심정 등과 김안로 일파 사이에 권력투쟁이 발생했는데 그 진상이 무엇인지 알 수 없을 정도로 어지럽게 전개되었다. 중종 19년(1524) 영의정 남곤과 심정, 대사간 이항(李沆) 등은 김안로를 탄핵해 경기도 풍덕으로 유배 보내는 데 성공했다. 이로써 남곤 일파가 조정을 다시 독차지하는가 싶더니 중종 22년(1527) 2월 남곤은 병으로 영의정에서 사직한 다음 달 죽었고, 사림에 우호적이던 정광필이 영의정이 되었지만 실권은 우의정 심정과 이항, 김극핍(金克愊) 등이 장악했다.

중종 25년(1530) 김안로는 유배 중이면서도 대사헌 김근사와 대사간 권예(權輗)를 움직여 심정을 탄핵하는 데 성공했고, 심정은 그해 11월 좌의정에서 파직되었다. 김안로는 중종 26년(1531, 신묘년) 6월 의흥위 대호군(義興衛大護軍)으로 복귀에 성공했다가 곧 한성부 판윤을 거쳐 예조판서로 올라섰다. 김안로가 한성부 판윤에 제수되자 사관은 이렇게 평하고 있다.

27일에 김안로를 한성부 판윤에 제수하자 28일에 혜성이 나타났는데 꼬리가 10여 자에 흰 빛깔이었다. … 지금 김안로가 등용되자마자 혜성의 요괴가 바로 나타나니 하늘이 조짐을 보임이 그림자와 메아리보다도 빠른 것이다. 옛사람이 혜성에 대해 논하기를 "흰 빛이 있으면 장군이 역모를 일으키며, 꼬리가 길고도 크고 오래 나타나 있으면 재앙이 크다"고 하였다. 지금 이 혜성은 빛깔이 희고 길며, 또 7월이 다 가도록 없어지지 않았다.(《중종실록》 26년 윤6월 28일)

김안로는 내친김에 자신을 유배 보냈던 심정, 이항, 김극핍을 간신으로 몰아 죽이는 데 성공했는데 이들 셋을 세상에서는 신묘삼간(辛卯

三奸)이라고 했다. 신묘년은 중종 26년을 뜻했는데, 김안로나 신묘삼간이나 별 차이가 없는 사익 추구 세력들끼리의 권력투쟁으로 점철되었다.

임금이 방향성을 상실하니 혼란스럽기는 왕실 내부도 마찬가지였다. 왕실 내부는 세자 이호(李峼, 인종)를 흔들려는 음모로 시끄러웠다. 중종 22년 2월 26일 작서(灼鼠)의 변이 발생했다. 작서란 쥐를 태웠다는 뜻인데, 세자가 거처하는 동궁의 해방(亥方)에 손발을 불로 지진 쥐 한 마리가 걸려 있었고 허수아비를 만들어서 나무패를 걸고 불미스러운 일들을 적어 놓았다. 해방은 24방 중 하나인데, 정서북에서 북쪽으로 15도의 방위를 중심으로 한 15도의 각도 안을 뜻한다. 세자는 해생(亥生)이고 해(亥)는 돼지인데, 쥐가 돼지와 비슷하게 생겼으므로 세자를 저주한 것이라고 여겨서 큰 소동이 벌어졌다. 경빈 박씨가 의심을 받아서 그 시녀들과 사위인 당성위(唐城尉) 홍려(洪礪)의 종들이 혹독한 고문을 당했다. 형벌에 못 이겨서 거짓 자백한 종들이 나오자 경빈 박씨 일가가 비극에 처해졌다. 이 사건과 뒤이은 세자 저주 사건으로 경빈 박씨와 그 아들 복성군(福城君) 이미(李嵋)가 쫓겨났다가 죽임을 당하고, 두 딸인 옹주들은 서인으로 떨어졌으며, 사위 홍려도 끝내 매를 맞아 죽고 말았다. 이 사건은 김안로가 조작한 것이라는 의심을 받았는데, 이미 판단력을 상실한 중종은 김안로가 이끄는 대로 사건을 처리했다.

이 건은 이종익(李宗翼)이라는 생원까지 죽음으로 몰고 갔다. 의금부의 수사에 따르면 중종 25년(1530) 4월 이종익이 고양(高陽)에 사는 김정국(金正國)과 고양 군수 임계중(任繼重)을 만나서 이런 대화를 나눴다고 한다.

"경빈 박씨가 서울에 있을 때 비단 다섯 필씩을 각각 남곤, 이항, 심정, 김극핍의 집에 보냈는데, 남곤은 받지 않았고 나머지는 모두 받아서 조정에서 이들을 제거하려 한다."

중종은 이 보고를 받고 남곤은 이미 죽었으니 모두 터무니없는 말이라면서도 의금부에 수사를 지시했다. 실제로 남곤은 3년 전인 중종 22년 3월 사망했으므로 근거 없는 뜬소문에 불과했다. 그러나 중종은 이종익을 장 100대에 유배 2,000리에 해당하는 죄로 판단해서 경상도 기장(機張)으로 유배 보냈다. 이종익은 시국에 불만이 많은 사대부였으므로 유배 가 있으면서도 자중하지 않았다. 이종익은 중종 27년 (1532) 이미 죄를 받은 이행, 심정, 이항 등이 죄가 없다는 상소를 올렸다. 이는 중종의 처분이 그르다는 뜻이었으므로 분개한 중종이 이종익을 잡아다 옥에 가두었다. 이종익은 이에 굴하지 않고 옥중에서 상소를 올렸는데, 옥중 상소에서 세자를 옹호하고 김안로와 그 아들 연성위 김희를 극도로 비난했다.

"연성위 김희는 양송(梁松, 후한 광무제의 간사한 사위)보다도 더 간사한 인물로 죄악이 너무 심하여 하늘의 베임을 받았습니다. 전일 작서의 변이 일어나자 전하와 조정이 누구의 소행임을 알지 못하여 끝까지 힐문하였으나 찾지는 못하고 많은 궁중의 사람들이 원통한 죽음을 당했습니다. 이는 김희가 사심을 일으켜 요사를 부렸기 때문인데 오늘에 이르러서야 그 죄를 받은 것입니다."(《중종실록》 27년 3월 20일)

작서의 변은 경빈 박씨가 아니라 김안로의 사주를 받은 아들 김희가 일으켰다는 것이다. 한 해 전인 중종 26년 4월 효혜공주가 죽었고,

10월에는 연성위 김희도 죽었는데, 이것이 하늘이 내린 벌이라는 주장이었다. 분노한 중종은 이종익을 혹독하게 형신해서 이종익은 거의 죽게 되었다. 중종의 성화에 의금부는 이종익을 참대시(斬待時)에 해당한다고 조율했다. 만물이 생장하는 춘분과 추분 사이를 피해서 목을 베어야 한다는 것이었다. 추분 때까지는 목숨을 살려 두어야 한다는 것이었는데, 중종은 즉각 목을 베는 부대시(不待時)로 형을 올렸다. 의금부에서 올린 형을 임금이 깎는 경우는 있어도 임금이 더하는 경우는 아주 드물었다. 중종의 잔인한 성격이 그대로 드러난 사건이었다. 이종익은 중종 27년(1532) 3월 26일 당고개에서 목이 베어졌는데, 사신은 이렇게 평가했다.

> 이종익은 사람됨이 경망하고 조급해서 자신이 어리석었는데도 옳다고 여겨 자기 생각을 곧바로 행해서 당시의 일에 저촉되어 마침내 큰 죄를 받았다. … 말하기를 꺼리는 경계심이 이로 인해 더욱 심해졌으므로 식자(識者)가 이를 근심하였다.《중종실록》 27년 3월 26일)

조광조 때는 지극한 정치를 펼치려는 사림과 이를 막으려는 훈구 사이의 투쟁으로 조정이 시끄러웠다. 나라의 방향성에 대한 당쟁이었다. 그러나 중종이 조광조 등의 사림을 제거하고 난 후에는 소인들 사이의 권력투쟁이나 궁중 암투로 날이 지고 새는 형편이었다. 여기에 대윤과 소윤의 정쟁까지 가세했다.

세자 저주 사건

사림이 사라진 조정을 차지한 또 다른 세력은 외척들이었다. 대윤과 소윤으로 불리는 두 외척이 치열한 권력투쟁에 나섰다. 대윤은 중종과 정국공신들이 중종의 원부인 신씨를 내쫓고 맞이한 장경왕후 윤씨의 오빠 윤임을 중심으로 모인 정치 세력이다. 장경왕후는 중종 10년(1515) 세자 이호(인종)를 낳고 바로 죽었다. 그러자 중종은 신씨를 복위시키라는 사림의 청을 거부하고 재위 12년(1517) 윤지임의 딸을 새 왕비로 들였는데, 그가 문정왕후 윤씨이다. 문정왕후의 오빠 윤원로와 남동생 윤원형을 중심으로 모인 정치 세력이 소윤이다.

중종 29년(1534) 문정왕후가 뒤늦게 경원대군(慶原大君) 이환(李峘, 명종)을 낳으면서 대윤과 소윤의 정쟁이 치열해졌다. 소윤에서 장경왕후 윤씨 소생의 세자 이호를 제거하고 경원대군을 세자로 옹립하려 했기 때문이다. 단순한 외척 간의 다툼에서 차기 왕위 계승 다툼으로 그 성격이 달라졌던 것이다.

율곡 이이는 《석담일기》에서 대윤과 소윤에 대해 이렇게 설명하고 있다.

중종 말년에 인종은 동궁(東宮, 세자)이었는데 장성하였으나 아들이 없고, 명종(明宗)은 어려서 대군이 되었다. 인종의 외숙 윤임은 윤원형과 그 형 원로와 사이가 좋지 못하였다. 김안로가 일을 하면서 동궁을 보호한다는 명분으로 중궁(中宮, 문정왕후)을 기울여 그들의 세력을 펴려고 임금계 아뢰어 윤원로 형제를 외직(外職, 지방관)으로 추방하니, '대윤'이니 '소윤'이니 하는 말이 여기에서 시작되었다. 김안로가 패하고 윤원로 등이 조정에 돌아오자 유언비어가 날로 전파되어 인종(세자)은 몹시 불안해했고, 문정왕후는 또 명종(경원대군)이 위태롭다고 생각하여 외신(外臣)들에게 의탁하여 자신을 공고하게 하려 하니, 이기(李芑)가 몰래 안전하고 공고할 수 있는 계책을 바쳐 윤원로 형제와 결탁하게 하였다.《석담일기》하〔下〕권)

정쟁 중에 왕위 계승 정쟁처럼 치열한 것도 없는 법이다. 이 경우 중종이 중심을 잡고 정쟁을 제어해야 했다. 경원대군 이환이 태어났을 때 이호는 이미 14년 전인 중종 15년(1520)에 세자로 책봉되었으므로 중종만 바로 서 있었다면 정쟁의 대상이 될 수 없었다. 그러나 중종은 박영문이나 조광조 등을 죽일 때는 단호했으나 이런 문제에는 무슨 생각을 하는지 알기 힘들게 처신해서 정쟁을 부추겼다.

대윤과 소윤이 다툴 때 사림이나 사림에 우호적인 벼슬아치들은 대체로 대윤 윤임을 지지했다. 윤임은 무과 출신이었고 윤원형은 문과 출신이었으므로 무를 천시하고 문을 숭상하는 사림이 윤원형을 높일 만한데도 그러지 않았다. 율곡 이이가 "윤원형은 문정왕후의 동생인데 사람됨이 음흉하고 표독했으며 재물을 좋아했다. … 서울에 큰 집 10여 채가 있었고 그 안에는 재물이 넘쳐 날 지경이었다"라고 말한 것처럼, 윤원형의 사람됨이 사림의 처신과 거리가 멀다고 여겼기 때문이었다.

윤원로는 밖으로는 세자를 바꿔 세운다는 소문을 길거리에 전파시키고 안으로는 경원대군이 위태롭다는 말로써 문정왕후를 현혹시켰다. 이 말이 중종에게까지 들어갔는데 중종은 세자의 지위를 흔들려는 계책인지 모르고 경원대군을 무릎 위에 앉히고 어루만지면서 이렇게 말했다고 한다.

"네가 공주로 태어났으면 무슨 보존하기 어려운 근심이 있겠느냐마는 네가 대군으로 태어났으니 불행함이 심하도다."

이긍익(李肯翊)이 《연려실기술》에서 인용한 《유분록(幽憤錄)》은 "중종이 눈물까지 흘렸고, 점점 의심하는 마음이 쌓이매 나라 안팎이 모두 황황했다"라고 전하고 있다. 작자 미상의 《유분록》은 《을사전문록(乙巳傳聞錄)》이라고도 하는데, 명종 즉위년(1545)에 윤원형 등이 주도한 을사사화 때 화를 당한 사람들의 전기를 모은 책이다.

중종 28년(1533) 5월 17일 세자의 교육을 담당하는 세자시강원의 필선(弼善) 조인규(趙仁奎) 등이 보고를 올렸다. 아침 강의인 조강을 끝내고 낮 강의인 주강을 시작하려다가 보니까 세자가 거주하는 동궁의 빈청 남쪽 싸리로 발처럼 엮은 바자(把子) 위에 이상한 물건이 놓여 있었다는 것이다.

"사람의 머리같이 만든 물건이 있었는데, 종이를 발랐으며 머리카락과 눈, 귀, 코, 입을 분명히 그려서 새겼습니다. 또한 목패(木牌)를 매달아 놓았는데 양면에 다 글이 쓰여 있었고, 한 면에 석 줄씩 나누어 썼는데 그 말이 모두 흉역이고 부도를 범한 것이라서 입으로 형용할 수 없습니다. … 만약 종이에 썼다면 익명서(匿名書, 이름이 없는 투서)의 예에 따라서 즉시 없애는 것이 마땅하지만 이는 익명서와 같지 않아서 스스로 찢어 버릴 수도 없습니다. 그래서 감히 아룁니다."《중종실록》

28년 5월 17일)

원래 쓴 사람의 이름이 없는 익명서는 불태워 버리게 되어 있었다. 나무로 만든 목패라 할지라도 익명서이기 때문에 불태워 버렸어야 하는데 목패라서 찢어 버릴 수도 없다면서 보고하면서 파란이 일었다. 그 내용이 그만큼 충격적이었기 때문이다. 목패의 한 면에는 석 줄의 글이 쓰여 있었다.

이렇게 세자의 몸을 능지(凌遲, 찢어 죽이는 것)한다.
이렇게 세자 부주(父主, 임금)의 몸을 졸라 죽인다.
이렇게 중궁(中宮, 왕비)의 몸을 벤다.

또 한 면에는 "5월 16일 병조의 서리(胥吏) 한충보(韓忠輔), 김근사 등 15인이 한 일임을 알린다"라고 쓰여 있었다. 세자는 물론 중종 부부를 모두 죽이겠다는 것이니 입 밖에 낼 수 있는 말이 아니었다. 대궐 밖의 사람이 조강과 주강 사이에 몰래 들어와 놓고 갈 수는 없으니 이는 궁중 내 사람이 한 짓이 분명했다. 병조의 서리 한충보 등이 했다고 쓴 것은 한충보와 관계 있는 인물의 짓이라는 뜻이었다. 또한 쓰인 글은 사대부 출신이 아닌 궁중 내의 중인(中人)들이 쓴 것이 분명했다. '한다'라는 뜻의 '위호사(爲乎事)'라는 문장이 거듭 쓰여 있고 '몸을'이라는 뜻의 '신을(身乙)'이라는 문장이 거듭 쓰여 있는데, 이는 모두 중인들이 쓰는 이두(吏讀)였다. 여기에 인형까지 만들어 저주한 것이었다.

중종은 "그 필적을 보면 의심스러운 단서를 잡을 수 있을 것이다"라면서 승정원과 의금부에 범인 색출을 지시했다. 나무패에 이름이 적힌 한충보는 실제로 병조의 군색 서리(軍色書吏)로 근무하고 있었고, 김근사는 의금부 판사로 근무하고 있었다. 그러나 이들이 범인일 리는 없으니 이들과 원한 관계에 있는 인물들을 찾게 했다.

이보다 전인 4월 11일에 연추문 왼쪽 문에 화살이 꽂혀 있었는데, 화살 윗부분 세 곳의 대나무 껍질을 벗겨 '한충보'라고 쓴 화살이었다. 이때는 그 화살을 태워 없애는 것으로 사건을 종결지었지만, 이번에는 세자시강원 관리들이 보고함으로써 사건이 된 것이다.

이런 일의 범인을 색출하는 것은 그다지 어렵지 않았다. 궁중에서 일하는 중인들 중에서 한충보, 김근사를 비롯해 목패에 이름이 쓰인 자들과 원한 관계에 있는 자를 찾으면 되기 때문이다. 여러 사람을 심문한 끝에 사헌부 서리 김형경(金亨卿)이 관계 있는 것이 드러났다. 김형경은 서수견(徐守堅)과 함께 일을 꾸몄는데, 그는 또한 경빈 박씨의 사위 홍려 여종의 남편이기도 했다. 이런 사건에 연루되면 목숨이 열 개라도 모자라서 먼저 서수견과 강손(姜孫) 등이 능지처참을 당했다.

그 후에도 수사를 계속해서 김형경이 주모자임이 밝혀졌는데, 그가 홍려 여종의 남편이었으므로 작서의 변으로 유배 가 있던 중종의 후궁 경빈 박씨와 아들 복성군 이미에게 여파가 미쳤다. 홍려는 혹독한 심문을 받았으나 불복하다가 맞아 죽었다. 중종은 이를 빌미로 경빈 박씨의 아들 이미에게 사약을 내리고 두 옹주를 폐서인시켰다. 중종이 복성군 이미를 죽이자 사신은 이렇게 말하고 있다.

이미에게 사약을 내릴 적에 상이 슬픈 마음으로 승정원에 전교했다.

"미가 어느 곳에서 죽느냐! 그가 죄 때문에 죽지만 바로 나의 골육이다.

시체나마 길에 버려지지 않게 거두어 주어야 하겠으니 그의 관(棺)을 상주로 실어 보내도록 하라. 이 뜻을 감사(監司)에게 하유하고, 지금 가는 도사에게도 아울러 이르라. 그리하여 가는 길가의 각 고을로 하여금 역군을 내어 호송하게 하라."

이 전교를 들은 사람은 오열하지 않는 이가 없었다.(《중종실록》 28년 5월 26일)

중종은 경빈 박씨에게도 사약을 내렸다. 이 모든 다툼은 차기 왕위 다툼이었다. 중종은 이런 큰 사태의 본질은 못 본 채 모사꾼들이 흔드는 대로 이리저리 흔들리다가 끝내 자신과 경빈 박씨에게서 난 복성군을 죽이고, 두 딸인 혜순(惠順)과 혜정(惠靜) 두 옹주를 서인으로 폐해서 쫓아냈다. 연산군은 그나마 왕권을 강화한다는 목표가 있었고, 자신이 낳은 자식들까지 죽이지는 않았다. 그래서 《중종실록》의 사관은 이렇게 비판하고 있다.

이미가 작서의 변이나 목패를 매단 모의에 간예하였다면 종묘사직에 관계되는 죄이므로 드러내어 처형해도 애석할 것이 없겠다. 그러나 간흉의 무리들이 거짓 공론을 빙자하여 군부를 협박, 임금이 사랑하는 아들을 죽이면서도 조정으로 하여금 감히 입을 열지 못하게 했다.

'간흉의 무리'는 김안로를 비롯해서 윤원로, 윤원형 형제 등의 소윤을 뜻했다. 중종이 간흉들에게 속아서 자기 아들까지 죽였다는 비판이었다.

중종은 여전히 갈팡질팡했다. 재위 32년(1537) 10월 윤원로, 윤원형 형제를 유배 보내고 김안로에게 사약을 내려서 소윤을 몰락시켰다. 김안로가 중종 28년의 목패 사건 때 추관으로 있으면서 홍려에게 죄를 돌렸다면서 "어찌 이렇게 억울한 옥사가 있을 수 있단 말인가?"라고 분개해 김안로를 죽인 것이다. 그러나 그 옥사를 빌미로 경빈 박씨 일가를 주륙한 것은 다름 아닌 중종 자신이었다.

중종은 재위 33년(1538) 2월 21일에는 기묘사화 때 화를 입은 기묘인(己卯人) 중에서 서용(敍用, 벼슬을 잃은 사람들에게 다시 관작을 줌)의 명을 받지 못한 자들을 보고하라는 명을 내려 전 관찰사 김정국(金正國)과 전 부윤 유인숙 등을 서용했다.

같은 해 10월 1일 중종은 갑자기 왕위를 세자에게 물려주겠다고 선언해 조정을 마비시켰다. 중종은 정승과 육판서 및 판윤 이상을 불러 전교를 내렸다.

"덕이 부족한 내가 나라의 불행한 운수를 이어 백성들의 추대로 즉위한 지 이미 33년이 되었다. 더구나 조정에 여러 차례 변고가 있었고 궁중에도 변고가 한두 번이 아니었으니 이는 다 내가 불초한 탓이다. 왕위에 오른 지 오래되었으나 다스린 효과를 보지 못하고 백성은 날로 고통스럽고 재변이 날로 심해 인심과 풍속이 날로 각박해지고 있다. … 내가 비록 큰 병은 없으나 임진년(중종 27년)에 큰 종기가 난 이후부터 기운이 전과 같지 못하고 간혹 귀에 이상이 있어서 경연 중에도 언어를 알아듣지 못하는 수가 있다. 내 나이 이미 51세가 되었으니 비록 쇠약하고 늙지는 않았을지라도 정신과 뜻이 어릴 때만 못하니 정사를 그르치는 일이 얼마이겠는가? 예부터 임금이 높은 자리에 오래 머물러 있으면서 어진 세자에게 자리를 물려주지 않았던 일을 나는 좋게 여기지 않고 있다. 왕위를 생전에 물려주고 미치지 못하는 일을 가르치고 도와준다면 나라가 영원히 견고하여 반석처럼 안정될 것이다."《중종실록》33년 10월 1일)

　임금이 선위하겠다고 나서면 모든 국사가 정지되고, 이를 말리는 데 모든 정력을 쏟기 마련이었다. 중종의 선위 선언은 본마음이 아니라는 것을 알지 못한 사람은 없었다. 중종 자신이 "예부터 이러한 일을 아랫사람이 명대로 따랐던 적이 있었던가?"라고 말한 데서도 알수 있는 것이었다. 대신들을 필두로 모든 신하들은 결사반대할 수밖에 없었다. 이 소동을 푼 것도 세자였다. 조선 왕실의 대사에 대해서쓴《국조보감》은 이렇게 말하고 있다.

　"영중추부사 정광필, 영의정 윤은보(尹殷輔) 등이 백관을 이끌고 힘껏 명을 거두기를 청하고, 세자가 눈물을 흘리며 굳게 사양하니 상이이에 그만두었다."

　중종이 일으킨 또 하나의 소동이 선위 소동이었는데 이때도 세자가 나서서 사태를 푼 것이다.

불에 탄 동궁과 중종의 죽음

　세자의 지위를 흔드는 사건은 그치지 않았다. 중종의 치세도 거의 저물어 가던 재위 38년(1543) 1월 7일 밤 삼경(三更, 밤 11시~새벽 1시).

세자가 거주하는 동궁에 갑자기 불이 났다. 보고를 들은 중종은 입번 군사를 출동시켜 불을 끄게 했다. 대궐 안에는 불을 끄는 기관이 없었으므로 건춘문을 열고 소방 기관인 금화사(禁火司)를 들어오게 해서 불을 끄게 했다. 불은 이미 크게 번져서 자선당(資善堂)까지 태웠고 자칫 임금이 거주하는 대내까지 번질 우려가 있었다. 부랴부랴 대내에 연결된 승화당(承華堂)을 철거해서 불길이 번지지 못하게 하니 화세가 차츰 꺾였다.

영의정 윤은보 등이 승정원에 물었다.

"세자가 어느 곳으로 피하셨는지 정원은 살펴보았는가?"

승지 조사수(趙士秀)가 답했다.

"창졸간이라서 미처 자세히 살피지 못했습니다. 아마 피하여 대내로 들어갔을 것입니다."

"이게 무슨 말인가? 피하신 곳을 마땅히 먼저 살펴야 할 것이지 어찌 억측으로만 헤아릴 수 있는가."

임금의 명을 전하는 승전색 박한종(朴漢宗)에게 묻자 대답했다.

"대내로 옮겨 가셨다고 합니다."

윤은보 등이 중종과 세자에게 문안하자 중종이 전교를 내렸다.

"알았다. 나와 세자는 대내에 함께 있어 편안히 보존할 수 있었다. 다만 생각지 않은 변이 이 지경에 이르렀으니 해괴한 일이다."

동궁의 불은 방화의 혐의가 짙었다. 사헌부에서 다음 날 "동궁이 불에 탄 것은 반드시 연유가 있을 것입니다"라고 말했다. 방화 혐의가 있다는 말이었다. 그러나 세자는 1월 9일 모두 자신의 잘못이라는 수서(手書)를 세자시강원에 내렸다.

내가 박덕한데도 외람되게 동궁의 지위를 차지했으니 하늘이 굽어살펴심이 매우 밝아서 실로 재앙을 부른 것이 마땅하오. 조종조부터 100여 년 동안 서로 전해 내려온 집을 하룻밤 사이에 모두 잿더미를 만들었으니, 하늘이 이런 꾸지람을 내린 것은 실로 나로 말미암은 것이오.(《중종실록》 38년 1월 9일)

자신 때문에 하늘에서 벌을 내려 동궁에 불이 났다는 것이었다. 다음 날 세자사(世子師)인 영의정 윤은보가 세자에게 회답했다.

어제 내린 하유(下諭)를 엎드려 살피니 재변을 두려워하면서 반성하시는 뜻이 말씀 밖으로 넘치시니 감격을 이기지 못하겠습니다. … 동궁의 화재는 사람 때문인 것 같은데도 저하께서 사람에게 돌리지 않으시고 하늘의 꾸지람으로 돌리시어 경계하고 반성하고 두려워하시는 것은, 성(誠)과 경(敬)이 하늘을 섬기는 실상임을 아시기 때문이니 저하의 학문의 공이 훌륭합니다. … 늘 오늘 재앙을 본 마음처럼 하신다면 하늘이 살피시고 굽어보심이 밝고 … 의혹이 없을 것이니 경사가 스스로 찾아와 역년(歷年)이 영구할 것으로서, 한 전각의 화재 따위는 진실로 걱정할 것이 못 됩니다. 우러러 바라건대 저하께서는 이런 마음을 머물게 하소서. 어제 하유를 보고 감격을 이기지 못해서 감히 이렇게 서달(書達)합니다.(《중종실록》 38년 1월 10일)

세자는 "가르쳐 경계한 말이 지당합니다. 좌우에 놓고 보면서 반성하겠습니다"라고 답했다. 동궁의 화재를 자신의 탓으로 돌리는 세자

중종, 공신들과 사림 사이를 배회한 군주

의 하서에 대신들은 감격했다. 이 세자가 왕위에 오르면 나라가 반석 위에 오를 것이라고 여겼다.

문제는 중종이 외척들을 제어하지 못하는 것이었다. 그래서 강릉 부사로 있다가 사간원 대사간이 된 구수담(具壽聃)이 동궁이 불탄 다음 달 조강에서 중종에게 아뢰었다.

"신이 근래 외방에서 들어와 잇따라 시종과 대간의 직을 더럽히고 있는데, 풍문에 의하면 간사한 의논이 비등하여 '윤임을 대윤이라 하고 윤원형을 소윤이라 하는데 각각 당여(黨與)를 세웠다'고 합니다. 그 실정을 따져 보면 윤임은 부귀가 이미 극에 달했고 윤원형은 청년으로 과거에 급제해서 좋은 벼슬을 역임했으니 이미 부족한 것이 없는데, 무슨 일을 이루려고 다시 당여를 세운단 말입니까?"(《중종실록》 38년 2월 24일)

구수담은 대윤, 소윤이라는 말을 만든 것 자체가 음흉한 사론이라고 비판했다. 그러나 외척들을 조정 일에 깊숙이 끌어들여 여러 화란을 만들고 세자의 지위를 위태롭게 한 장본인은 바로 중종이었다.

그런 중종 시대도 저물 때가 되었다. 그 이듬해인 중종 39년(1544) 10월 24일 중종은 승정원에 자신의 병세에 대해 전교를 내렸다.

"내가 그저께부터 산증(疝症)과 복통이 있어서 그 증세를 보아 약을 의논하려 했는데, 어제부터 대소변이 평상시와 같지 않으므로 부득이 약방에 말해서 의논하는 것이다. 의원 등에게 의녀(醫女)가 전하는 말을 듣고 써야 할 약을 의논하게 하라."

산증은 고환과 음낭 따위에 생기는 질환으로 아랫배와 불알이 붓고 오줌이 잘 내리지 않는 증상을 통틀어 말하는 것이다. 28일에 내의원의원 홍침(洪沈), 박세거(朴世擧)가 내전에 들어와 진찰하고 나와서 말했다.

"상의 옥체가 피곤하고 허약하실 뿐 별로 아픈 곳이 없습니다. 소마죽(蘇麻粥)과 피마자유(蓖麻子油)를 드려야 합니다."

그러나 내의원의 진찰과는 달리 병세는 나아지지 않았다. 심열(心熱)과 갈증이 심해서 소시호탕(小柴胡湯)과 매화탕(梅花湯)을 올렸으나 마찬가지였다. 11월 10일 중종은 승정원에 전교해서 피병하겠다고 말했다.

"내가 오래도록 병을 앓는데 한곳에 오래 있는 것이 마땅치 않다. 미시(未時, 오후 1시~3시)에 창경궁으로 옮기려 한다. 통화문(通化門)을 열어 아랫사람들이 출입하도록 하라."

거처를 옮겨서 병이 따라오지 못하게 하겠다는 것이다. 다음 날인 11월 11일 세자가 향을 관원에게 주어 종묘사직과 산천에 기도하게 했으나 차도가 없었다. 13일부터 병이 위독해졌고, 14일 오후부터는 혼수상태에 빠져서 잠만 잘 뿐 말을 하지 못했다. 이날 세자는 승언내관(承言內官)을 보내 중종이 자신에게 전위했다고 전했다. 세자는 전위는 부당하다면서 "조정에서 불가하다는 뜻을 계달해 달라"고 부탁했다. 그러나 혼수상태에 빠진 중종에게 전위를 거두어 달라고 아뢰는 것도 아무 소용이 없는 상황이 되었다.

11월 15일, 폐비 신씨를 궁에 들였다는 소문이 났다. 환관인 사알(司謁) 이수천(李壽千)이 승정원에 말했다.

"대내에 들어오는 궁인이 있어서 통화문을 열어 놓았기에 들어온 사람이 누구냐고 물었더니 모른다고 했습니다. 들으니 상이 임종 시에 폐비 신씨를 보고 싶어 했기 때문에 들어왔다고 합니다."

중종이 죽기 직전 폐비 신씨를 불렀다는 것이다. 이에 대해 사관은 '헛소문'이라면서 "요사스런 여승들을 불러다가 기도하게 하려 한 것이라고 한다"라고 말했다. 여승들을 부르려고 통화문을 연 것이 신씨를 부른 것으로 소문났다는 것이다.

바로 이날, 재위 39년 11월 15일 유시(酉時, 오후 5시~오후 7시)에 중종은 환경전(歡慶殿) 소침(小寢)에서 세상을 떠났다. 여러 사신들은 중종의 치세를 그리 우호적으로 평하지 않았다.

처음 기묘년에 징계되고 나중에는 정유년에 실수하여 조정이 조용하지 않고 붕당을 지어 서로 모함해서 드디어 어진 이를 좋아하고 착한 것을 즐기는 마음이 잠시 열렸다가 끝내 닫히고 말았다.(《중종실록》 39년 11월 15일)

기묘년은 기묘사화가 발생한 재위 14년을 뜻하고, 정유년은 김안로 등을 등용해서 국사를 맡긴 재위 32년을 뜻한다. 이 사관은 조광조 등에게도 우호적이지 않았다. "조광조 등은 옛것을 사모한다는 명분만 있었지 옛것을 사모하는 실상이 없이 한갓 번잡하게 고치는 것만 일삼았다"는 것이다. 또 다른 사관은 중종의 치세를 더욱 각박하게 평가했다.

사신은 논한다. 상은 인자하고 유순함이 많았지만 강단이 부족해서 비록 일을 할 뜻은 있었으나 일을 한 실상이 없었다. 좋아하고 싫어함이 분명하지 않고 어진 사람과 간사한 무리를 뒤섞어 진출시켰기에 재위 40년 동안에 다스려진 때는 적었고 혼란한 때가 많아서 끝내 소강(小康)의 효과도 보지 못했으니 슬프다.

'소강'이란《예기》〈예운(禮運)〉편에 나오는 말로서 그럭저럭 다스려지는 세상을 뜻한다. 그럭저럭 다스리지도 못했다는 비판이다. 또 다른 사관의 평은 더욱 날카롭다.

사신은 논한다. 인자하고 공검한 것은 천성에서 나왔으나 우유부단하여 아랫사람들에게 이끌렸다. 견성군(甄城君)을 죽여서 형제간의 우애가 이지러졌고, 신비를 내치고 박빈(朴嬪)을 죽여 '부부의 애정〔夫婦之好〕'을 없앴고, 복성군와 당성위를 죽여 부자의 은혜가 어그러졌고, 대신을 많이 죽이고 주륙이 잇달아 군신의 은의가 야박해졌으니 애석하다.

견성군은 성종과 숙용 홍씨 소생이니 중종의 배다른 형제였다. 중종 2년(1507) 정국원종공신 전산군(全山君) 이과(李顆)의 모반 사건 때 이들의 추대를 받았다는 혐의로 사사당했다. 훗날 역모에 가담하지 않았음이 밝혀져서 신원되었다. 이 사관은 또한 정비인 신비를 내치고 후궁인 박빈을 죽였다고 비판했다. '부부의 애정'은《후한서(後漢書)》〈질운(郅惲)열전〉에 나오는 말로서 '부부의 애정은 아버지로도 자식을 제어할 수 없다'고 나온 데서 유래하는 말이다. 이 사관은 또 박빈의 아들인 복성군과 혜정옹주의 남편인 당성위 홍려를 죽였다고 비판했다. 그 단초가 되었던 작서의 변은 나중에 조정에서도 김안로의 아들 김희가 꾸몄다고 판명했다. 이 사신의 평가인 '대신을 많이 죽이고 주륙이 잇달았다'는 말은 연산군에 대한 평가와 다르지 않다. 이것이 사관의 마지막 평이다.

연산군에 대한 훈구, 사림의 반정으로 즉위해 39년을 재위에 있었으나 그 마지막 평가가 연산군의 치세와 비슷하다는 것이었다. 이 사관의 마지막 비평이 배신으로 점철된 정치, 심지어 부인을 버리거나 죽이고 자신이 낳은 피붙이까지 잔혹하게 죽였던 중종의 치세에 대한 인간적 평가라고 할 것이다. 정치적 업적에 대한 것은 굳이 논할 것도 없는 그런 세월이었다.

3부

—

인종, 피기도 전에 진 군주

인종의 태항아리와 태지. 국립중앙박물관 소장

선왕과 사림 사이

조광조 신원과 현량과 복설

조선은 일찍 세상을 떠난 군주일수록 자질이 뛰어난 경우가 많았다. 문종, 단종, 예종이 그런 경우인데, 인종도 마찬가지였다. 어떤 측면에서는 짧게 재위했으므로 비판받을 측면이 적었을 수도 있지만, 단순히 요절했다고 해서 칭찬받는 것은 아니다. 뛰어난 자질을 채 피우지 못하고 요절했기 때문이다.《인종실록》의 〈총서〉는 이렇게 평가하고 있다.

태어나서 어릴 때부터 지덕(智德)이 뛰어나 3세에 능히 글의 뜻을 알았고 6세에 세자로 책봉되었다. 성품이 매우 고요하고 욕심이 적었으며 인자하고 공손하고 효성과 우애가 있었고, 학문에 부지런하고 실천이 독실해서 동궁으로 있은 지 25년 동안 어진 덕이 널리 알려졌다.(《인종실록》〈총서〉)

중종에게 실망한 사대부들은 인종에게 많은 기대를 갖고 있었다. 《국조보감》은 이렇게 말하고 있다.

매일 동트기 전에 일어나 아침 문안을 드리고 수라상을 살핀 다음 하루 세 차례의 서연에 나아갔다. 조강에서는 경서를 강독하고 주강과 석강에서는 사서(史書)를 강독했는데, 혹 일이 있어서 서연에 나아가지 못하면 늘 스스로 마음에 편치 않게 여겼다. 밤늦도록 《근사록(近思錄)》, 《자경편(自警編)》, 《대학연의》 등 책을 펼쳐 보고, 이튿날 새벽에는 또 서연에서 강독할 책을 읽었다. 평소에 하루 종일 단정히 앉아 한 번도 다리를 펴거나 기댄 적이 없었는데, 엄동설한이나 삼복더위에도 변함이 없었다. 차분하고 고요하고 깊고 묵직하여 농담을 입에 올린 적이 없었다. 중묘(中廟, 중종)가 기뻐해서 하늘이 이루어 준 상의 덕기(德器)라고 여겨서 명유(名儒, 유명한 유학자)를 널리 선발하여 빈료(賓僚, 빈객과 막료)로 삼아 도와서 성취하도록 하였는데, 빈료들이 서연에서 물러 나올 때마다 더불어 기뻐하면서 "요순이 우리 동방에 다시 나셨다"라고 하였다.(《국조보감》〈인종〉)

유학자들은 인종의 즉위에 큰 기대를 걸고 있었다. 가장 큰 기대는 인종이 기묘사화 때 억울하게 죽은 조광조 등을 신원시키고 조광조 등이 이룩하려던 지극한 정치인 지치(至治)를 다시 추구할 것이란 믿음이었다. 인종 1년(1454) 3월 13일 성균관 진사 박근(朴謹) 등이 상소를 올렸다.

"신 등이 생각하건대 조광조는 호걸의 재목으로 성현(聖賢)의 학문에 종사했고, 풍운의 기회를 맞이해서 우리 선왕께서 다스림을 구하는 정성을 만나서 일심으로 나랏일에 종사하여 지치에 이르게 하려 기약하였습니다. 그러나 나라가 불행하게도 간사한 자가 화(禍)를 꾸며 내서, 그 임금을 사랑하고 나라를 걱정하는 선비가 모두 뜻만 지닌 채 길게 하직해서 구천(九泉) 아래에서 원한을 머금게 했으니, 뜻이 있는 선비라면 누구인들 하늘을 우러러 탄식하고 가슴을 치면서 피눈물을 흘리지 않을 수 있겠습니까?"《인종실록》 1년 3월 13일)

성균관의 태학생들은 "조광조의 죽음에 눈물을 흘리지 않을 수 없어서 삼가 피눈물로 아룁니다"라면서 조광조의 신원을 요청했다. 인종 역시 태학생들의 말에 동조했지만 즉위 넉 달 만에 선왕이 내린 처분을 뒤엎을 수는 없었다.

"선왕께서 이 사람 등의 일에 대해서 어찌 범연한 생각으로 조처하셨겠는가."

성균관 태학생들은 당일 다시 상소를 올려 조광조 등의 신원을 요구했고, 인종은 "상소의 뜻을 따르지 못하는 뜻을 이미 모두 말했다"라고 답했다. 그러자 태학생들은 나흘 뒤인 3월 17일 다시 조광조의 신원을 요청하는 상소를 올렸다. 인종은 곤혹스런 답을 내렸다.

"너희들이 착한 것을 먼저 하는 자리에 있으면서 옛일을 좋아하고 시사를 의논하여 상소를 세 번이나 올렸는데, 말이 간곡하고 의가 곧

도다. 배운 바의 바름이 어찌 이에 더하겠는가? 우리 선왕께서 교육하신 은택을 또한 상상할 수 있다. 그러나 말을 좇지 않는 데에는 이유가 있는 것이다. 또 태학은 비록 공론이 있는 곳이라지만 시비를 결정하는 일은 조정에서 하는 것이다. 너희들이 시비를 말하는 것은 옳지만 시비를 정하는 것은 배우는 학생들의 일이 아니다. 우선 물러가서 생각하라."《인종실록》 1년 3월 17일)

성균관은 시비를 말할 수 있지만 시비를 결정하는 것은 조정이라는 말로 조광조 신원을 거부한 것이다. 말은 옳다는 뜻이었다. 이긍익은 《연려실기술》에서 《패관잡기(稗官雜記)》 등을 인용해 태학생들이 "이에 감격하여 울고 물러갔다"라고 전하고 있다.

이는 비단 성균관 학생들에 국한된 의견이 아니었다. 그 직후 경연에서 사헌부 집의 박광우(朴光佑)와 사간원 사간 곽순(郭珣)이 조광조의 신원을 요구해 조정에서 논의를 불러일으켰다. 인종은 이때도 조광조의 신원을 거부했다. 4월 7일 인종은 "조광조를 복직하는 일과 김식의 적몰(籍沒)한 가산을 도로 주는 일은 쉽사리 고칠 수 없으니 잘알라"라고 말했다.

그러나 이는 인종의 본심이 아니었다. 부친이 세상을 떠나도 3년 동안은 부친의 뜻을 어기지 않는 것이 유학에서 말하는 효도의 기본이었다. 인종은 때를 기다렸다. 조광조의 신원 문제는 현량과 복설 문제와 같이 추진되었다. 4월 13일 대사헌 송인수(宋麟壽) 등이 상소를 올려 조광조의 신원과 현량과의 복설을 주장했고, 인종은 이렇게 답했다.

"조광조의 벼슬을 회복시키고 현량과를 실시하는 것에 대해 공론이 한결같이 이토록 극진한 것을 어찌 생각하지 않겠는가? 그러나 나의 부왕께서 다만 죄가 없다고 하셨을 뿐 끝내 은혜를 베풀지 않으신 것은 반드시 그 뜻이 있었다. 그래서 허가하지 않는다.'《인종실록》 1년 4월 13일)

인종은 부왕이 내린 조치를 즉위 초에 뒤집는 것에 부담을 느끼고 있었다. 그러나 이 문제를 계속 외면할 수는 없다고 느꼈다. 이때는 명나라 사신이 나와서 크게 바쁜 때였지만 이 문제를 그대로 묵혀 둘 수는 없었다. 인종은 재위 1년(1545) 5월 12일 김식 문제를 먼저 처리했다.

"전에 김식에 대하여 죄를 정할 때 율문(律文)을 잘못 적용해 가산을 적몰했는데, 여러 사람들의 의논이 편하지 않다고 하니 이번 대사(大赦) 뒤에 고치도록 하라."

가산을 적몰하는 것은 대역죄 등의 경우인데, 김식의 가산까지 적몰한 것은 잘못이라는 것이다. 사림의 신원에 첫발을 뗀 것이었다. 대간에서는 연일 조광조의 신원과 현량과의 복설을 요청하는 상소를 올렸다. 그 와중에 인종의 몸이 편치 않다는 소식이 들렸다. 인종 1년 6월 22일 약방제조인 영의정 윤인경(尹仁鏡)과 호조판서 임백령(林百齡)이 문안하면서 우려를 표했다.

"엎드려 들으니 어제 상께서 약방에 명하여 약을 지어 들이게 하셨다 하니 놀랍고 두려움을 이길 수 없습니다. 오늘 아침 일찍 대궐에 나와서 곧 박세거(朴世擧)를 불러 물으니 '상의 옥체가 극도로 쇠약해지셨고 천안(天顏, 임금의 얼굴)이 위황(萎黃, 시들어 누런 색)한 색이 많이 있다'고 하니 몹시 근심됩니다. 지금은 어떠하신지 모르겠습니다. 어의들이 함께 들어가 진찰하게 하소서."《인종실록》 1년 6월 22일)

인종이 답했다.

"근일 내 기후는 정상에 가까운데, 식사가 여느 때와 같지 않아서 어제 아침 박세거에게 들어와 진찰하게 했는데 또한 상한 곳이 없다고 했다. 번거롭게 여러 의원이 함께 들어와 진찰하게 할 것 없다."

그러나 인종의 몸은 나아지지 않았다. 6월 25일 승정원에서 문안하고 아뢰었다.

"지금 박세거에게 물으니 상의 옥체가 쇠약하신 것이 초상 때보다 배는 더하다 하니, 신들은 답답하고 염려됨을 이길 수 없습니다. 상의 춘추가 한창이시고 묵은 병이 깊은 것도 없는데 이처럼 극도에 이르게 된 것은 혹시 종권(從權)하지 않아서인 듯하니 더욱 답답합니다."

종권이란 권제(權制)를 따르는 것을 뜻한다. 권제는 정해진 제도가 아니라 상황에 따라 변통하는 제도를 뜻하는데, 이때의 권제는 인종이 상중이라는 이유로 육선(肉膳)을 들지 않고 국상의 복잡한 모든 예법을 다 따르는 것을 뜻할 것이다.

인종은 부왕의 죽음에 상심해서 식사를 거의 하지 않았고 국상의 복잡한 예법을 따르느라고 몸이 많이 축났다. 그때마다 대신들은 권제를 따를 것을 요청했고 심지어 대비 문정왕후에게까지 청해서 권제를 따르겠다는 답을 얻어 냈지만, 인종은 말로만 권제를 따르겠다고 하고 실제로는 따르지 않아서 병세는 낫지 않았다.

이미 몸이 많이 쇠약해졌는지 이 무렵 인종은 낫기 어렵다고 여기고 있었다. 그래서 단안을 내렸다.

"조광조 등의 일은 내가 늘 마음속에서 잊지 않았으나 선왕께서 전에 허락하지 않으셨으므로 내가 감히 가벼이 고치지 못하고 천천히 하려 하였다. 이제는 내 병이 위독하고 날로 심해져서 다시 살아날 가

망이 전혀 없으므로 비로소 유언하여 뒤미처 인심을 위로하니, 조광조 등의 벼슬을 일체 전일의 중의(衆議)처럼 회복할 수 있으면 다행하겠다. 현량과도 전에 아뢴 대로 그 과를 회복하여 거두어 등용하도록 하라."《인종실록》 1년 6월 29일)

드디어 조광조를 신원하고 현량과를 복설한 것이었다. 그날 밤 삼경에 인종은 기절했다가 다시 깨어났다. 인종은 영상, 좌상과 여러 재상들을 빈청으로 불러 전교했다.

"내 병세가 더하기만 하고 줄지는 않으니 마침내 일어나지 못할 것이다. 그러므로 이제 경원대군에게 전위(傳位, 왕위를 물려줌)하겠다."

인종은 자신의 장례식에 대해서도 유지(遺志)를 내렸다.

"국상을 겪은 지 얼마 안 되어 백성들의 힘이 다했으므로 나의 초상과 장사는 되도록 검소함을 좇아서 백성들의 폐를 덜게 하라."

이런 전교를 내린 다음 날인 7월 1일 인종은 청연루(淸讌樓) 아래 소침에서 세상을 떠났다. 숱한 기대를 모았으나 겨우 재위 8개월 보름 만에 세상을 떠난 것이었다. 문정왕후와 소윤의 바람대로 경원대군에게 왕위를 넘겼는데, 다른 대안이 없기도 했다.

인종의 죽음에 대해 정사와 야사는 다르게 전한다. 정사는 중종에 대한 지나친 병간호로 병을 얻었다는 것이지만, 야사는 문정왕후 측에 독살의 혐의를 둔다. 문정왕후가 문안 온 인종에게 평소와 달리 부드럽게 대하며 내놓은 떡을 먹고 앓다가 죽었다는 것이다.《인종실록》재위 1년 6월 18일조는 "주다례(晝茶禮)를 지내고 자전(문정왕후)에게 문안하였다"라고 기록하고 있는데, 주다례 직후부터 이질, 심한 설사에 시달렸으니 인종의 죽음을 독살로 보는 쪽에서는 문정왕후에게 의

구심을 가졌다.

게다가 문정왕후의 일가인 소윤은 인종의 죽음에 의기양양함으로써 의혹을 더했다. 《패일록(掛一錄)》은 윤원로, 윤원형, 이기 등 소윤이 인종의 성복(成服) 날 서로 하례하며 의기양양한 것을 보고 교리 정황(丁熿)이 분개해, "이 역적 놈들의 기색을 보니 원통함이 더욱 심하다"라고 통분했다고 전한다. 이기는 또 문정왕후에게 인종의 장례를 간소히 치를 것을 간하기도 하였다.

"인종은 1년을 넘기지 못한 임금이니 대왕의 예를 쓰는 것이 옳지 못합니다."

문정왕후 또한 이에 동의하여 임시로 빨리 장사를 치르는 갈장(渴葬)으로 결정했다. 그러자 정황이 상소를 올려 반대했다.

"아직 관에 옻칠이 마르지도 않았는데 까닭 없이 갈장을 하다니, 안 될 일입니다."

윤결(尹潔)도 상소하여 정황을 지지했다.

"대행대왕(인종)의 신하는 오직 정황 한 사람뿐입니다."

하지만 문정왕후는 이들의 상소에 아무런 답을 하지 않고 갈장을 강행했다. 그나마 갈장 기간도 다 채우기 전에 다시 피바람이 불 조짐이 일고 있었다. '을사사화(乙巳士禍)'가 다가오고 있었던 것이다.

좋은 여건을 실정으로 망친 두 형제 군주, 연산군과 중종

훈구와 사림이 공동으로 만든 황음무도의 이미지

제10대 연산군과 11대 중종은 그의 조상들에 비하면 비교적 좋은 여건에서 왕위에 올랐다. 연산군 이융은 요절한 문종과 단종을 제외하면 최초의 적장자 출신 임금이었다. 그의 즉위는 누구나 당연한 것으로 받아들였고, 그의 즉위에 의문을 제기하는 세력은 존재하지 않았다. 그럼에도 불구하고 이융은 최초로 신하들에게 내쫓기고 죽임을 당한 임금이 되었다. 그 이유는 세 가지 정도로 정리할 수 있을 것이다.

첫째는 유학 정치 이념을 거부했다. 그는 조선이 유학 이념으로 건국한 나라라는 사실을 받아들이지 않았다. 국왕은 유학 이념의 집행자라는 사실을 부인했다. 독실한 불교 신자였던 태조 이성계나 세종,

세조가 유학 국시를 인정하면서 불교의 공존을 추구한 이유를 알지 못했다. 연산군은 또한 유학을 대체하는 이념 체계를 제시하지도 않았다. 국시의 부정은 쿠데타의 좋은 명분이 된다.

둘째 연산군은 조선이 국왕과 사대부 계급이 공동으로 다스리는 나라라는 사실을 부인했다. 군주는 사대부 계급과 근본적으로 다른 존재라고 생각했다. 사대부 계급도 일반 백성들과 마찬가지로 피통치 신민이라고 생각했다. 그러나 이는 착각이었다. 애민 정치를 추구했던 세종이 사대부 계급과 일반 백성들의 이해가 충돌할 때 거의 예외 없이 사대부 계급의 편을 든 것은 조선의 지배 구조가 국왕과 사대부의 공동 지배 구조이기 때문이었다. 연산군이 국왕을 사대부 계급의 상위에 놓으려면 태종을 본받아야 했다. 태종은 공신 세력을 먼저 숙청해서 안정적 왕권을 구축한 후 "하늘이 백성을 낼 때는 본래 천인이 없었다[天之生民, 本無賤口]"면서 종모법을 종부법으로 개정했다. 하늘의 관점에서 사대부와 일반 백성의 차이를 부정하고 신분제를 개정했다. 그러나 연산군은 이런 철학도, 조선의 지배 구조에 대한 분석도 없이 무조건 임금을 무소불위의 존재로 여겼다. 이는 사대부 계급의 격렬한 반감과 저항을 샀다.

셋째 연산군은 우군을 육성하지 못했다. 부왕 성종이 사림의 간쟁과 탄핵을 귀찮아 하면서도 끝까지 사림을 포용한 것은 사림을 통해 공신 집단의 힘을 약화시킬 수 있기 때문이었다. 왕권은 신하들을 숙청한다고 강화되는 것이 아니었다. 때로는 신하들의 동의를 받고, 때로는 신하들을 분리 통치함으로써 강화되는 것이었다. 성종이 신진 사림을 육성해 공신 집단의 힘을 약화시킨 것이 이를 말해 준다. 그러나 연산군은 부왕 성종이 아니라 공신 집단에게 제거된 예종의 길을 걸었다. 예종이 신공신 남이 세력을 제거한 것은 결과적으로 다시 구공신 천하를 만들었다. 연산군은 사림을 제거해 우군을 스스로 거세한 후 공신 집단까지 손을 댐으로써 스스로 고립무원의 처리를 만들었다.

그는 공포 통치로 일관하면 모든 사대부 집단이 자신에게 복종할 것으로 착각했다. 사림과 훈구를 모두 적으로 돌림으로써 사대부 계급 전체에 그의 우호 세력은 존재하지 않았다. 훈구는 고립된 연산군을 칼로 내쫓아 죽였고, 사림은 붓으로 다시 죽였다. 훈구와 사림 모두를 적으로 돌린 연산군을 옹호하는 세력은 존재하지 않았고, 극악한 황음무도의 군주라는 이미지가 뒤집어 씌워졌다. 세상과 동떨어진 채 홀로 절대왕권을 추구했던 미숙한 정치력은 역사상 최악의 황음무도한 군주라는 이미지로 역사에 남았다.

추대로 즉위해 실망으로 끝난 용군(庸君) 중종

중종 이역(李懌)은 조선 개국 114년 만에 신하들만의 쿠데타에 업혀 즉위한 첫 임금이지만 통치 여건은 나쁘지 않았다. 왕자의 난과 계유정난은 각각 이방원과 이유(李琈)라는 왕자가 주도한 쿠데타였지만 중종은 중종반정에서 역할이 없었다. 그는 신하들이 전적으로 기획하고 실행한 쿠데타에 업혀서 임금이 되었다. 그러나 그의 즉위 여건은 나쁘지 않았다. 연산군을 칼로 쫓아낸 훈구는 물론 사화를 당한 사림까지 전폭적으로 쿠데타를 지지했기 때문이다.

그러나 그 앞에 놓인 과제는 중대했다.

첫째 연산군이 무너뜨린 정상적인 정치 체제를 복원시켜야 했고, 둘째 반정으로 추락한 왕권을 회복시켜야 했다. 셋째 개국 100여 년이 지나면서 쌓인 문제들, 특히 법 위에 존재하는 공신 집단들을 약화시키고 모든 백성들이 법의 지배를 받는 사회를 만들어야 했다.

즉위 초 중종은 국왕과 법 위에 군림했던 공신 지배 구조를 그대로 받아들였다. 국왕은 허수아비에 불과했고, 정국은 반정 3대장이 주도했다. 반정 3대장이 모두 자연사함으로써 친정으로 가는 문이 열렸다. 그는 비대해진 공신 집단의 세력을 약화시키고 모두가 법의 지배를 받는 정상적인 정치 체제를 구축해야 했다. 이런 점에서 그가 조광조 등의 개혁 사림들을 등용해서 공신들을 견제하려 한 것은 연산군이 아니라 부왕 성종의 길을 선택한 적절한 길이었다.

그러나 중종과 개혁 사림들의 지향점은 달랐다. 중종은 왕권 강화를 종착점으로 삼은 반면 개혁 사림은 개국 100여 년 동안 쌓인 적폐를 청산하고 성리학 지배 이념에 터를 둔 새로운 조선을 세우려 했다.

공신 집단이 연산군을 축출하고 자신을 세운 공이 있다고 해도 그 대가로 무소불위의 존재가 될 수는 없었다. 이 경우 국가는 소수 집단의 사익 실현의 도구로 전락하기 때문이었다. 사림들이 공신 집단의 약화 없이 개혁이 불가능하다는 결론에 도달하고 위훈 삭제를 추진하자 중종은 양자를 조정하는 대신 개혁 사림들을 제거하는 단선적인 길을 택했다. 심지어 사림을 실각시키는 데서 끝나지 않고 죄 없는 사림을 주륙했다. 조광조, 김식 등의 사림들이 유배지에 생존해 있는 것만으로도 공신 집단의 전횡을 제어하는 효과가 있을 수 있었다. 그러나 중종은 죄 없는 사람들의 목숨을 빼앗아 그런 여지조차 없애 버렸다.

그렇다고 중종이 공신 집단과 한 몸이 된 것도 아니었다. 틈만 보이면 공신들도 죽이는 것으로 왕권을 강화하려 했다. 그러나 방향성 잃은 왕권 강화였다. 왕권을 강화해야 하는 목적을 상실하니 그의 주위에는 피만 남았다. 자신의 가족들도 예외가 없었다. 형제 견성군과 자신의 후궁 박씨를 죽이고, 아들 복성군과 사위 당성위를 죽여 연산군 시대를 방불케 했다.

방향을 상실한 중종의 뇌리를 지배한 것은 온갖 참소였고, 이런 비정상적 정치 행태는 끝내 세자 이호(인종)까지 정쟁의 대상으로 전락시켰다. 인종의 병은 개인적인 병약함도 원인이 있겠지만 세자까지 정쟁의 장에 던진 중종의 무원칙한 정국 운용의 결과이기도 했다. 중종 사후 다시 발생했던 숱한 사화는 대부분 중종의 무식견과 야멸찬 정국 운영의 결과였다.

많은 기대를 안고 즉위한 아들 인종이 부왕이 남긴 부정적 유산에 허덕이다가 불과 1년 반 만에 의문사한 것 역시 중종의 길 잃은 정치가 낳은 부정적 유산이었다. 엄중한 시대적 소명보다 개인이나 집단의 이득을 우선시하는 자들이 득세하는 세상은 예나 지금이나 그 자신은 물론 시대까지 퇴보하게 만들고 만다.

연산군·중종·인종 연표
1494~1545

1494	세자 이융이 수륙재를 행하기로 하다.
	연산군이 즉위식을 갖다
1495	사헌부가 단자를 네 번이나 받지 않아 의금부에 회부하다. 노사신은 이 조치를 찬성하고 승지들은 반대하다.
	노사신이 폐비 윤씨를 추존할 것을 거론하다.
1497	폐비 윤씨의 묘를 '회묘'로, 사당을 '효사'로 이름 짓다.
	궁궐 담 100척 안의 민가를 철거하게 하다.
	원자가 탄생하여 대사면령을 내리다.
1498	유자광이 〈조의제문〉의 속뜻을 풀이하여 올리다.
	김일손, 권경유를 능지처사하고 김종직을 부관참시하다.
1501	무오사화에 연루되어 유배된 이들 중 강경서, 이수공, 정승조 등을 풀어주다.
1503	이세좌가 인정전 양로연에서 술을 쏟아 연산군의 옷을 적시다.
	이세좌를 외방에 부처하다.
1504	폐비 때 의논에 참여한 재상과 사약을 내릴 때 참여한 재상들 및 궐 밖으로 쫓겨날 때 시위한 재상들을 상고해 아뢰도록 하다.

폐비 윤씨를 제헌왕후로 추증하다.

이세좌에게 사약을 내리다.

정창손, 심회, 한명회를 부관참시하도록 하다. 이극균, 윤필상, 이세좌를 능지하여 사방으로 돌리게 하다.

무오사화에서 살아남은 자들을 모두 잡아오게 한 뒤 능지하다.

악명을 흥청, 운평, 광희라 하게 하다.

1506	경기관찰사 박원종이 금표에 대해 이의를 제기했고 이를 받아들이다.

마침내 반정이 일어나고 연산군이 폐위되다.

중종이 근정전에서 즉위하다.

연산군이 유배지인 교동에서 죽다.

1510	삼포왜란이 발생하다.

박원종이 죽다.

1511	조광조 등이 천거되었으나 대간이 다른 날 크게 써야 한다며 품계의 인용을 반대하다.
1512	유자광이 유배지에서 죽다.

영의정 유순정이 죽다.

1513	영의정 성희안이 죽다.

정막개가 박영문, 신윤무가 역모를 꾀한다고 고변하다.

박영문, 신윤무를 능지처참하다.

1515	원자(인종)가 태어나다.

조광조가 조지서 사지에 제수되다.

1517	성균관 생원들이 정몽주와 김굉필의 문묘 종사를 청하다.

1518	현량과의 실시를 전교하다.
	조광조가 소격서의 폐지를 상소로 올리다.
	천거한 선비를 시책하여 김식 등 28인을 뽑다.(현량과)
	대사헌 조광조, 대사간 이성동이 합사하여 정국공신을 대폭 개정할 것을 요구하다.
	정국공신 개정을 수락했지만 곧 조광조 등을 전격 체포하고 유배하다.
	정국공신을 원상 복귀하다.
1522	소격서를 복구하다.
1527	동궁 북쪽 숲에서 작서의 변이 발생하다.
	왕이 강녕전에 있을 때 뜰 아래에서 다시 작서가 발견되다.
	경빈 박씨를 폐서인하고 복성군 이미의 작호를 박탈하다.
1533	경빈 박씨와 복성군 이미를 사사하다.
1538	왕세자에게 선위하겠다고 했지만 왕세자와 대신들이 강력히 반대하자 뜻을 거두다.
1544	왕세자에게 선위하는 뜻을 전하다.
	중종이 환경전 소침에서 훙하다.
	인종이 창경궁에서 즉위하다.
1545	조광조 등의 사면을 명하다.
	혼절했다가 깨고는 경원대군에게 전위하다
	인종이 청연루 아래 소침에서 훙하다.

찾아보기

ㄱ

갑자사화 25, 46, 74, 98, 99, 122, 124, 127, 173, 185, 212, 219, 237, 245
강혼 94, 132, 134, 136, 147, 148, 178, 179, 188, 189, 198, 255, 257, 258
《경국대전》 151, 160
경빈 박씨 266, 307, 308, 314~316
경연 6, 35, 38, 39, 64, 67, 68, 90, 118, 150, 181~186, 188, 189, 252, 259, 316, 330
《괘일록》 334
구수영 141, 148, 149, 175, 178, 179, 198~200, 255, 257, 258, 262
《국조보감》 191, 317, 328
군적수포제 111, 286, 298, 303
군포 111, 303, 304
균전제 247~250, 253
《기묘록》 45~47
기묘사화 46, 263, 266, 305, 316, 322, 328

기신재 230, 231, 233, 234, 241
《기재잡기》 194, 195, 198, 200
김굉필 91, 94, 126, 208, 209, 212, 235, 236
김구 241, 247, 258, 270, 273, 276, 278
김수동 124, 132, 136, 141, 148, 172, 174~179, 196, 255, 261, 292
김식 46, 239~241, 260, 270, 275, 276, 278, 330, 331, 338
김안로 305~308, 310, 311, 315, 316, 322, 323
김육 11, 46, 47
김일손 40, 69~82, 85, 89~92, 119
김정 214~218, 220~224, 226, 270, 273~276, 278
김종서 11, 77~79, 85
김종직 6, 71, 73, 77, 80~83, 85~92, 94, 121, 148, 208, 212, 245, 266

ㄴ

남곤 239, 266~271, 282, 305, 306, 308
내수사 123, 124, 155, 156, 159, 231, 233
노사신 26, 34, 35, 41, 50, 59, 66, 68, 72, 74, 89, 95

ㄷ

대립 300, 301, 303
대마도 286~289, 293~297
대윤 173, 305, 309~311, 320
《동각잡기》 128, 190

ㅁ

무오사화 54, 55, 69~71, 81, 82, 87, 93, 96~98, 101, 119, 121, 122, 125, 190, 212, 237, 245, 256

ㅂ

박상 214~227
박세희 270, 276, 278

박원종 25, 96, 97, 127~131, 133, 137, 141, 170, 172, 174~177, 190, 192~197, 201, 204, 215, 216, 219, 254, 256

방군수포 301
복성군 307, 314, 315, 323, 339
붕당 67, 94, 97, 275~278, 322

ㅅ

삼포왜란 286, 290, 292, 293, 295~297
《석담일기》 282, 283, 310, 311
《성소부부고》 91
성희안 25, 128~131, 170, 172, 174~177, 190, 192, 196, 197, 204, 215, 245, 255, 256
《소문쇄록》 119, 139
소윤 174, 305, 309~311, 315, 316, 320, 333, 334
《송와잡설》 8, 115
송일 132, 148, 172, 173, 179, 200~202, 255
수륙재 29, 32~35, 37~41, 44, 58, 183
술주시 81, 87~90
신수근 69, 72, 74, 137, 147, 171, 172, 175, 178, 215
신승선 26, 34, 69, 140, 171
신용개 25, 91, 204, 238, 243, 245~250, 271

심정 131, 265~269, 271, 279, 305, 306, 308

ㅇ

《아성잡설》 83
안당 214, 221, 222, 233, 238, 260, 261, 271, 273
안순왕후 27
여악 161, 162, 228~230, 234
여진족 103~106, 108~110, 157, 296, 297
《연려실기술》 45, 81, 82, 124, 137, 138, 170, 312, 330
《연산군일기》 20~23, 25~27, 29, 31~33, 37~40, 43, 44, 48, 51, 60, 65, 67, 69, 70~72, 77, 82~84, 86~88, 90, 93, 95, 96, 99, 100, 104, 108~111, 117, 121, 122, 128, 129, 132, 133, 136, 145, 146, 148~150, 152~160, 162~165, 169, 171, 175, 184, 185, 212
《연석》 116
위훈 삭제 178, 181, 254, 255, 258, 259, 261, 262, 267, 278, 338
《유분록》 312
유순 73, 123, 132, 133, 136, 141, 146~148, 155, 172, 174~179, 191~193, 217, 229, 255, 257, 258, 260, 261
유순정 130, 131, 134, 141, 147~149, 171, 172, 174~177, 179, 190, 193, 196, 197, 215, 254, 256, 258, 292, 293, 295
유인숙 270, 316
유자광 54~69, 71, 72, 74, 77~79, 81, 82, 95, 96, 141, 148, 172, 175, 177, 179, 190~192, 202, 255~258
윤기견 46, 48
윤여필 173, 254
윤원로 173, 310, 311, 315, 334
윤원형 173, 310~312, 315, 320, 334
윤임 173, 310, 311, 320
윤필상 34, 59, 68, 69, 72, 74, 85, 87~89, 91, 95, 119, 120, 123, 173
의경세자 21, 72, 164
이극균 107, 117~120, 123, 212
이극돈 70~73, 117
이긍익 312, 330
이성동 255, 256, 258, 259
이세좌 49, 112~118, 120
이융 26~28, 42, 47, 58, 142, 143, 335
이이 282, 283, 310, 311
이장곤 129, 202, 204, 261, 265, 271, 276, 277
인수대비 21, 27, 28, 45, 46, 72, 122
인종 214, 307, 310, 311, 325~334, 339
임사홍 25, 42, 67, 92, 95, 147, 175, 178, 190, 199, 219, 220
임신약조 286, 296, 297

ㅈ

작서의 변 308, 314, 315, 323

정광필 150, 200, 202, 217, 239, 251, 261, 271~273, 278, 279, 306, 317

정국공신 25, 136, 147, 175~179, 198, 200, 206, 208, 240, 254~256, 259, 261, 263, 265, 266, 268, 310

정막개 200, 201, 203~207

정몽주 79, 235, 236

정전법 243, 249, 252

정현왕후 27, 31, 48, 50, 130, 135, 170

조광조 178, 181, 208, 209, 212~214, 220, 223~228, 231~237, 239, 240, 243, 254~256, 258~261, 265~285, 305, 309, 311, 322, 327~333, 338

조의제문 6, 80~83, 85~90, 148

주초위왕 266

진성대군 130, 133~135, 137, 143, 169~172, 190

ㅎ

한전법 246, 247, 253

한치형 68, 72, 74, 89, 95, 110, 122, 123

《해동잡록》 212

현량과 235, 237~241, 278, 327, 330, 331, 333

홍경주 130, 175, 202, 203, 205, 207, 254, 266~268, 270, 271

홍언필 270

황보인 77~79

회묘 53, 54

훈구 26, 40, 41, 53, 54, 74, 90, 95, 96, 119, 125, 127, 133, 135, 136, 149, 158, 165, 166, 192, 197, 231, 236, 237, 240, 245, 250, 253, 254, 263, 266, 269, 270, 279, 284, 285, 309, 324, 335, 337

흥청 99, 132, 159~162

ㅍ

《패관잡기》 330

폐비 윤씨 23, 45, 47~49, 53, 98, 119, 219

조선왕조실록 5 | 연산군·중종·인종
사대부들이 왕을 폐위시키는 군약신강의 시대

초판 1쇄 인쇄 2022년 6월 28일
초판 1쇄 발행 2022년 7월 6일

지은이 이덕일
펴낸이 김선식

경영총괄 김은영
책임편집 김상영 **책임마케터** 박태준
콘텐츠개발8팀 강대건
마케팅본부장 권장규
채널마케팅팀 최혜령, 오서영, 이고은, 김지우, 배한진, 박태준, 문서희
미디어홍보본부장 정명찬
홍보팀 안지혜, 김민정, 오수미, 김은지, 이소영
뉴미디어팀 허지호, 임유나, 송희진, 박지수, 홍수경
저작권팀 한승빈, 김재원, 이슬
경영관리본부 하미선, 윤이경, 김재경, 안혜선, 오지영, 이우철, 김혜진, 황호준, 박상민, 김소영, 김진경,
　　　　　　　최완규, 이지우, 양지환
외부스태프 표지 이인희 본문 장선혜

펴낸곳 다산북스 **출판등록** 2005년 12월 23일 제313-2005-00277호
주소 경기도 파주시 회동길 490 다산북스 파주사옥
전화 02-702-1724
팩스 02-703-2219 **이메일** dasanbooks@dasanbooks.com
홈페이지 www.dasanbooks.com **블로그** blog.naver.com/dasan_books
종이 아이피피 **인쇄** 한영문화사 **코팅 및 후가공** 평창 P&G **제본** 한영문화사

ISBN 9979-11-306-9139-8 (04910)